二十一世纪人才培养旅游系列规划教材

中国遗产资源保护与开发

ZHONGGUO YICHAN ZIYUAN
BAOHU YU KAIFA

主编　郭剑英　秦容

西南财经大学出版社
Southwestern University of Finance & Economics Press

图书在版编目(CIP)数据

中国遗产资源保护与开发/郭剑英,秦容主编.—成都:西南财经大学出版社,2014.7
ISBN 978-7-5504-1496-9

Ⅰ.①中… Ⅱ.①郭…②秦… Ⅲ.①文化遗产—保护—研究—中国②文化遗产—开发—研究—中国 Ⅳ.①K203

中国版本图书馆 CIP 数据核字(2014)第 158339 号

中国遗产资源保护与开发
主　编:郭剑英　秦　容
副主编:王　鹏　熊明均　杨维琼

责任编辑:李特军
助理编辑:李晓嵩
封面设计:杨红鹰
责任印制:封俊川

出版发行	西南财经大学出版社(四川省成都市光华村街55号)
网　　址	http://cbs.swufe.edu.cn
电子邮件	bookcj@swufe.edu.cn
邮政编码	610074
电　　话	028-87353785
照　　排	四川胜翔数码印务设计有限公司
印　　刷	郫县犀浦印刷厂
成品尺寸	185 mm×260 mm
印　　张	17.25
字　　数	375 千字
版　　次	2014 年 7 月第 1 版
印　　次	2014 年 7 月第 1 次印刷
印　　数	1— 2000 册
书　　号	ISBN 978-7-5504-1496-9
定　　价	35.00 元

Foreword 前言

近 40 年来，遗产的概念、遗产的种类与保护等相关知识拓展迅速。遗产成为一种知识，也是一门学问，而我们对这门学问知之甚少，因此仍需要沿着前人的足迹，继续探索遗产对全人类的意义。

我国幅员辽阔、历史悠久、民族众多，所拥有的遗产资源类型丰富且数量众多，分布广泛又独具地域特色。遗产资源日益成为各地区文化传承和发展的重要资源。在开发利用遗产资源的同时出现遗产资源破坏和消亡的事件时有发生。造成这一现象的原因一方面可能与遗产资源体系、遗产保护、遗产申报与管理、遗产利用等方面的知识仍然不够系统有关；另一方面可能与缺乏专门的人才培养体系有关。本书编写的主要目的是为我国遗产资源保护与开发人才培养提供理论指导。

本书沿遗产资源的保护与开发两条主线展开，第一至五章主要介绍遗产资源保护的相关理论、技术与方法，第六至十章主要介绍遗产资源的开发利用的方法与技术。

本书的特色主要表现在：第一，针对不同类型的遗产资源提出了创新开发利用的方法与方向；第二，全书理论与实践相结合，通过案例和延伸阅读方式让读者掌握遗产资源保护与开发的思想精髓。

本书第一章、第二章、第三章、第七章、第八章由郭剑英编写，第四章由王鹏（四川旅游学院）编写，第五章由杨维琼（西南财经大学）编写，第六章由熊明均编写，第九章、第十章由秦容编写。

在本书的编写过程中，编写组成员深感遗产资源的丰富性与复杂性，全方位、系统而深入地阐述遗产资源保护与开发的相关理论、方法与技术的难度很高，故本书仅仅是做了初步的尝试和有益的探索。在编写过程中，参考了不少专家学者的论著、文献、资料，在此编写组表示真诚的谢意。书中疏漏和错误在所难免，希望学界专家、读者予以斧正。

　　本书是乐山师范学院国家级旅游管理专业综合改革项目成果之一，并得到了乐山师范学院教务处的支持。此外，对西南财经大学出版社诸位编辑在出版过程中付出的努力表示衷心的感谢。

编　者

2014 年 6 月于乐山

Contents 目录

第一章 遗产资源概述

遗产是历史，属于过去；遗产是既得，属于现在；遗产是存续，属于未来。遗产究竟是什么？本章将对遗产资源的定义、分类及其特征进行阐述。

● 第一节 遗产的定义与分类

世界各国或地区对遗产的界定及其分类都有自己的特点，本节将对其进行介绍。

一、遗产概念的发展

在中西方语境中，遗产（Heritage）一词的传统词义为"继承先人遗留、遗存的财产、财物"，在较长历史时期内，该词义基本没有变化。直到 20 世纪下半叶，"遗产"一词的内涵和外延都发生了巨大的变化。自然保护区、自然风景区、历史街区、知名建筑等开始被认为是一种遗产。此后，一些非物质的民间技艺、地方民俗、歌舞戏曲等也被归入遗产的范畴。

阿什沃思（Ashworth，1996）认为遗产指的是："现今社会对历史的利用、对历史的解释，保存至今的古建筑和文物，公众与个人的记忆都被用来满足当代社会的需求，包括个人对社会、种族、国家认同的需要。"这一定义明确指出了遗产可以包括物质的"建筑、文物"，以及非物质的"记忆"。因此，从这一角度看，遗产的范畴相当广泛，具体可包括物质的和非物质的，文化的和自然的，大到历史建筑，小到餐饮习惯，只要具有一定价值都可以成为遗产。

遗产的概念是一个动态的发展过程。从"祖先继承下来的东西"发展到"与个性概念密切相关"的象征性遗产，从物质遗产向非物质遗产发展，从国有遗产向社会、民族和社区遗产发展。可以说，遗产进入了大众化阶段。

二、遗产的分类体系

（一）国外的遗产分类体系

遗产的分类及其演变是遗产内涵不断引申和发展的产物，因而不同国家或地区和不同的研究者提出了不同的分类方法，且有越来越细化的趋势。

20 世纪 70 年代末，爱尔兰将遗产分为科学遗产（Scientific Heritage）、历史艺术遗产（Historic and Artistic Heritage）、文化遗产（Cultural Heritage）和风景遗产（Landscape Heritage）4 类。

后来，欧洲其他国家将遗产分为自然遗产（Nature Heritage，类似于爱尔兰分类的科学遗产）、文物古迹遗产（Build Heritage，类似于爱尔兰分类的历史艺术遗产）、文化遗产和风景遗产 4 类。

普伦蒂斯（Prentice，1993）在其著作《旅游与遗产吸引物》中，将遗产或遗产吸引物划分为 23 种类型，见表 1-1。

表 1-1 　　　　　　　　　　　　遗产或遗产吸引物的分类

分类	包含内容
科学遗产	科学博物馆、技术中心、传统科学中心、新技术中心
博物学遗产	自然保护区、各类生物展示区、奇特的地质地貌
工业遗产	与批量生产相关的吸引物，如陶器、瓷器厂、酿酒厂等
交通遗产	交通博物馆、受保护的铁路、独木舟等交通工具
农业遗产	农场、奶牛场、农业博物馆、葡萄园、捕鱼、采矿等
社会文化遗产	史前的或历史地点与展示，主要指各种社会文化博物馆
宗教遗产	各类宗教教堂、宗教圣地
军事遗产	城堡、战场、军用机场、海军码头、战争监狱、军事博物馆等
历史人物	与作家和画家相关的地点或区域
历史主题公园	仿古公园、历史探险公园、神话故事公园（不含游乐公园）
游乐花园	观赏花园、反映历史时期的花园、植物园、模拟村庄
表演艺术	剧院、街道表演艺术、艺术表演中心或场所等
工艺遗产	手工艺品及其流程，包括雕刻、陶器、木刻、丝绸、纺织等
画廊遗产	艺术画廊

表1-1（续）

分类	包含内容
节日与庆典	历史性博览会、节日游憩、乡村节日的郊野活动
田野运动	包括捕鱼、打猎、射击、围捕等传统的田野运动
历史城镇	历史城镇、建筑群
先辈故居	宫殿、地主庄园等
村庄与部落	乡村殖民地，主要指20世纪以前的建筑
屠杀纪念碑	与种族屠杀相关的纪念地
区域	被当地居民或游客认同为标志性的历史或自然地域
滨海度假地	海滨城市与海滨风景
乡村及珍稀风景地	国家公园、其他风景地、未得到官方承认但游客喜爱的郊野风景地

资料来源：Prentice R. C. Tourism and Heritage Attractions ［M］. London：Routledge, 1993.

（二）联合国教科文组织的遗产分类体系

目前，国际上公认的遗产分类是联合国教育、科学及文化组织（UNESCO，以下简称联合国教科文组织）的人类遗产体系分类法（联合国教科文组织，2005），即自然遗产、文化遗产、混合遗产、文化景观、非物质文化遗产5大类。人类遗产体系的分类和关系可以用图1-1来表示。

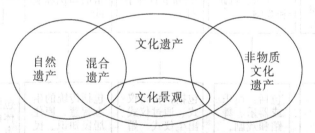

图 1-1　联合国教科文组织的人类遗产体系分类和关系图

各类遗产的含义如下：

1. 自然遗产

自然遗产指代表地球演化历史中重要阶段的突出例证；代表进行中的重要地质过程、生物演化过程以及人类与自然环境相互关系的突出例证；独特、稀有或绝妙的自然现象、地貌或具有罕见自然美的地域。

2. 文化遗产

文化遗产是从历史、艺术或科学角度看，具有突出的普遍价值的建筑物、文物、遗址。

3. 混合遗产

混合遗产是指同时包含有文化和自然遗产部分或全部内容的遗产。

4. 文化景观

文化景观是反映人们可持续利用土地的特殊技术，反映人们与自然环境之间建立的特性与限制，以及人们与自然之间具有特殊精神联系的地域。文化景观包含由人类有意设计和建筑的景观、有机进化的景观和关联性文化景观三种类型。

5. 非物质文化遗产

非物质文化遗产是指被各社区、群体、有时为个人视为文化遗产一部分的各种实践、表演、表现形式、知识和技能及其有关的工具、实物、工艺品和文化空间。非物质文化遗产包含口头传统和表达，表演艺术、传统音乐、舞蹈和戏剧，社会实践、仪式和节日性事件，有关自然和宇宙的知识和实践，传统手工艺五类，见图1-2。非物质文化遗产也被称为无形文化遗产（Intangible Cultural Heritage）。

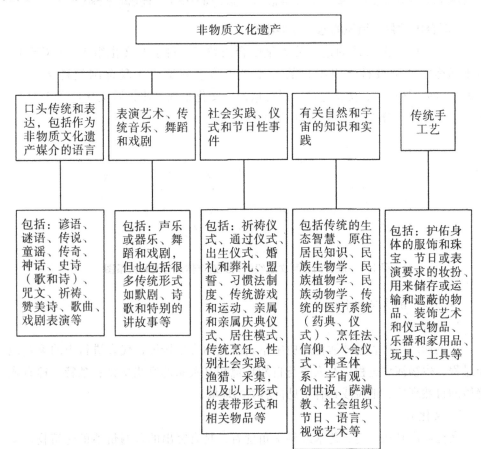

图1-2　非物质文化遗产的分类

资料来源：李春霞. 遗产源起与规则［M］. 昆明：云南教育出版社，2008：175.（本书引用有改动）

（三）我国的遗产分类体系

我国的遗产分类体系具有自己的独特性，分为自然遗产、文化遗产和非物质文化遗产3大类，各大类又有细分方法，具体分类体系详见表1-2。

表1-2　　　　　　　　　　我国的遗产分类体系

大类	小类	备注
自然遗产	世界自然遗产	含世界混合遗产
	风景名胜区	也可能是自然、文化混合遗产
	自然保护区	
	地质公园	
	森林公园	
	湿地公园与水利风景区	
文化遗产	世界文化遗产	含文化景观
	重点文物保护单位	包括古文化遗址、古墓葬、古建筑、石窟寺和石刻、近现代重要史迹及代表性建筑、其他类别的不可移动文物
	历史文化名城（镇、村）	
	文化生态保护实验区	
非物质文化遗产	口头传统	在实践中，非物质文化遗产的认定包含10类：民间文学、传统音乐、传统舞蹈、传统戏剧与曲艺、传统体育、游艺与杂技、传统美术、传统技艺、传统医药、民俗
	传统表演艺术	
	民俗活动、礼仪、节庆	
	有关自然界和宇宙的民间传统知识和实践	
	传统手工艺技能	
	与上述表现形式相关的文化空间	

我国遗产分类体系中的一些重要类型的具体含义如下：

（1）风景名胜区。风景名胜区是国家法定的自然遗产或自然、文化双遗产保护地。我国的国家级风景名胜区与国际上的国家公园相对应，其自然景观和人文景观能够反映重要自然变化过程和重大历史文化发展过程，基本处于自然状态或者保持历史原貌，具有国家代表性，体现了鲜明的中国特色，被誉为"天然博物馆"。

（2）自然保护区。自然保护区也是国家法定的自然遗产保护地。自然保护区是指有代表性的自然生态系统，珍稀濒危野生动植物物种的天然集中分布区，有特殊意义的自然遗迹等保护对象所在的陆地、陆地水体或者海域。

（3）地质公园。地质公园是以具有特殊地质科学意义，稀有的自然属性、较高的美学观赏价值，具有一定规模和分布范围的地质遗迹景观为主体，并融合其他自然景观与人文景观而构成的一种独特的自然区域。

（4）森林公园。森林公园是在面积较大，具有一个或多个生态系统和独特的森林自然景观的地区建立的公园。建立森林公园的目的是保护其范围内的一切自然环境和自然资源，并为人们游憩、疗养、避暑、文化娱乐和科学研究提供良好的环境。

（5）湿地公园。湿地公园是以具有显著或特殊生态、文化、美学和生物多样性价值的湿地景观为主体，具有一定规模和范围，以保护湿地生态系统完整性、维护湿地生态过程和生态服务功能并在此基础上以充分发挥湿地的多种功能效益、开展湿地合理利用为宗旨，可供公众游览、休闲或进行科学、文化和教育活动的特定湿地区域，属于自然区域。

（6）水利风景区。水利风景区是指以水域（水体）或水利工程为依托，按照水利风景资源即水域（水体）及相关联的岸地、岛屿、林草、建筑等能对人产生吸引力的自然景观和人文景观的观赏、文化、科学价值和水资源生态环境保护质量及景区利用、管理条件分级，经水利部水利风景区评审委员会评定，由水利部公布的可以开展观光、娱乐、休闲、度假或科学、文化、教育活动的区域，属于人与自然共同创造的自然遗产资源。

（7）文物保护单位。文物保护单位是指具有历史、艺术、科学价值的古文化遗址、古墓葬、古建筑、石窟寺及石刻、近现代重要史迹及代表性建筑以及其他类别的不可移动文物。文物保护单位都是古代科学技术信息的媒体，对于科技史和科学技术研究有着重要意义，是国家法定的文化遗产地。

（8）历史文化名城、名镇、名村。历史文化名城、名镇、名村是指保存文物特别丰富、历史建筑集中成片、保留着传统格局和历史风貌以及历史上曾经作为政治、经济、文化、交通中心或者军事要地，或者发生过重要历史事件，或者其传统产业、历史上建设的重大工程对本地区的发展产生过重要影响，或者能够集中反映本地区建筑的文化特色、民族特色的城市、场镇或村庄。历史文化名城、名镇、名村是我国文化遗产的重要组成部分。

（9）文化生态保护实验区。文化生态保护实验区是指在一个特定的区域中，通过采取有效的保护措施，修复非物质文化遗产、与之相关的物质文化遗产，以及与人们的生活生产紧密相关的文化生态环境。文化生态保护区将民族民间文化遗产原状地保存在其所属的区域及环境中，使之成为"活文化"，是我国文化遗产的重要组成部分。

（10）非物质文化遗产。非物质文化遗产是指各族人民世代相承的、与群众生活密切相关的各种传统文化表现形式（如民俗活动、表演艺术、传统知识、技能以及与之相关的器具、实物、手工制品等）和文化空间。

●第二节　遗产资源的特征

根据遗产资源的分类、认定、开发利用程度和方向来看，遗产资源的特征主要体现在五个方面。

一、遗产资源价值的多样性和世界遗产的突出的普遍价值

遗产资源具有文化价值、艺术价值、历史价值、科学价值和旅游价值等多样化的价值形式，不同级别的遗产资源的价值差异较大。联合国教科文组织在《国家级别保护文化和自然遗产的建议》中定义的文化遗产、自然遗产只是要求从历史、艺术或科学的角度"具有特殊价值"，而世界遗产要求有"突出的普遍价值"，其特殊性在于这种价值承载着特殊的象征意义——对全人类都很重要。遗产原本属于国家或个人，而世界遗产要获得一种国际性的认可。

二、遗产资源的真实性

《保护文物建筑及历史地段的国际宪章》（《威尼斯宪章》）指出遗产应"渗透着来自过去的信息，数个时代的人们的历史遗迹留存到今天，成为他们古老传统的活的见证"。真实性主要针对文化遗产和非物质文化遗产而言。真实性包括遗产的形式与设计、材料与实地、利用与影响、传统与技术、位置与环境、精神与感受等，具有多重面向，见表1-3。

事实上，目前国际上对自然遗产、文化遗产或非物质文化遗产的评价、保护与规划同样关注真实性。

表1-3　　　　　　　　　　　　真实性的多重面向

位置与场域	形式与设计	用途与功能	本质特征
场所	空间规划	用途	艺术表达
场域	设计	使用者	价值
"地方感"	材质	关联性	精神
环境中的定位	工艺	随时间而改变的用途	感性影响
地形和景致	建筑技术	用途的空间分布	宗教脉络
周边环境	工程	使用的影响	历史关联性
生活要素	区域地层	因地制宜的用途	声音、气味、味道
对场所的依赖程度	与其他特性或遗产地的联系	回应历史脉络的用途	创造性过程

资料来源：张松. 历史城市保护学导论：文化遗产和历史环境保护的一种整体性方法［M］. 上海：同济大学出版社，2008：248.

三、遗产资源的完整性

《保护世界文化与自然遗产公约》中提出"完整性"是自然遗产申请和保护的关键性依据。随着"完整性"内涵的发展，"完整性"还指文化遗产的完整性。自然遗产资源的完整性是指包括生态系统的完整以及生态过程的完整；文化遗产资源的完整性是指范围的完整（有形）和文化概念的完整（无形），主要针对文化遗产而言。建筑、城镇、工程或考古遗址等文化遗产资源应当尽可能保持自身组成和结构的完整，以及与所处的环境和谐、完整。

四、遗产资源利用的永续性和易损性

遗产资源的最大利用形式就是旅游开发。无论是自然遗产资源、文化遗产资源或非物质文化遗产资源都不能向旅游者出售，也不能转移，旅游者只能前来游览观赏或体验，带走的只是一种美好的经历和感受，而不能带走遗产资源本身，因而只要遗产资源保护得当、开发适度是可以永久性开发利用的。但是，如果遗产资源的利用和保护不当，也是很容易遭到破坏，一旦破坏将很难修复。

五、遗产资源的传承性

遗产资源的传承性是由遗产的本质所决定的。遗产的本质是人类前代遗留下的被当代或后代认为具有价值而享用或传承的自然遗产、文化遗产或非物质文化遗产。自然遗产、文化遗产和非物质文化遗产如果保护不当，其存在和传承将受到威胁。

● 第三节　遗产资源的分级

当前，我国对遗产资源采用三级划分法，即世界级遗产、国家级遗产和省市级遗产。随着人们对遗产资源价值认识的深入，无论是世界级遗产、国家级遗产还是省市级遗产资源的名录都是在不断补充的。

一、世界级遗产

世界级遗产是全人类公认的具有突出意义和普遍价值的文物古迹、自然景观、混合遗产、文化景观或非物质文化遗产。世界级遗产包括列入《世界遗产名录》的世界级遗产和潜在的世界级遗产，前者是指被联合国教科文组织和世界遗产委员会确认的人类罕见的、目前无法替代的世界遗产，而后者则是指那些具有人类突出意义和普遍价值但尚未得到联合国教科文组织和世界遗产委员会认定的遗产。

在我国，世界级遗产包含世界级自然遗产，世界级文化遗产，世界级自然、文化双遗产，世界地质公园，世界级文化景观和世界级非物质文化遗产六大类型。

二、国家级遗产

国家级遗产是指获得国家权力机构认定的、具有国家级突出意义和价值的历史遗存、自然景观、混合遗产、文化景观或非物质文化遗产。国家级遗产是国家的象征，能够激起人们的爱国情怀和民族意识。

国家级遗产包含国家级自然遗产，国家级文化遗产，国家级自然、文化双遗产和国家级非物质文化遗产四大类型。在我国，国家级自然遗产包含国家级风景名胜区、国家级自然保护区、国家地质公园、国家森林公园；国家级文化遗产包括全国重点文物保护单位，国家级历史文化名城、名镇、名村，国家级文化生态保护实验区；国家级自然、文化双遗产也主要包括国家级风景名胜区。

三、省市级遗产

省市级遗产是指由省级及其以下的政府认定的遗产，也可称为本地遗产。本地遗产是一个地方长期累积形成的自然与人文特质，具有累积性、综合性与差异性三大特征。本地遗产是地方性产生的根本，即家乡情结所在。

复习思考题

1. 遗产资源的分类体系有哪些?
2. 遗产资源有何特征?

 参考文献

[1] Prentice R. C. Tourism and Heritage Attractions [M]. London：Routledge，1993.

[2] 邹统钎，等. 遗产旅游发展与管理 [M]. 北京：中国旅游出版社，2010.

[3] 李春霞. 遗产源起与规则 [M]. 昆明：云南教育出版社，2008.

第二章　遗产资源的空间分布特征

受地理环境、人口分布和区域发展的影响，不同类型的遗产资源空间分布呈现出不同的特征。了解遗产资源的空间分布规律，可为发掘遗产资源、科学开发和保护提供依据。

●第一节　中国自然遗产资源的空间分布特征

我国的自然遗产资源类型丰富，地域空间分布广泛，对其空间分布特征进行分析有利于其保护与开发。

一、中国自然遗产资源概况

（一）世界级自然遗产资源概况

截至 2012 年 9 月，中国有 9 处世界自然遗产名录资源，分别是湖南武陵源、四川黄龙、四川九寨沟、云南"三江并流"、四川大熊猫栖息地、中国南方喀斯特、江西三清山、中国丹霞和云南澄江帽天山化石地；有 4 处世界文化、自然双遗产名录资源，分别是山东泰山、安徽黄山、四川峨眉山—乐山风景名胜区和福建武夷山；有 27 处世界地质公园，且多处世界自然遗产与世界地质公园重合。中华人民共和国住房和城乡建设部于 2004 年设立了《中国国家自然遗产、国家自然与文化双遗产预备名录》，并于 2006 年和 2009 年公布了两批名录，共有 56 项（见表 2-1），其中有 4 项被列入世界自然遗产名录，4 项被列入世界地质公园名录。

表 2-1 　　　　中国国家自然遗产、国家自然与文化双遗产预备名录

第一批（2006 年）	所在省份	名称	备注
国家自然遗产 （17 处）	黑龙江	五大连池风景名胜区	世界地质公园
	吉林	长白山植被垂直景观及火山地貌景观	
	福建	海坛风景名胜区	
	江西	三清山风景名胜区	世界自然遗产
		武功山风景名胜区	
	河南	云台山风景名胜区	
	湖南	崀山风景名胜区	
	重庆	天坑地缝风景名胜区	
		金佛山风景名胜区	
	四川	贡嘎山风景名胜区	
		若尔盖湿地	
	贵州	织金洞风景名胜区	世界地质公园
		马岭河峡谷风景名胜区	世界自然遗产
		平塘省级风景名胜区	世界自然遗产
	云南	澄江动物化石群保护地	
	青海	青海湖风景名胜区	
	新疆	喀纳斯自治区级风景名胜区	
国家自然与 文化双遗产 （13 处）	山西	五台山风景名胜区	
	安徽	九华山风景名胜区	
	福建	清源山风景名胜区	
	江西	龙虎山风景名胜区	世界自然遗产
		高岭—瑶里风景名胜区	世界地质公园
	河南	嵩山风景名胜区	
	湖南	南岳衡山风景名胜区	
		紫鹊界—梅山龙宫风景名胜区	
	贵州	黄果树风景名胜区及屯堡文化	
	云南	大理苍山与南诏历史文化遗存	
	陕西	华山风景名胜区	
	甘肃	麦积山风景名胜区	
	宁夏	贺兰山—西夏王陵风景名胜区	

表 2-1 (续)

第二批 (2009年)			
国家自然遗产 (18处)	北京	房山岩溶洞穴及峰丛地貌	
	河北	承德丹霞地貌	
	山西	壶口风景名胜区	
	黑龙江	扎龙自然保护区	
	辽宁	本溪水洞风景名胜区	
	浙江	方岩风景名胜区	
	福建	冠豸山风景名胜区	
		太姥山风景名胜区	
	江西	鄱阳湖湿地	
	湖南	万佛山—侗寨省级风景名胜区	
	四川	佛宝—蜀南竹海风景名胜区	
		光雾山—诺水河风景名胜区	
	贵州	兴义锥状喀斯特	
	西藏	纳木错	
		格拉丹东—长江源	
		土林—古格	
	新疆	天山天池风景名胜区	
		赛里木湖风景名胜区	
国家自然与 文化双遗产 (8处)	山西	恒山风景名胜区	
		芦芽山省级风景名胜区	
	黑龙江	兴凯湖省级风景名胜区	
	江苏	南京中山陵	
	安徽	天柱山风景名胜区	世界地质公园
	江西	井冈山风景名胜区	
	山东	济南名泉	
	四川	剑门蜀道风景名胜区	

资料来源: http://zh.wikipedia.org。

(二) 国家级和省级自然遗产概况

中国的自然遗产资源丰富,但很多还没有达到世界自然遗产水平。截至2012年,我国拥有国家级风景名胜区225处,面积约10.36万平方千米;各省级人民政府批准共设立省级风景名胜区737处,面积约9.01万平方千米,两者总面积约19.37万平方千米。其中,有32处国家级风景名胜区和8处省级风景名胜区已被列为世界遗产地。

全国林业系统已建立了包括森林生态系统、湿地生态系统、荒漠生态系统、野生动植物等多种类型的自然保护区。截至2012年,全国林业系统自然保护区总量已达 2150 处（未统计我国台湾、香港和澳门数据），总面积达到 1.25 亿公顷，相当于国土面积的 13.01%。其中，国家级自然保护区 286 处（也有说 2012 年达到 363 处），面积 7713.82 万公顷。自然保护区有效地保护了我国 90% 的陆地生态系统类型、85% 的野生动物种群、65% 的高等植物群落，以及全国 20% 的天然林、50.3% 的天然湿地和 30% 的典型荒漠地区。此外，各地还因地制宜，建立了自然保护小区 5 万多处，总面积 150 多万公顷。林业系统已初步形成了布局较为合理、类型较为齐全、功能较为完备的自然保护区网络，在保护野生动植物和生物多样性、维护生态平衡、改善生态环境中发挥了巨大作用。

此外，截至 2012 年，我国设立了 219 个国家地质公园，213 处国家湿地公园，518 个国家水利风景区；截至 2010 年，我国共有各级森林公园 2458 处，其中国家级森林公园 731 处，森林公园总面积为 16.5 万平方千米，占国土面积的 1.72%。

（三）总体特征

从总体看，我国的自然遗产资源丰富，分布广泛，但高级别的世界自然遗产、国家级自然遗产、国家级风景名胜区、国家级自然保护区、国家地质公园、国家森林公园、国家湿地公园、国家水利风景区的数量少，地域分布不均。其中，世界自然遗产具有以下显著特征：

1. 数量偏少，远达不到地大物博的国家应有的自然遗产数量水平

我国已有 4 处复合遗产，9 处世界自然遗产，共有 43 项自然景观和文化遗址登录世界遗产名录，即自然遗产仅占物质类遗产总数的 20.9%。而作为国土面积大国，我国拥有复杂多样的地貌地形，纵向跨越了 5 个气候带，即寒温带、中温带、暖温带、亚热带和热带，横向跨越了多种地貌类型，包括山地、高原、台地、丘陵和平原等，海拔最高点与最低点之间相差 8000 多米，水热、气候和地貌条件的差异组合，孕育了多样的适宜动植物物种生存的环境区和丰富且各具特色的自然遗产资源。在如此优越的条件下，目前我国偏少的世界自然遗产数量是远远不够的。

2. 我国世界自然遗产类型显得单一

我国的 4 项文化与自然双遗产都为山岳类，而且 9 项世界自然遗产中也有 5 项以山岳类为主。在世界各国中，不仅有热带沙漠、热带雨林、温带荒漠、温带草原、温带森林类自然遗产，也有高寒区冰川等湿地类遗产和陆地类遗产，还有海洋类（岛屿、海岸和海洋）遗产被列入《世界遗产名录》。虽然我国拥有丰富的海洋资源，至今却没有与海洋直接或间接相关的世界自然遗产。

3. 宏观尺度上分布极不均衡

我国西部地区和东部地区是世界自然遗产的集中分布区。

下面以世界自然遗产、国家级风景名胜区和国家级自然保护区为例，分析我国的自然遗产资源的空间分布特征。

二、中国自然遗产资源的空间分布特征

（一）南北分布特征

由表2-2可以看出，中国国家级自然遗产资源的南北方分布不均衡，呈现南多北少的分布格局。根据中国南北方区域划分，南方15个省份拥有国家级自然遗产地47处、国家级风景名胜区149处、国家级自然保护区177处，分别占总数的65.28%、66.22%和48.76%；北方16个省份分布着25处国家级自然遗产地、76处国家级风景名胜区和186处国家级自然保护区，仅国家级自然保护区数量稍多于南方。无论是国家级自然遗产资源的分布数量、分布密度还是覆盖面积，南方均大于北方。

表2-2　　　　　　　　　中国国家级自然遗产资源的南北方分布状况

区域	省份数量（个）	国家级自然遗产地数量（处）	所占比例（%）	国家级风景名胜区数量（处）	所占比例（%）	国家级自然保护区数量（处）	所占比例（%）
南方	15	47	65.28	149	66.22	177	48.76
北方	16	25	34.72	76	33.78	186	51.24
全国	31	72	100.00	225	100.00	363	100.00

注：①南方包括：四川、云南、贵州、江苏、浙江、湖南、湖北、江西、福建、广西、广东、海南、西藏、重庆、上海；北方包括：黑龙江、吉林、辽宁、新疆、内蒙古、北京、天津、河北、甘肃、宁夏、陕西、山西、山东、青海、安徽、河南。②国家自然遗产资源包含世界自然遗产、混合遗产和中国国家自然遗产、国家自然与文化双遗产，由于有两项遗产在多个省份均有分布，本书将按不同的省来计算。中国南方喀斯特分布在贵州、云南、重庆3个省份，故将其视为3处自然遗产来计算，将中国丹霞视为福建、浙江、广东、湖南、江西、贵州6处来计算，则中国65项自然遗产资源分布于中国的25个省，实际计算点数为72处。同一项自然遗产资源属于不同分区的，则重复计算。③中国台湾、香港特区、澳门特区不计入统计之中，以下除特别说明外，统计数据均未含中国台湾、香港特区、澳门特区数据。

（二）东中西部分布特征

根据地理位置和经济发展水平可将我国划分为东、中、西三大区域，从表2-3可以看出：东部地区共有三类国家级自然遗产183处，中部地区共有204处，西部地区共有273处，我国国家级自然遗产资源的数量分布自东向西递增的分布态势。国家级自然遗产资源的分布密度与分布数量呈现相反的特征，即基本呈现东部>中部>西部的密度分布特征，西部地区的国家级自然遗产资源数量虽多，但分布密度却最小。

表 2-3　　　　　　　　　　中国国家级自然遗产资源的东中西部分布状况

区域	省份数量（个）	面积（万平方千米）	国家级自然遗产地数量（处）	密度（处/万平方千米）	国家级风景名胜区数量（处）	密度（处/万平方千米）	国家级自然保护区数量（处）	密度（处/万平方千米）
东部	11	106.17	15	0.13	78	0.73	90	0.85
中部	8	166.99	24	0.17	72	0.43	108	0.65
西部	12	687.87	33	0.05	75	0.11	165	0.24
全国	31	961.03	72	0.08	225	0.23	363	0.38

注：东部包括：北京、天津、上海、辽宁、河北、山东、江苏、浙江、福建、广东、海南；中部包括：黑龙江、吉林、山西、河南、湖北、江西、安徽、湖南；西部包括：陕西、甘肃、青海、宁夏、新疆、四川、重庆、云南、贵州、西藏、广西、内蒙古，下同。

（三）省域分布特征

从数量上来看，图 2-1 和表 2-4 显示出国家级自然遗产资源的省域分布不均衡特征。四川省的国家级自然遗产资源最为丰富，有 49 处；其次是湖南省有 40 处；拥有 30~40 处的省份有 6 个，分别为江西、浙江、贵州、黑龙江、云南、福建；拥有 20~29 处的省份有 9 个；拥有 10~19 处的省份有 9 个；10 处以下的省份有 5 个，分别为江苏、青海、北京、天津和上海，其中上海市的国家级自然遗产资源最少，仅有 2 处。

从分布密度看，中国国家级自然遗产地分布密度最高的是北京，为 0.61 处/万平方千米；福建次之，密度为 0.49 处/万平方千米；第三是贵州，密度为 0.40 处/万平方千米；而天津、内蒙古、上海、湖北、广西和海南无国家级自然遗产地分布。从中国国家级风景名胜区的分布密度看，排在前四名的是浙江省、福建省、北京市和贵州省，分布密度分别是 1.86 处/万平方千米、1.48 处/万平方千米、1.19 处/万平方千米、1.02 处/万平方千米，而上海没有国家级风景名胜区分布。从国家级自然保护区的分布密度看，上海市的分布密度最大，为 3.17 处/万平方千米；其次是天津和海南，均为 2.65 处/万平方千米；分布密度最低的是新疆，仅为 0.05 处/万平方千米。总而言之，国家级自然遗产资源的省域分布密度同样不均匀，分布密度排在前六名的是天津（3.54 处/万平方千米）、上海（3.17 处/万平方千米）、浙江（3.14 处/万平方千米）、福建（3.05 处/万平方千米）、北京（2.98 处/万平方千米）和海南（2.94 处/万平方千米），排在最后三名的分别是西藏（0.13 处/万平方千米）、新疆（0.10 处/万平方千米）和青海（0.09 处/万平方千米）。

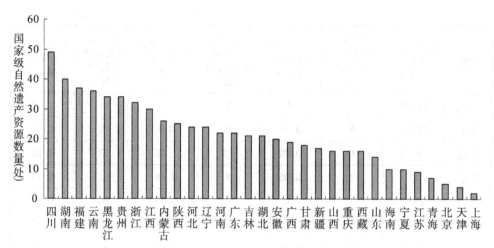

图 2-1　中国国家级自然遗产资源的省域分布图

表 2-4　　中国国家级自然遗产资源的省域分布

省份	国土面积（万平方千米）	国家级自然遗产地数量（处）	密度（处/万平方千米）	国家级风景名胜区数量（处）	密度（处/万平方千米）	国家级自然保护区数量（处）	密度（处/万平方千米）
北京	1.68	1	0.61	2	1.19	2	1.19
天津	1.13		0	1	0.88	3	2.65
河北	18.77	1	0.05	10	0.53	13	0.69
山西	15.63	4	0.26	6	0.38	6	0.38
内蒙古	118.3		0	1	0.01	25	0.21
辽宁	14.59	1	0.07	9	0.62	14	0.96
吉林	18.74	1	0.05	4	0.21	16	0.85
黑龙江	45.48	3	0.07	3	0.07	28	0.62
上海	0.63		0			2	3.17
江苏	10.26	1	0.1	5	0.49	3	0.29
浙江	10.2	2	0.2	19	1.86	11	1.08
安徽	13.97	3	0.21	10	0.72	7	0.5
江西	16.7	6	0.36	14	0.84	10	0.6
山东	15.38	2	0.13	5	0.33	7	0.46
河南	16.7	2	0.12	9	0.54	11	0.66

表2-4(续)

省份	国土面积（万平方千米）	国家级自然遗产地数量（处）	密度（处/万平方千米）	国家级风景名胜区数量（处）	密度（处/万平方千米）	国家级自然保护区数量（处）	密度（处/万平方千米）
湖北	18.59		0	7	0.38	14	0.75
湖南	21.18	5	0.24	19	0.9	16	0.76
福建	12.13	6	0.49	18	1.48	13	1.07
广东	18	1	0.06	8	0.44	13	0.72
广西	23.6		0	3	0.13	16	0.68
海南	3.4		0	1	0.29	9	2.65
重庆	8.23	3	0.36	7	0.85	6	0.73
四川	48.14	9	0.19	14	0.29	26	0.54
贵州	17.6	7	0.4	18	1.02	9	0.51
云南	38.33	4	0.1	12	0.31	20	0.52
西藏	122.8	3	0.02	4	0.03	9	0.07
陕西	20.56	1	0.05	5	0.24	19	0.92
甘肃	45.44	1	0.02	3	0.07	14	0.31
青海	72.23	1	0.01	1	0.01	5	0.07
宁夏	6.64	1	0.19	2	0.3	7	1.05
新疆	166	3	0.02	5	0.03	9	0.05

（四）沿两个特殊的自然地理带分布

我国的国家级自然遗产资源几乎都沿两个特殊自然地理带分布：一个是沿着我国地貌的二、三级阶梯过渡带的集中分布；另一个是沿着长江流域带的集中分布。形成这一分布特征的原因如下：

（1）由于我国二、三级地貌阶梯过渡带的地质地貌复杂多变，地理环境和条件比较好，且大致与400～800毫米降雨量的区域重叠，所以孕育了极其特殊的、丰富的自然遗产资源。

（2）该两带地区少见极热、极旱、极冷等极端气候，而以亚热带季风气候、温带季风气候带，以及与其他气候区相差不多的过渡带气候类型为主，是最适宜我国生物生长的区域。

（3）该两带地区有四季分明的气候状况、复杂的地理环境和多样的自然条件，不仅能提供适宜许多种类的生物生存的良好环境，还有利于丰富的生物资源的孕育、生长和珍稀物种的保护。国家级风景名胜区和自然保护区同样具有这样的分布特征。

三、中国自然遗产资源空间分布特征的成因分析

我国自然遗产资源空间分布特征的形成原因如下：

（1）宏观尺度地理格局影响我国自然遗产资源的分布，使其在地形地貌丰富、地质类型复杂，但是总体环境又不恶劣的区域较为集中。

（2）在人口分布密集的区域分布较为集中。从表 2-5 可以看出，我国各省人口分布数量与国家级自然遗产资源数量分布大致成正相关：人口在 5000 万以上的 10 个省份共有 276 处国家级自然遗产资源，占总量的 41.82%；人口在 3000 万~5000 万的 9 个省份共有 232 处国家级自然遗产资源，占总量的 35.15%；人口在 1000 万~3000 万的 8 个省份共有 109 项国家级自然遗产资源，占总量的 16.51%；而人口低于 1000 万的 4 个省份共有 43 项国家级自然遗产资源，仅占全国总量的 6.52%。人口密集区对居住地自然遗产资源的价值认识程度更高、申报积极性更大，因而拥有认定的自然遗产资源数量相对较多；人口分布稀少的省份对辖区内的自然遗产资源价值认识不足，不重视自然遗产资源的申报工作，导致其认定的国家级自然遗产资源数量偏少。

表 2-5　　　　　　　　人口分布与自然遗产资源拥有量

人口分布情况	省区数量（个）	拥有国家级自然遗产资源数量（处）	占国家级自然遗产资源总数的百分比（%）
人口在 5000 万以上	10	276	41.82
人口在 3000 万~5000 万	9	232	35.15
人口在 1000 万~3000 万	8	109	16.51
人口低于 1000 万	4	43	6.52
总计	31	660	100.00

第二节　中国文化遗产资源的空间分布特征

一、中国文化遗产资源概况

中国的文化遗产资源包括世界文化遗产、文物保护单位、历史文化名城镇、

名村和混合型的风景名胜区等。1985 年 12 月 12 日，中国加入《保护世界文化和自然遗产公约》成为该公约的缔约国，并于 1986 年开始向联合国教科文组织申报世界遗产，迄今共有 4 处世界自然与文化双遗产和 30 处世界文化遗产（见表 2-6）。中国的世界文化遗产的总量位居世界第 3 位，是个名副其实的世界文化遗产大国。

表 2-6   我国列入世界文化遗产名录的文化遗产

地域名称	批准时间	遗产种类
长城	1987.12	文化遗产①
明清皇宫（北京故宫、沈阳故宫）	1987.12	文化遗产
陕西秦始皇陵及兵马俑	1987.12	文化遗产
甘肃敦煌莫高窟	1987.12	文化遗产
北京周口店北京猿人遗址	1987.12	文化遗产
山东泰山	1987.12	文化与自然双重遗产
安徽黄山	1990.12	文化与自然双重遗产
西藏布达拉宫	1994.12	文化遗产②
河北承德避暑山庄及周围寺庙	1994.12	文化遗产
山东曲阜的孔庙、孔府及孔林	1994.12	文化遗产
湖北武当山古建筑群	1994.12	文化遗产
江西庐山风景名胜区	1996.12	文化遗产
四川峨眉山—乐山风景名胜区	1996.12	文化与自然双重遗产
云南丽江古城	1997.12	文化遗产
山西平遥古城	1997.12	文化遗产
江苏苏州古典园林	1997.12	文化遗产③
北京颐和园	1998.11	文化遗产
北京天坛	1998.11	文化遗产

---

① 2002 年 11 月，中国唯一的水上长城辽宁九门口长城通过联合国教科文组织的验收，作为长城的一部分正式挂牌成为世界文化遗产；万里长城横跨北方 7 个省份包括：河北、北京、内蒙古、山西、陕西、宁夏、甘肃。

② 2000 年 11 月，拉萨大昭寺作为布达拉宫世界遗产的扩展项目被批准列入《世界遗产名录》。2001 年 12 月，西藏拉萨罗布林卡作为布达拉宫历史建筑群的扩展项目被批准列入《世界遗产名录》。

③ 2000 年 11 月，苏州艺圃、藕园、沧浪亭、狮子林和退思园 5 座园林作为苏州古典园林的扩展项目被批准列入《世界遗产名录》。

表2-6(续)

地域名称	批准时间	遗产种类
重庆大足石刻	1999. 12	文化遗产
福建武夷山	1999. 12	文化与自然双重遗产
四川青城山和都江堰	2000. 11	文化遗产
河南洛阳龙门石窟	2000. 11	文化遗产
明清皇家陵寝：明显陵（湖北钟祥市）、清东陵（河北遵化市）、清西陵（河北易县）、盛京三陵	2000. 11	文化遗产①
安徽古村落：西递、宏村	2000. 11	文化遗产
山西大同云冈石窟	2001. 12	文化遗产
高句丽王城、王陵及贵族墓葬	2004. 7	文化遗产
澳门历史城区	2005. 7	文化遗产
河南安阳殷墟	2006. 7	文化遗产
广东开平碉楼与村落	2007. 6	文化遗产
福建土楼	2008. 7	文化遗产
山西五台山	2009. 6	文化遗产
登封"天地之中"历史建筑群	2010. 7	文化遗产
杭州西湖	2011. 6	文化遗产
元上都遗址	2012. 6	文化遗产

资料来源：http://zh. wikipedia. org.

目前，我国共有全国重点文物保护单位2355处，随着第三次全国文物普查的开展，我国的全国重点文物保护单位数量将大幅度增加。我国共有国家级历史文化名城118座，中国历史文化名镇181个，名村169个，分布范围已覆盖全国31个省、直辖市、自治区。混合型的风景名胜区列入中国自然遗产资源中分析，在此不再赘述。

二、中国文化遗产的空间分布特征

（一）南北分布特征

由表2-7可以看出，中国文化遗产资源的数量少，南北方分布不均衡，呈现

---

① 2003年7月，北京市的十三陵和江苏省南京市的明孝陵作为明清皇家陵寝的一部分收入《世界遗产名录》。2004年7月，盛京三陵作为明清皇家陵寝扩展项目列入《世界遗产名录》。

出南少北多、分布密度南方大于北方的分布格局。南方 15 个省份拥有世界文化遗产地 13 处、国家重点文物保护单位 975 处、国家级历史文化名城镇和名村 301 处，分别占总额的 30.23%、41.40% 和 64.32%；北方 16 个省份分布着 30 处世界文化遗产地、1380 处国家重点文物保护单位和 167 处国家级历史文化名城镇、名村，仅国家级历史文化名城镇、名村数量稍少于南方。国家级文化遗产资源的分布密度表现出南方大于北方的特征，南方为 3.49 处/万平方千米，北方为 2.67 处/万平方千米。

表 2-7　　　　　　　　中国国家级文化遗产资源的南北方分布状况

区域	省份数量（个）	世界文化遗产地数量（处）	所占比例（%）	国家重点文物保护单位数量（处）	所占比例（%）	国家级历史文化名城镇、名村数量（处）	所占比例（%）
南方	15	13	30.23	975	41.40	301	64.32
北方	16	30	69.77	1380	58.60	167	35.68
全国	31	43	100.00	2355	100.00	468	100.00

注：①由于中国多处世界文化遗产属于组合型，跨几个省分布，本书将按不同的省来计算；②为便于统计，跨区域的国家重点文物保护单位只记录在公布地点中的第一个地点。

（二）东中西部分布特征

中国国家级文化遗产资源的数量和分布密度自东向西呈现递减的分布态势。从表 2-8 中可以看出：东部地区共有三类国家级文化遗产 1063 处，中部地区共有 935 处，西部地区共有 868 处；国家级文化遗产资源的分布密度在东部地区为 10.01 处/万平方千米，中部地区为 5.60 处/万平方千米，西部地区为 2.98 处/万平方千米。

表 2-8　　　　　　　　中国国家级文化遗产资源的东中西部分布状况

区域	省份数量（个）	面积（万平方千米）	世界文化遗产地数量（处）	密度（处/万平方千米）	国家重点文物保护单位数量（处）	密度（处/万平方千米）	国家级历史文化名城镇、名村数量（处）	密度（处/万平方千米）
东部	11	106.17	19	0.18	856	8.06	188	1.77
中部	8	166.99	13	0.08	780	4.67	142	0.85
西部	12	687.87	11	0.02	719	1.05	138	0.2
全国	31	961.03	43	0.04	2355	2.45	468	0.49

（三）省域分布特征

从国家级文化遗产省域分布数量来看，图 2-2 显示出国家级文化遗产资源的省域分布不均衡特征。山西的国家级文化遗产资源最为丰富，有 311 处；其次是河南，有 209 处；拥有 100~200 处的省份有 9 个，分别为山东、北京、湖北、福建、陕西、江苏、四川、浙江、河北；拥有 50~100 处的省份有 11 个；拥有 50 处以下的省份有 9 个，其中天津的国家级文化遗产资源最少，仅有 17 处。

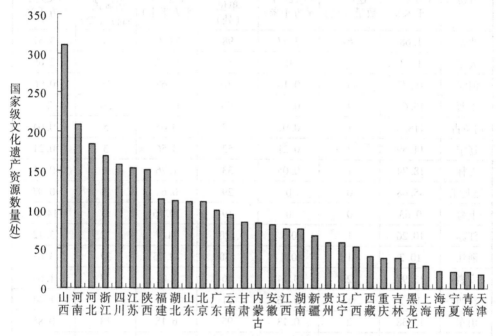

图 2-2　中国国家级文化遗产资源的省域分布图

从分布密度看（见表 2-9），中国世界文化遗产地分布密度最高的是北京，为 3.57 处/万平方千米；山西次之，密度为 0.26 处/万平方千米；第三是辽宁，密度为 0.21 处/万平方千米；而天津、上海、新疆、青海、湖南、黑龙江、海南、贵州和广西 9 个省份没有世界文化遗产地分布。从国家重点文物保护单位的分布密度看，北京市的分布密度最大，为 58.33 处/万平方千米，其次是上海和山西，分别为 30.16 处/万平方千米和 17.34 处/万平方千米，分布密度最低的是青海，仅为 0.25 处/万平方千米。从国家级历史文化名城镇、名村的分布密度看，排在前四名的是上海市、浙江省、北京市和江苏省，分布密度分别是 14.29 处/万平方千米、3.63 处/万平方千米、3.57 处/万平方千米、3.12 处/万平方千米，分布密度最低的是内蒙古、西藏和青海，均为 0.04 处/万平方千米。总而言之，国家级文化遗产资源分布密度的省域差异大，分布密度排在前三名的是北京（65.48 处/万平方千米）、上海（44.44 处/万平方千米）、山西（19.89 处/万平方千米），排在最后三名的分别是新疆（0.40 处/万平方千米）、西藏（0.33 处/万平方千米）和青海（0.29 处/万平方千米）。

表 2-9　　　　　　　　　　中国文化遗产的省域分布一览表

省份	国土面积（万平方千米）	世界文化遗产地数量（处）	密度（处/万平方千米）	国家重点文物保护单位（处）	密度（处/万平方千米）	国家级历史文化名城镇、名村（处）	密度（处/万平方千米）
北京	1.68	6	3.57	98	58.33	6	3.57
天津	1.13	0	0	14	12.39	3	2.65
河北	18.77	3	0.16	163	8.68	18	0.96
山西	15.63	4	0.26	271	17.34	36	2.3
内蒙古	118.3	1	0.01	77	0.65	5	0.04
辽宁	14.59	3	0.21	52	3.56	3	0.21
吉林	18.74	1	0.05	33	1.76	4	0.21
黑龙江	45.48	0	0	29	0.64	3	0.07
上海	0.63	0	0	19	30.16	9	14.29
江苏	10.26	1	0.1	120	11.7	32	3.12
浙江	10.2	1	0.1	130	12.75	37	3.63
安徽	13.97	2	0.14	56	4.01	23	1.65
江西	16.7	1	0.06	51	3.05	24	1.44
山东	15.38	2	0.13	95	6.18	13	0.85
河南	16.7	3	0.18	189	11.32	17	1.02
湖北	18.59	2	0.11	91	4.9	19	1.02
湖南	21.18	0	0	60	2.83	16	0.76
福建	12.13	2	0.16	85	7.01	27	2.23
广东	18	1	0.06	66	3.67	32	1.78
广西	23.6	0	0	42	1.78	10	0.42
海南	3.4	0	0	14	4.12	8	2.35
重庆	8.23	1	0.12	20	2.43	17	2.07
四川	48.14	2	0.04	127	2.64	29	0.6
贵州	17.6	0	0	39	2.22	19	1.08
云南	38.33	1	0.03	76	1.98	17	0.44
西藏	122.8	1	0.01	35	0.29	5	0.04

表2-9（续）

省份	国土面积（万平方千米）	世界文化遗产地数量（处）	密度（处/万平方千米）	国家重点文物保护单位（处）	密度（处/万平方千米）	国家级历史文化名城镇、名村（处）	密度（处/万平方千米）
陕西	20.56	2	0.1	138	6.71	11	0.54
甘肃	45.44	2	0.04	71	1.56	11	0.24
青海	72.23	0	0	18	0.25	3	0.04
宁夏	6.64	1	0.15	18	2.71	2	0.3
新疆	166	0	0	58	0.35	9	0.05

（四）区域分布特征

中国文化遗产的区域分布呈现组团式分布特征，主要集中在四个区域：北京及其周边地区、黄河流域地区、长江中下游地区和西南地区。从表 2-10 可以看出：北京及其周边地区拥有国家级文化遗产 369 处，占总量的 12.88%；黄河流域地区拥有国家级文化遗产 990 处，占总量的 34.54%；长江中下游地区拥有国家级文化遗产 694 处，占总量的 24.21%；西南地区拥有国家级文化遗产 389 处，占总量的 13.57%。四个区域的国家级文化遗产资源共有 2442 处，占全国总量的 85.20%。

表 2-10　　　　　　　　　中国国家级文化遗产资源的区域分布

分布地区	数量（处）	占总量的比例（%）
北京及其周边地区	369	12.88
黄河流域地区	990	34.54
长江中下游地区	694	24.21
西南地区	389	13.57
其他地区	424	14.80
全国	2866	100.00

三、中国文化遗产资源空间分布特征的成因分析

中国文化遗产资源空间分布特征的形成与地理环境、人口分布和历史文化发展程度密切相关。总体来说，地理环境优越的地区人口分布就密集，人们对这些地区自然环境的开发利用程度高，历史文化发达，因而遗留的文化遗产资源就十分丰富；相反，地理环境恶劣的地区遗留的文化遗产资源相对匮乏。在历史上，

北京是我国的政治经济和文化中心，使得北京及其周边地区遗留下了众多的名胜古迹和人文资源；长江流域属于南方文化代表区，土地肥沃，资源丰富，人口众多，是"稻作文明"的典型区域，尤其是长江中下游地区逐渐成为我国的经济中心，该区域水运交通便利、经济发达、文化繁荣，遗留下众多的国家级文化遗产资源；黄河流域地区自古就是中华民族的摇篮，丰富的水资源为人类生存、繁衍和发展提供了资源基础，它见证了华夏文明的发展历程，文化遗产资源众多；西南地区自古地域辽阔、人口相对较少、交通不便，自然环境相对恶劣，但是居住在这里的人们为了生存和发展，仍然利用聪明才智为现代人遗留下了众多的国家级文化遗产。

第三节　中国非物质文化遗产资源的空间分布特征

一、中国非物质文化遗产资源概况

　　我国是一个多民族的国家，悠久的历史和灿烂的古代文明为中华民族留下了极其丰富的非物质文化遗产。截至 2011 年，我国拥有 29 项世界级非物质文化遗产和 6 项亟须保护的非物质文化遗产（见表 2-11），按所属省份计数为 53 项（见表 2-12）。自 2006 年 5 月 20 日以来，国务院先后公布了三批国家级非物质文化遗产，其中第一批有 518 项（2006 年 5 月 20 日公布），第二批有 510 项和第一批国家级非物质文化遗产扩展项目 147 项（2008 年 6 月 7 日公布），第三批有 191 项和第二批国家级非物质文化遗产扩展项目 164 项（2011 年 5 月 23 日公布），共计 1530 项，按所属省份计数为 2132 项（见表 2-12）。省级非物质文化遗产共计 8890 项。

表 2-11　　　　　　　中国世界级非物质文化遗产代表作名录

序号	遗产名称	批准时间	序号	遗产名称	批准时间
1	昆曲	2001 年	16	蒙古族呼麦	2009 年
2	古琴艺术	2003 年	17	花儿	2009 年
3	新疆维吾尔木卡姆艺术	2005 年	18	西安鼓乐	2009 年
4	蒙古族长调民歌	2009 年	19	朝鲜族农乐舞	2009 年
5	中国蚕桑丝织技艺	2009 年	20	中国书法	2009 年
6	福建南音	2009 年	21	中国篆刻	2009 年
7	南京云锦工艺	2009 年	22	中国剪纸	2009 年

表2-11（续）

序号	遗产名称	批准时间	序号	遗产名称	批准时间
8	宣纸制作技艺	2009 年	23	雕版印刷技艺	2009 年
9	贵州侗族大歌	2009 年	24	传统木结构营造技艺	2009 年
10	广东粤剧	2009 年	25	端午节	2009 年
11	西藏《格萨尔》史诗	2009 年	26	妈祖信俗	2009 年
12	浙江龙泉瓷烧制技艺	2009 年	27	中国京剧	2010 年
13	青海热贡艺术	2009 年	28	中医针灸	2010 年
14	藏戏	2009 年	29	中国皮影戏	2011 年
15	新疆《玛纳斯》史诗	2009 年			
亟须保护的非物质文化遗产名录					
1	羌年	2009 年	4	新疆麦西热甫	2010 年
2	中国木拱桥传统营造技艺	2009 年	5	中国水密隔舱福船制造技艺	2010 年
3	黎族传统纺染织绣技艺	2009 年	6	中国活字印刷术	2010 年

表 2-12　　中国世界级、国家级和省级非物质文化遗产分布一览表　　单位：项

区域	省份	世界级	国家级第一批	国家级第二批	国家级第三批	省级
	浙江	4	53	76	25	593
	山东	0	41	54	10	157
	河北	0	51	48	4	298
	江苏	6	53	46	4	190
	北京	2	26	56	4	361
	福建	4	49	32	5	389
	广东	1	45	33	7	89
东部	上海	2	19	36	8	95
	辽宁	1	26	13	1	309
	中央	7	19	10	3	0
	天津	1	11	15	1	85
	海南	1	12	10	3	477
	澳门	0	2	1	1	212
	香港	0	2	0	1	0

表2-12(续)

区域	省份	世界级	国家级第一批	国家级第二批	国家级第三批	省级
西部	四川	4	39	44	6	460
	云南	0	37	39	12	271
	贵州	1	47	32	6	440
	新疆	3	24	41	13	260
	内蒙古	2	25	34	4	299
	青海	4	23	29	4	150
	西藏	2	18	27	7	139
	陕西	1	26	22	2	361
	甘肃	3	27	19	3	284
	广西	0	21	8	3	221
	重庆	0	18	12	2	278
	宁夏	1	4	4	0	93
中部	湖北	0	30	35	12	254
	湖南	1	35	27	13	188
	山西	0	42	87	17	417
	河南	0	34	36	4	409
	安徽	1	24	26	5	254
	吉林	1	10	23	10	283
	江西	0	26	8	3	370
	黑龙江	0	16	10	1	194
合计		53	935	993	204	8890

注：①如果不同省份具有相同类非物质文化遗产，则每个省份均重复计算；②如果地域分布广泛不能鉴定属于哪个省份的则计入中央；③中国台湾统计数据未计入，下同。

资料来源：中国非物质文化遗产网（http：//www.ihchina.cn）和各省、市、区非物质文化遗产网。

二、中国非物质文化遗产资源的空间分布特征

（一）南北分布特征

非物质文化遗产是活的文化，因此地理位置、人文环境的差异对非物质文化遗产的种类和数量都有非常大的影响。南方地区有 35 项世界级非物质文化遗产，

1090 项国家级非物质文化遗产和 4666 项省级非物质文化遗产，其分布密度是 15.66 项/万平方千米；北方地区共有非物质文化遗产 5284 项，分布密度为 8.94 项/万平方千米。由表 2-13 可以看出中国非物质文化遗产资源的南北方分布特征为南方比北方丰富。

表 2-13　　　　　　　　　中国非物质文化遗产的南北方分布

区域	省份数量（个）	面积（万平方千米）	世界级非物质文化遗产数量（项）	国家级非物质文化遗产数量（项）	省级非物质文化遗产数量（项）	密度（项/万平方千米）
南方	17	369.9	35	1090	4666	15.66
北方	16	591.24	18	1042	4224	8.94
全国	33	962.14	53	2132	8890	11.51

（二）东中西部分布特征

对我国非物质文化遗产在东、中、西部分布情况的初步统计结果如下：东部地区世界级非物质文化遗产占全国世界级非物质文化遗产总量的 54.72%，国家级非物质文化遗产占全国国家级非物质文化遗产的 42.96%，省级非物质文化遗产占全国省级非物质文化遗产的 36.72%；中部地区世界级非物质文化遗产占全国世界级非物质文化遗产的总量 5.66%，国家级非物质文化遗产占全国国家级非物质文化遗产的 25.05%，省级非物质文化遗产占全国省级非物质文化遗产的 26.65%；西部地区世界级非物质文化遗产占全国世界级非物质文化遗产总量的 39.62%，国家级非物质文化遗产占全国国家级非物质文化遗产的 31.99%，省级非物质文化遗产占全国省级非物质文化遗产的 36.63%（见图 2-3）。从数量和占比看，东部地区>西部地区>中部地区。若把归属于中央（地区分布广泛的世界级非物质文化遗产）排除，则西部地区和东部地区的世界级非物质文化遗产数量相当，两个区域的省级非物质文化遗产数量也基本相等。

（三）省域分布特征

由于部分非物质文化遗产跨省分布，因此分省域统计我国的世界级非物质文化遗产有 53 项，平均每省约为 1.61 项，拥有量在平均值以上的有 12 个省，其中中央 7 项，居全国首位，占总数 13.21%；江苏省有 6 项，居第二位，占总数的 11.32%；四川省、青海省、福建省、浙江省各有 4 项，居第三位，占总数的 7.55%（见图 2-4）。

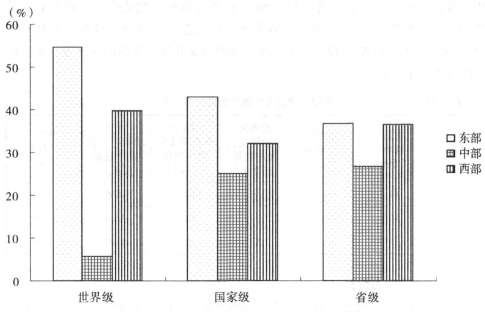

图 2-3 中国非物质文化遗产的东中西部地区分布比例图

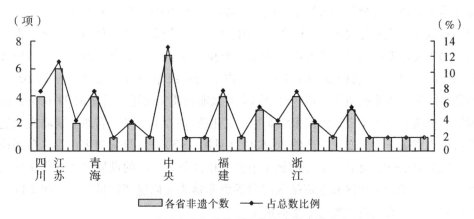

图 2-4 中国世界级非物质文化遗产的省域分布图

　　国家级非物质文化遗产合计 2132 项，平均每省约为 64.61 项，拥有量在平均值以上的有 15 个省，其中：浙江省有 154 项，居全国首位，占总数的 7.22%；山西省有 146 项，居第二位，占总数的 6.85%；山东省有 105 项，居第三位，占总数的 4.92%。排在最后三位的是宁夏回族自治区（8 项）、澳门特别行政区（4 项）和香港特别行政区（3 项），如表 2-14 所示。

表 2-14 　　　　　　　中国国家级非物质文化遗产各省分布

省份	国家级（项）	占比（%）	省份	国家级（项）	占比（%）
浙江	154	7.22	新疆	78	3.66
山东	105	4.92	内蒙古	63	2.95
河北	103	4.83	陕西	50	2.35
江苏	103	4.83	甘肃	49	2.30
北京	86	4.03	广西	32	1.50
福建	86	4.03	重庆	32	1.50
广东	85	3.99	宁夏	8	0.38
上海	63	2.95	山西	146	6.85
辽宁	40	1.88	湖北	77	3.61
中央	32	1.50	湖南	75	3.52
天津	27	1.27	河南	74	3.47
海南	25	1.17	安徽	55	2.58
澳门	4	0.19	吉林	43	2.02
香港	3	0.14	江西	37	1.74
四川	89	4.17	黑龙江	27	1.27
云南	88	4.13	青海	56	2.63
贵州	85	3.99	西藏	52	2.44
			合计	2132	100.00

　　省级非物质文化遗产合计 8890 项，除了香港地区无省级非物质文化遗产外，其余各省份均有。从省域分布密度看，平均每省约为 269.40 项，拥有量在平均值以上的有 17 个省份，其中：浙江省有 593 项，居全国首位，占总数的 6.67%，是平均值的 2.20 倍；其次海南省有 477 项，居第二位，占总数的 5.37%，是平均值的 1.77 倍；四川省有 460 项，居第三位，占总数的 5.17%。

　　总之，非物质文化遗产无论是世界级、国家级或省级都多分布在历史久远、文化盛行的区域，如浙江省、四川省、山西省等，总体表现出非物质文化遗产的数量、种类省域分布不均衡的特征。

（四）流域分布特征

　　从华夏五千年的发展历史来看，人类的繁荣富强往往与河流是密不可分的。

河流不仅为人类孕育了生命延续的肥沃土地，而且河流具有沟通、联系的作用，提供了文化形成、互动的场所与通道，加快了不同文化之间的融合与竞争。因此，沿流域分布的非物质文化遗产项目数量多、密度大。我国的非物质文化遗产多集中于两大流河流域——长江流域和黄河流域，在它们所经过的地带无不是非物质文化遗产的密集地带，无论是世界级，还是国家级和省级非物质文化遗产都较多，两大流域的非物质文化遗产数量占全国的60%左右。长江流域共有20项世界级非物质文化遗产，占世界级非物质文化遗产总量的37.73%，尤其集中分布在长江中下游地区（有14项，见表2-15）；长江流域有707项国家级非物质文化遗产和2649项省级非物质文化遗产，分别占国家级非物质文化遗产和省级非物质文化遗产总量的33.16%和29.80%。黄河流域是我国第二大流域，是中华民族的文化形成的摇篮，反映着中国文化的发展变化，分布有12项世界级非物质文化遗产，640项国家级非物质文化遗产和2630项省级非物质文化遗产，分别占国家级非物质文化遗产和省级非物质文化遗产总量的30.02%和29.58%。

表 2-15　　　　　　非物质文化遗产在长江、黄河流域的分布情况　　　　单位：项

流域	世界级	国家级	省级
长江流域	20	707	2649
黄河流域	12	640	2630
合计	32	1347	5279
占总量的比例（%）	60.37	63.18	59.38

三、总体特征

通过多空间尺度研究中国非物质文化遗产资源的空间分布特征，我们发现非物质文化遗产的级别构成呈现出金字塔形特征，省级非物质文化遗产项目最多，越往高级别的数量越少。从空间分布看，历史久远、文化繁盛的区域非物质文化遗产就多，表现出地域分布不均衡的特征。具体而言，从省域分布来看，中国非物质文化遗产分布全国33个省、市、自治区，但各省、市、自治区的非物质文化遗产数量存在差异，其中浙江、江苏、山西、山东、四川、海南等省的非物质文化遗产数量多；从流域分布来看，非物质文化遗产主要分布于中国长江流域和黄河流域；从南北分布来看，南方非物质文化遗产分布的数量与密度均大于北方；从东、中、西部分布来看，东部的非物质文化遗产数量最多，西部次之，中部数量最少，呈现中间疏、东西密的空间分布现状。

自然地理环境、地域历史文化、经济发展水平、地域人口分布、非物质文化

遗产保护、申报意识等与非物质文化遗产空间分布之间的关系密切，是非物质文化遗产空间分布特征形成的驱动力，这些领域的问题仍值得深入探究。

 复习思考题

1. 我国自然遗产资源的空间分布有何特征？
2. 我国文化遗产资源的空间分布有何特征？
3. 我国非物质文化遗产资源的空间分布有何特征？

 参考文献

［1］王昕，韦杰，胡传东. 中国世界遗产的空间分布特征［J］. 地理研究，2010（11）.

［2］尹国蔚. 世界遗产空间分布的统计分析［J］. 地理与地理信息科学，2009（25）.

［3］柴国珍，孙文学. 山西非物质文化遗产的时空分布与重心移动分析［J］. 文化遗产，2010（2）.

第三章　遗产资源的
调查与评价

　　遗产资源的地域分布广泛，对其进行调查与评价是保护和开发的前提。遗产资源的调查与评价方法多样，在实际工作中需要根据实际情况来选择。

● 第一节　遗产资源的调查

　　根据不同类型遗产资源的特征，其调查的内容与程序、方法有较大的差异。

一、遗产资源调查的意义

　　遗产资源的调查是其保护和开发的第一步。调查成果的质量、准确性、科学性对遗产资源的科学规划、合理开发和保护都具有重要意义。通过调查，了解和掌握区域遗产资源的类型、数量、分布、特征、成因、规模、结构，以及开发潜力等基本情况，为遗产资源的科学评价奠定基础，为合理开发和保护提供客观科学的依据。

二、遗产资源调查的基本要求

　　充分利用与遗产资源有关的各种资料和研究成果，完成统计、填表和编写调查文件等工作。调查方式以收集、分析、转化、利用这些资料和研究成果为主，并逐个对遗产资源单体进行现场调查核实，包括访问、实地观察、记录、绘图、摄影，必要时进行采样和室内分析。遗产资源调查必须保证成果质量，强调整个运作过程的科学性、客观性、准确性。

三、遗产资源调查的类型与内容

(一) 遗产资源调查的类型

遗产资源调查类型多种多样，根据遗产资源调查的深度、规范等要求的不同，可以将遗产资源的调查分为遗产资源概查、普查、详查、抽样调查、重点调查等几种类型。

(二) 遗产资源的普查

自然遗产资源的普查与旅游资源的普查方法大致相同。文化遗产资源和非物质文化遗产资源的普查方法具有特殊性。

1. 自然遗产资源的普查

自然遗产资源普查是为了了解和掌握区域自然遗产资源全面情况，其调查程序包括调查准备和实地调查。

调查准备包括：成立调查组、进行技术培训、准备调查所需的设备和材料、进行资料收集等工作。调查组成员应具备与该调查区环境、自然资源、地理地质有关的专业知识，一般应吸收旅游学、环境学、地质学、生物学、历史文化学等方面的专业人员参与。应根据国家自然遗产申报的相关标准，对调查组成员进行技术培训。准备实地调查所需的设备，如定位仪器、简易测量仪器、影像设备和"自然遗产资源单体调查表"等（见表3-1）。要收集与遗产资源单体及其赋存环境有关的各类文字描述资料，包括地方志书、乡土教材、遗产地介绍、规划与专题报告等。要收集与自然遗产资源调查区有关的各类图形资料，重点是反映区域环境与自然遗产资源的专题地图。还要收集与自然遗产资源调查区和自然遗产资源单体有关的各种照片、影像资料。

调查准备工作完成后，可展开实地调查工作。实地调查工作程序为：确定调查区内的调查小区和调查线路、选定调查对象、实地调查并填写自然遗产资源单体调查表。

(1) 确定调查区内的调查小区和调查线路。为了便于自然遗产资源评价、自然遗产资源统计、区域自然遗产资源开发的需要，将整个调查区分为若干调查小区。调查小区一般按行政区划分（如省级一级的调查区，可将地区一级的行政区划分为调查小区；地区一级的调查区，可将县级一级的行政区划分为调查小区；县级一级的调查区，可将乡镇一级的行政区划分为调查小区）。调查线路按实际要求设置，一般要求贯穿调查区内所有调查小区和主要自然遗产资源单体所在的地点。

（2）选定调查对象。选定进行重点调查的自然遗产资源单体对象，如具有旅游开发前景，有明显经济、社会、文化价值的自然遗产资源单体；复合型遗产资源单体中具有代表性的部分；代表调查区形象的自然遗产资源单体。确定暂时不进行调查的自然遗产资源单体，如明显品位较低，不具有开发利用价值的；与国家现行法律、法规相违背的；开发后有损于社会形象的或可能造成环境问题的；影响国计民生的；某些位于特定区域内的等。

（3）实地调查并填写自然遗产资源单体调查表。对每一调查单体分别填写一份自然遗产资源单体调查表。

表3-1　　　　　　　　　　　自然遗产资源单体调查表

代号	；其他代号：① ；② ；		
行政位置			
地理位置	东经 °′″， 北纬 °′″		
性质与特征（单体性质、形态、结构、组成成分的外在表现和内在因素，以及单体生成过程、演化历史、人事影响等主要环境因素）：			
区域及进出条件（单体所在地区的具体部位、进出交通、与周边旅游集散地和主要旅游区[点]之间的关系）：			
保护与开发现状（单体保存现状、保护措施、开发情况）：			
共有因子评价问答（你认为本单体属于下列评价项目中的哪个档次，应该得多少分数，在最后的一列内写上分数）			
评价项目	档次	本档次规定得分	你的评分
单体的观赏价值，或游憩价值，或使用价值如何？	全部或其中一项具有极高的观赏价值、游憩价值、使用价值	30～22	
	全部或其中一项具有很高的观赏价值、游憩价值、使用价值	21～13	
	全部或其中一项具有较高的观赏价值、游憩价值、使用价值	12～6	
	全部或其中一项具有一般的观赏价值、游憩价值、使用价值	5～1	

表3-1（续）

单体蕴含的历史价值，文化价值，科学价值、艺术价值如何？	同时或其中一项具有世界意义的历史价值、文化价值、科学价值、艺术价值	25~20	
	同时或其中一项具有全国意义的历史价值、文化价值、科学价值、艺术价值	19~13	
	同时或其中一项具有省级意义的历史价值、文化价值、科学价值、艺术价值	12~6	
	历史价值、文化价值、科学价值、艺术价值具有地区意义	5~1	
物种是否珍稀，景观是否奇特，此现象在各地是否常见？	有大量珍稀物种，或景观异常奇特，或此类现象在其他地区罕见	15~13	
	有较多珍稀物种，或景观奇特，或此类现象在其他地区很少见	12~9	
	有少量珍稀物种，或景观突出，或此类现象在其他地区少见	8~4	
	有个别珍稀物种，或景观比较突出，或此类现象在其他地区较多见	3~1	
如果是个体，有多大规模？如果是群体，其结构是否丰满？疏密度怎样？各类现象是否经常发生？	独立型单体规模、体量巨大；组合型自然遗产资源单体结构完美、疏密度优良级；自然景象和人文活动周期性发生或频率极高	10~8	
	独立型单体规模、体量较大；组合型自然遗产资源单体结构很和谐、疏密度良好；自然景象和人文活动周期性发生或频率很高	7~5	
	独立型单体规模、体量中等；组合型自然遗产资源单体结构和谐、疏密度较好；自然景象和人文活动周期性发生或频率较高	4~3	
	独立型单体规模、体量较小；组合型自然遗产资源单体结构较和谐、疏密度一般；自然景象和人文活动周期性发生或频率较小	2~1	
是否受到自然或人为干扰和破坏，保存是否完整？	保持原来形态与结构	5~4	
	形态与结构有少量变化，但不明显	3	
	形态与结构有明显变化	2	
	形态与结构有重大变化	1	
在什么范围内有知名度？在什么范围内构成名牌？	在世界范围内知名，或构成世界承认的名牌	10~8	
	在全国范围内知名，或构成全国性的名牌	7~5	
	在本省范围内知名，或构成省内的名牌	4~3	
	在本地区范围内知名，或构成本地区名牌	2~1	

表3-1（续）

开发旅游后，多少时间可以开发旅游？或可以服务于多少游客？	适宜游览的日期每年超过 300 天，或适宜所有游客使用和参与	5~4
	适宜游览的日期每年超过 250 天，或适宜 80% 左右游客使用和参与	3
	适宜游览的日期超过 150 天，或适宜 60% 左右游客使用和参与	2
	适宜游览的日期每年超过 100 天，或适宜 40% 左右游客使用和参与	1
本单体是否受到污染，环境是否安全？有没有采取保护措施使环境安全得到保证？	已受到严重污染，或存在严重安全隐患，	-5
	已受到中度污染，或存在明显安全隐患，	-4
	已受到轻度污染，或存在一定安全隐患，	-3
	已有工程保护措施，环境安全得到保证。	3

本单体得分		本单体可能的等级	级	填表人	调查日期	年　月　日

资料来源：方海川，郭剑英，张力. 旅游资源规划与开发［M］. 上海：上海交通大学出版社，2012：91—92.

调查表各项内容填写要求如下：

①单体序号：由调查组确定的自然遗产资源单体顺序号码填写。

②单体名称：自然遗产资源单体的常用名称。

③"代号"项：代号用汉语拼音字母和阿拉伯数字表示，即"表示单体所处位置的汉语拼音字母—表示单体所属类型的汉语拼音字母—表示单体在调查区内次序的阿拉伯数字"。如果单体所处的调查区是县级和县级以上行政区，则单体代号按"国家标准行政代码（省代号2位—地区代号3位—县代号3位，参见 GB/T2260-1999 中华人民共和国行政区代码）—自然遗产资源基本类型代号3位—自然遗产资源单体序号2位"的方式设置，共5组13位数，每组之间用短线"—"连接。如果单体所处的调查区是县级以下的行政区，则自然遗产资源单体代号按"国家标准行政代码（省代号2位—地区代号3位—县代号3位，参见 GB/T2260-1999 华人民共和国行政区代码）—乡镇代号（由调查组自定2位）—自然遗产资源基本类型代号3位—自然遗产资源单体序号2位"的方式设置，共6组15位数，每组之间用短线"—"连接。如果遇到同一单体可归入不同基本类型的情况，在确定其为某一类型的同时，可在"其他代号"后按另外的类型填写。操作时只需改动其中自然遗产资源基本类型代号，其他代号项目不变。填表时，一般可省略本行政区及本行政区以上的行政代码。

④"行政位置"项：填写单体所在地的行政归属，从高到低填写政区单位名称。

⑤"地理位置"项：填写自然遗产资源单体主体部分的经纬度（精度到秒）。

⑥"性质与特征"项：填写自然遗产资源单体本身个性，包括单体性质、形态、结构、组成成分的外在表现和内在因素，以及单体生成过程、演化历史、人事影响等主要环境因素，具体提示如下：

第一，外观形态与结构类。自然遗产资源单体的整体状况、形态和突出（醒目）点；代表形象部分的细节变化；整体色彩和色彩变化、奇异华美现象，装饰艺术特色等；组成单体整体各部分的搭配关系和安排情况，构成单体主体部分的构造细节、构景要素等。

第二，内在性质类。自然遗产资源单体的特质，如功能特性、历史文化内涵与格调、科学价值、艺术价值、经济背景、实际用途等。

第三，组成成分类。构成自然遗产资源单体的组成物质、原料等。

第四，成因机制与演化过程类。表现自然遗产资源单体发生、演化过程、演变的时序数值；生成和运行方式，如形成机制、形成年龄和初建时代、废弃时代、发现或制造时间、盛衰变化、历史演变、现代运动过程、生长情况、存在方式、展示演示及活动内容、开放时间等。

第五，规模与体量类。表现自然遗产资源单体的空间数值如占地面积、建筑面积、体积、容积等；个性数值如长度、宽度、高度、深度、直径、周长、进深、面宽、海拔、高差、产值、数量、生长期等；比率关系数值如矿化度、曲度、比降、覆盖度、圆度等。

第六，环境背景类。自然遗产资源单体周围的境况，包括所处具体位置及外部环境如目前与其共存并成为单体不可分离的自然要素和人文要素，如气候、水文、生物、文物、民族等；影响单体存在与发展的外在条件，如特殊功能、雪线高度、重要战事、主要矿物质等；单体的旅游价值和社会地位、级别、知名度等。

第七，关联事物类。与自然遗产资源单体形成、演化、存在有密切关系的典型的历史人物与事件等。

⑦"区域及进出条件"项：包括自然遗产资源单体所在地区的具体部位、进出交通、与周边旅游集散地和主要旅游区（点）之间的关系等。

⑧"保护与开发现状"项：自然遗产资源单体保存现状、保护措施、开发情况等。

⑨"共有因子评价问答"项：自然遗产资源单体的观赏游憩价值、历史文化科学艺术价值、珍稀或奇特程度、规模丰度与几率、完整性、知名度和影响力、

适游期和使用范围、污染状况与环境安全。

2. 文化遗产资源的普查

文化遗产资源的普查（在我国指文物普查）是我国文化遗产保护领域的一项国家工程，涉及面广，专业性强，持续时间长。通过文物普查，全面掌握我国现存不可移动文物的数量和分布情况，以及文物的本体特征、基本数据及其保存情况，文物周边自然的和人文的环境情况；总体评价我国不可移动文物现有的生存状态及其发展趋势，为构建科学有效的文化遗产保护体系提供依据；建立和完善全国不可移动文物档案和信息管理系统，建立我国不可移动文物名录，为文物的标准化和动态管理创造基础条件；提高文博系统工作人员的科学知识、专业技能和管理水平，为进一步建立具有现代化科学素养的专业队伍创造条件；协调文物管理部门和政府各相关部门的关系，提升我国文物保护的科技水平，使历史文化遗产的保护在国民经济和社会发展的总体格局中发挥更大的作用。

（1）普查的范围和内容。文物普查的范围是我国境内（不包括中国港澳台地区）地上、地下、水下的不可移动文物，其中包括古遗址、古墓葬、古建筑、石窟寺及石刻、近现代重要史迹及代表性建筑和其他六大类文物。

普查以调查、登录新发现的不可移动文物为重点，同时对已登记的不可移动文物，包括各级文物保护单位进行复查。

普查登录的内容是：每处不可移动文物的名称、位置、地理坐标、年代、类别、数量和文物特征等基本情况；文物本体的保存情况和损毁原因；文物周边的自然环境和人文环境现状以及文物的所有权属和使用管理情况等信息、资料。调查中应同时测绘文物线图、摄制文物照片、采集文物标本以及其他相关资料，一并进行登录。

（2）普查的技术路线。根据全面调查和专题调查相结合、文物本体信息和背景信息相结合、传统调查方法和新技术应用相结合的原则，确定文物普查的技术路线。普查实行统筹规划、实施标准化管理、突出重点、控制质量。

（3）普查的实施步骤。

①第一阶段：制订普查实施方案，发布规范和标准，组织培训和试点。

②第二阶段：以县域或乡镇为基本单元，实地展开文物调查和信息数据登录工作，普查数据资料边采集、边整理、边审核、边建档。

③第三阶段：进行调查资料的整理、汇总、数据库建设和公布普查成果。

（4）形成普查成果。按规范要求形成普查工作的各项成果如下：

①建立不可移动文物编码系统。

②建立不可移动文物分布电子地图系统。

③建立不可移动文物信息管理系统。

④编制文物普查档案。

⑤公布不可移动文物名录。

⑥编制普查工作报告。

（5）普查数据和资料管理。普查数据和资料由进行田野调查的普查组调查、登录，普查队审定，县以上地方各级人民政府分级管理。各级文物行政部门对文物普查数据、资料、电子档案实行备份管理，确保安全。

3. 非物质文化遗产资源的普查

做好非物质文化遗产普查工作是探索非物质文化遗产保护和利用的有效方法。非物质文化遗产资源普查的指导原则是全面性、代表性和真实性。

（1）普查范围和内容如下：

①民族语言（包括方言）。

②民间文学（口头文学）：神话、传说、故事、歌谣、史诗、长诗、谚语、谜语等。

③民间音乐：民间歌曲、器乐曲、舞蹈音乐、戏曲音乐、曲艺音乐、部分民间祭祀仪式音乐等。

④民间舞蹈：生活习俗舞蹈、岁时节令习俗舞蹈、人生礼仪舞蹈、宗教信仰舞蹈、生产习俗舞蹈等。

⑤戏曲：曲牌体制的戏曲剧种、板腔体制的戏曲剧种、曲牌板腔综合体制的戏曲剧种、少数民族的戏曲剧种、民间小戏剧种、傩及祭祀仪式性的戏曲剧种、傀儡戏曲剧种等。

⑥曲艺：说书（徒口讲说、说唱相间、韵诵表演）、唱曲（板腔体、曲牌体、板牌混合体）、谐谑（相声类、快板类、谐戏类）等。

⑦民间杂技：杂技、魔术、马戏、乔装戏、滑稽等。

⑧民间美术：绘画、雕塑、工艺、建筑等。

⑨民间手工技艺：工具和机械制作、农畜产品加工、烧造、织染缝纫、金属工艺、编织扎制、造纸、印刷和装帧等。

⑩生产商贸习俗：农业生产、林业生产、渔业生产、畜牧业生产、商贸等习俗。

⑪消费习俗：服饰习俗、饮食习俗与禁忌、居住习俗与信仰、交通习俗。

⑫人生礼仪：妊娠习俗、分娩习俗、诞生和命名习俗、满月礼、百日礼和周岁礼、成年礼、婚礼、离婚习俗、寿诞礼、葬礼习俗禁忌等。

⑬岁时节令：节气与习俗、传统节日习俗等。

⑭民间信仰：原始信仰、俗神信仰、庙会、祖先信仰、生殖信仰、商业信仰、精灵信仰等。

⑮民间知识：医药卫生、物候天象、灾害、数理、测量、记事、建筑等知识。

⑯游艺、传统体育与竞技：民间游戏、杂耍（艺）、竞技等。

⑰传统医药：养生、诊法、疗法、针灸、方剂、药物等。

⑱其他：传统行会、香会等民间组织、村规乡约等。

（2）普查的实施步骤如下：

①第一阶段：普查前的准备阶段，包括建立组织，制订普查工作方案、宣传发动和落实经费等工作。

②第二阶段：普查实施阶段。

第一，全面开展非物质文化遗产的普查。对区域内的非物质文化遗产全部类别进行地毯式普查，采用田野实地调查的手段，结合公开征集等各种途径，运用影像文字等方式摸清非遗家底，真正做到"不漏线索、不漏村镇、不漏艺人、不漏种类"，全面了解、掌握各民族的非物质文化遗产的种类、数量、分布状况、生存环境、保护现状及存在问题。

第二，建立健全非物质文化遗产档案和数据库。要完整采录讲述者、传承者或表演者的技艺技能和相关历史情况、人文背景、相关数据。做到资料来源清楚，内容真实，数据可靠。要认真填写普查登记表，并记普查日记。在全面普查的基础上，做好资料的填写和整理工作，分门别类建立健全档案。充分利用计算机等现代化科技手段，建好项目数据库。

第三，层层把关，加强阶段性指导和检查督促。建立健全各级普查制度和考核制度，建立层层验收和交接制度，规范普查资料的填写和整理，加强各阶段的指导和检查，层层把关，确保普查工作顺利完成。

第四，撰写并提交普查工作总结报告。总结报告以文字为主，并配备必要的图片和音像资料。

第五，提交保护项目清单和非物质文化遗产分布地图集，包括非物质文化遗产资源目录、重点抢救项目名单、分期保护项目名单等。

③第三阶段：普查总结验收阶段。做好验收的各项准备工作，建立非物质文化遗产普查数据库。

（3）形成普查成果。按规范要求形成普查工作的各项成果如下：

①建立非物质文化遗产分布地图系统。

②建立非物质文化遗产信息管理系统。

③编制非物质文化遗产普查档案。

④公布需保护的非物质文化遗产名录。

⑤编制普查工作报告。

四、遗产资源调查的方法

调查方法的选择和技巧的运用直接关系到遗产资源调查结果的可信度。因此，调查遗产资源必须选用科学的方法。遗产资源调查内容极其繁杂，可以借鉴旅游资源学对旅游资源的调查方法。目前用于遗产资源调查的方法主要有下列几种：

（一）文案调查法

文案调查法又称间接调查法，是通过收集遗产资源的各种现有信息数据和情报资料（见表3-2），从中摘取与资源调查项目有关的内容，进行分析研究的一种调查方法。这种方法常被作为遗产资源调查的首选方法。几乎所有的调查都可始于收集现有资料，只有当现有资料不能为解决问题提供足够依据时，才进行实地调查。文案调查主要收集经加工过的次级资料，而且以文献性信息为主，既有动态资料，也有静态资料，尤其偏重于从动态角度收集各种反映旅游资料变化状态的历史与现实资料，包括超越时空条件限制的古今中外有关文献资料。但是，文案调查获取的主要是历史资料，过时资料比较多，对现实中正在发生变化的情况难以得到及时的反映，而且往往与调查目的不能很好地吻合，数据对解决问题不能完全适用，需要调查人员进行合理筛选和取舍。

表3-2　　　　　　　　遗产资源调查的信息来源

	历史来源	社会来源	科学来源	艺术来源	类比	脉络
一手来源	原始文件（地契、户籍调查记录等）	口述历史	传统的本土知识	各时代的艺术品	民族志记录	空间整体性
	碑铭	宗教文献和脉络	考古调查	当地文学	民族学藏品	持续使用程度
	宗谱、祖先的记录	对目前使用者的社会经济调查	背景和场域的关系图	有纪年的材质与风格样本	实证研究	社会文化脉络
	历史性照片	人口数据	遥感成像	传统手艺、手册与建筑		环境的变化和持续性
	历史性地图	宗族、邻近地区和其他群体的记录	几何学调查与摄影测绘	古色		压力来源与精神创伤历史

表3-2（续）

二手来源	编年史	对持续使用、占有的分析	定量和统计分析	艺术评论和回顾	诠释性研究	周围空间
	旅游者记述	对手工艺组织研究	实验室分析	文体分析	模型应用,如分析最邻近地区	政治脉络
	历史与评论	政治舆论分析	断代方法	相比的遗产场地和资源的研究	对过去文化事件的研究	经济增长与萧条
	日记、信件	社会评论	材料分析			科技变化脉络
			工程学和结构研究			
			数学建模			

资料来源：黄明玉. 文化遗产的价值评估及记录建档［D］. 上海：复旦大学，2009.

（二）询问调查法

询问调查是调查者用访谈询问的方式了解遗产资源情况的一种方法。应用这种方法可以从遗产所在地的部门或社区居民及时了解没有记载的事实和现象。整个访谈询问过程是调查者与被访问对象间相互作用、相互影响的过程，访谈询问成功与否，主要取决于被调查者的密切配合，以及调查者事前的各种准备工作和对访谈技巧的掌握应用。通常可以采用设计调查问卷、调查卡片、调查表等，通过面谈调查、电话调查、邮寄调查、留置问卷调查等形式进行询问访谈，获取需要的资料信息。

（三）综合考察法

遗产资源总是分布在一定的地域范围，对其分布位置、变化规律、数量、特色、特点、类型、结构、功能、价值等的了解和认识，只有通过对调查区的综合考察，全面系统的分析才能得到。野外综合考察是遗产资源调查最常用的一种实地调查方法。

（四）遥感调查法

遥感技术已经应用于自然遗产资源调查，并取得了较好的成效。采用遥感技术调查方式，收集多种比例尺、多种类型的遥感图像和与之相匹配的地形图、地质图、地理图等，解译图像中遗产资源信息不仅能对遗产资源的类型定性，而且能成为遗产资源的定量标志，还能发现一些野外综合考察等不易发现的潜在遗产资源。通过卫星照片、航空照片等遥感图像的整体性，可以全面掌握调查区遗产资源现状、为开发遗产资源提供可靠的线索，进行遗产资源的主体观察和定量测量，实现景观信息的提取，特别是能对人迹罕至、山高林密及常规方法无法达到的地区进行遗产资源的调查。

（五）分类分区法

根据行政区划和类别把调查区的遗产资源进行分类分区调查，对不同区域同类型遗产资源加以比较、评价，得出其一般特征与独特特征、区内外差异，以便于制订开发规划和建立遗产资源信息库，有助于区内外遗产资源的差异化开发利用和保护。

● 第二节 遗产资源的价值分析

不同类型遗产资源的价值体系不同，但具有普遍价值和传承性是其共同特征。下面按不同类型分析遗产资源的价值。

一、自然遗产资源的价值体系

根据自然遗产的定义和《保护世界文化和自然遗产公约》的内容，本书认为自然遗产资源的价值由原生价值和衍生价值构成。自然遗产资源的原生价值由科研价值、美学价值、环境价值和非使用价值构成，而游憩价值和经济价值则属于衍生价值。

（一）科研价值

科研价值是指自然遗产资源在自然科学上的理论研究价值，主要通过地质、植被、野生动物等几个方面来反映。地质的科研价值需要从年代、类型、形态、成分、规模、形成过程、成因及条件等方面进行考察研究，确定其是否具有特殊性（指在学术上、研究上、教学上或者在当地的历史与地理环境上，具有特殊的价值）、稀有性（指在国内外的罕见和珍稀程度）和典型性（指在同类型中的代表性及规模）。动植物的科研价值主要体现在生物多样性、珍稀动植物的类型、栖息地和在生物演化史具有重要价值的生物等方面。

（二）美学价值

自然遗产资源的美学价值通过自然性、新奇性、多样性、神秘性和环境协调性几个要素来反映。越是自然、新奇、多样、神秘和协调的景物，越是可以获得高的审美体验，它的美学价值也就越高。

（三）环境价值

自然遗产资源所在区域均是自然生态环境良好的区域，因而其环境价值也十分突出，具体包含生物多样性价值、涵养水源价值、保土价值、纳碳吐氧价值和净化污染物价值等。

（四）非使用价值

自然遗产资源的非使用价值由选择价值、遗产价值和存在价值构成。选择价值是指人们为了自己将来能选择利用自然遗产资源而愿意付出的费用；遗产价值是指当代人为了把自然遗产资源作为遗产保留给子孙后代而愿意付出的费用；存在价值是自然遗产资源持续存在的价值，与人类利用与否无关，计量时表示人们为后代人保护自然遗产资源而愿意支付的费用。

（五）游憩价值与经济价值

自然遗产资源的游憩价值是前述四种价值的衍生价值。自然遗产地错综复杂的地质作用过程与地质条件、千差万别的地质现象、漫长的历史地质构造旋回和地质演化遗迹、多样化的动植物资源和景观组合，向人类展示了其神秘性、知识性、多样性和独特性等特征，对游客具有极强的吸引力，因而具有游憩价值。对自然遗产资源游憩价值的开发即衍生出了经济价值。

二、文化遗产资源的价值体系

（一）文化遗产资源的价值体系

根据文化遗产资源的内容和形式，其普遍价值由下列价值体系构成：历史价值、艺术价值、科学价值、情感价值、经济价值、社会价值、环境价值和非使用价值。各类价值通过以下相关因素或指标来体现：

1. 体现历史价值的相关因素或指标

（1）年代：年代久远程度，遗产完好程度。

（2）有关人物：是否与历史上著名的人物、团体、社会结构相关。

（3）有关事件：是否和历史上著名的事件有关。

（4）历史背景：是否代表了文化、社会、政治、军事、科学、经济、工业发展的阶段性成果。

2. 体现艺术价值的相关因素或指标

（1）风格：是否是著名的、唯一的或一种特殊的类型。

（2）结构：是否罕见，或是一种特殊材料、特殊方式的结构物。

（3）设计水平：设计思路布局、构图、工艺和特色。

（4）规模：现存的规模及完整程度。

（5）装修：装饰装修、施工技艺。

3. 体现科学价值的相关因素或指标

（1）在结构、用材和施工等方面的科学成就。

（2）形式反映出来的历史上的科技成果和科技水平。

4. 体现情感价值的相关因素或指标

（1）宗教崇拜：是否为宗教崇拜对象。

（2）象征作用：是否为某种精神或信仰的象征物。

（3）认同感：是否受到当地群众的心理认同。

（4）惊奇感：是否让非本地人惊叹称奇。

5. 体现经济价值的相关因素或指标

（1）市场产品：是否可以作为标价产品进入市场。

（2）再利用费用：是否可以再利用，包括再利用的机会成本。

（3）再生产费用：是否可以再生产，包括人力资本的费用。

（4）旅游产品化：旅游产品化所带来的经济效应。

6. 体现社会价值的相关因素或指标

（1）教育性：是否可以起到教育作用。

（2）政治性：是否存在着政治影响。

（3）归属感：是否促进人与人之间友情、信任、相互尊重感。

7. 体现环境价值的相关因素

（1）与周围环境的关系：是否协调，是否存在着冲突。

（2）与当地文化环境的关系：是否能够体现当地的空间肌理，是否能够代表特定的平面结构形态和垂直结构形态。

8. 体现非使用价值（存在价值）的相关因素或指标

（1）真实性：是否是真实的。

（2）完整性：文化遗产资源的完整性是否受损。

（3）遗传性：当代人是否以完好的状态世代遗传。

（二）文化遗产资源各种价值的相互关系

文化遗产资源的综合价值，不是历史价值、艺术价值、科学价值、情感价值、经济价值、社会价值、环境价值和非使用价值的简单加总。因为在综合价值中，各价值贡献所占的比例不一样，而且对于不同类别的文化遗产资源，该比例又应该进行相应的调整。各类价值相互依存，历史价值、艺术价值、科学价值和非使用价值是文化遗产一直所具备的，而情感价值、经济价值、社会价值和环境价值一般只有在使用文化遗产资源的时候进行分析。如果前四种价值与后四种价值难以并存的时候，应该首先考虑保护前四种价值。

第三章 遗产资源的调查与评价

047

三、非物质文化遗产资源的价值体系

（一）非物质文化遗产资源的价值体系

非物质文化遗产资源同样具有一个价值体系，由自身价值、社会价值和经济价值构成第一层次。其中，自身价值是指其存在价值；社会价值包含历史与文化价值、科学研究价值、教育价值、艺术价值等；经济价值包含旅游开发价值、文化开发价值和非遗商品化价值。非物质文化遗产的自身价值和社会价值是其经济价值的基础，即自身价值和社会价值在一定程度上为其开发提供了可能。

1. 历史与文化价值

非物质文化遗产资源原生态地保留了各民族的历史记忆，鲜活地记载了各民族文化的发展与变化，还绵延不断地传承了各民族宝贵的民族精神，是民族的灵魂、民族文化的本质与核心。通过非物质文化遗产资源可以活态地了解不同历史时期各族人民的生活水平、社会关系、道德水平、价值取向。这些民间历史是我们研究历史的重要佐证资料，可以帮助人们更加全面真实地了解当时的情况，对我们当今考证历史，还原历史的真实具有重要作用。

非物质文化遗产资源包含了民间文化知识、民族信仰、民间艺术、社会道德、条文法律、乡土习俗等。非物质文化遗产是历史传统文化的优良因子，是保存民族特质的最完整形态。总的来说，中国文化实际上是多民族同构而成，无论是狼烟四起的战争年代，还是和平岁月，多民族的文化交流和融合从未停止过，民族文化间的沟通交流能够不断增强中国文化的底蕴。非物质文化遗产是优秀的传统文化和民间文化，保护传承非物质文化遗产就可以保障我国民族文化的延续，从而保障中国文化源远流长。

2. 科学研究价值

非物质文化遗产有着不同的发展历史，经过千百年的沉淀传承又相对完整地保留着，为考古学家、历史学家、民俗学家、作家、艺术家、音乐家等来自不同领域的专家提供了考察研究的范本。以国家级非物质文化遗产川东土家族薅草锣鼓为例，利用逆向考察方法，通过对川东土家族薅草锣鼓的研究，可以一直追溯到几千年前古代巴蜀文化的起源，这条纽带可以为人们间接解读很多蕴含其中的生活信息、历史文化信息等，而包含其间的文学、美学、民俗学、语言学等信息也值得进一步研究。

3. 教育价值

非物质文化遗产资源包含了丰富的历史知识、科学知识和民俗知识，这些知识内容丰富、形式多样，具有较高的教育价值。人们通过对非物质文化遗产资源相关内容的了解，认识到中华民族的优秀文化，增强其对民族文化的亲近和热爱

之情，培养其爱国情怀；尊老爱幼、诚实守信、刚正不阿等传统美德在非物质文化遗产资源中充分生动地展示出来，人们易于学习和践行优秀的传统道德行为，从而弥补学校德育教育的不足。

4. 艺术价值

非物质文化遗产中包含着大量的传统民间艺术、传统技艺、民俗和文化生态保护区，这些都具有极高的艺术价值，都充分展示当地的生活风貌、审美情趣和艺术创造力，能使人体会到地域文化的特色和差异，感受非物质文化遗产资源的艺术魅力。

（二）非物质文化遗产资源价值的评判依据

非物质文化遗产资源的价值大小受到下列因素影响：与自身的优秀程度有关；与自身的稀缺程度和濒危程度有关；与所含信息量的多寡有关；与自身的社会知名度和影响范围有关；与所经历的年代有关，年代越久远，价值就越大；与其原生程度有关，非物质文化遗产的原生程度越高，其价值越高。

● 第三节　遗产资源的价值评价

遗产资源都有一定的价值体系，对其进行评价可以为遗产资源的保护和开发利用提供科学依据。本节就评价的原则与方法进行介绍。

一、评价原则

遗产资源的评价是在遗产资源调查的基础上，对其价值、等级和开发前景及开发条件进行科学的分析和可行性研究，为遗产资源的保护、开发规划和管理决策提供科学依据。运用地质学、地理学、生态学、环境科学、文化学、民俗学、社会学等相关理论知识，对遗产资源的形成、属性和价值等内容给予正确的科学解释，进行实事求是的评价。遗产资源评价的方法包括定性和定量两种。遗产资源价值评价服从的原则主要有以下几项：

（一）突出综合效益原则

遗产资源的调查和评价是为其保护和开发利用服务的，保护的目的是为了更好地传承和开发利用，最终目的是为了获得预期的综合效益，这些效益包括社会、经济、科学等多方面的效益，而不只是考虑经济效益。从某种程度上来说，遗产资源带来的社会、科学效益要远远高于经济效益。因此，在进行遗产资源评价时，要考虑遗产资源各类价值的相对重要性、开发潜力以及投放资金后的综合效益，以确定适宜的开发程度。

（二）现状分析与动态发展相结合

由于遗产的概念在不断地扩展，人们对遗产资源价值的认识也是在不断变化和发展的。在以静态认识为基础深入了解遗产资源本质属性的同时，还必须考察不同时间段遗产资源所呈现的动态属性变化和趋势，了解遗产资源的长期趋势、变化特征与过程，发现其变化规律，为其保护和开发利用提供依据。

（三）定量与定性分析相结合

遗产资源的价值、等级、开发潜力和开发条件评价是一项复杂的工程，仅采用定量或定性的方法均不够客观，所以应当采用定量与定性相结合的方法，使评价既有可比性又有针对性。

（四）单要素与全面系统评价相结合

遗产资源与种类繁多的其他资源一样，其功能与价值是多层级、多方面的。对遗产资源进行评价时，不仅要注重对遗产资源本身的成因、属性、特色、价值和等级等因素进行评价，还要将遗产资源所处的地理位置、环境、经济发展水平等开发利用条件，纳入到评价的范畴，给予系统完整的评价，准确地反映遗产资源的整体价值。

二、遗产资源的开发价值评价

（一）定性评价

对遗产资源的评价大多数是基于评价者（行政主管部门工作人员和专家）对于遗产资源价值的总体评价，只有定性的结论。关于旅游资源的定性评价方法如一般体验性评价、美感质量评价法、"三三六"评价法、"六字七标准"评价法、"八、六、五"评价法等均可借鉴来评价遗产资源。由于定性评价的对象不同，所用的标准差别很大，往往要求评价者自己根据实际情况去加以创造。因此，定性评价的方法虽然简便易行，但因个人意见的局限性，常常带有主观色彩。

（二）定量评价

遗产资源开发评价的方法很多，最常见的定量评价方法有专家打分法、模糊综合评判法和层次分析法。

1. 专家打分法

专家打分法属于专家系统常用的方法。研究者先确定遗产资源价值和开发潜力的关键因子体系，并确定评分标准，聘请专家组对各级评价因素进行打分，运用简单数学加权确定分值，按总分高低确定遗产资源的级别或开发潜力。专家打分法的优势主要有两点，一点是类型特征值的采集可为这一评价方法打下良好的基础；另一点是可利用计算机处理大量的关于遗产资源的数据，这有利于灵活利用已有的信息，得出更科学的结论。

2. 模糊综合评判法

模糊综合评判方法是一种以模糊推理为主的定性与定量相结合，精确与非精确相统一的分析评价方法。模糊综合评判模型分为单层次模糊综合评判模型和多层次模糊综合评判模型。其中，多层次模糊综合评判模型不仅可以反映评判因素的不同层次，也避免了由于因素过多难以分配权重的弊病。利用模糊方程式进行矩阵计算，得到遗产资源各质量等级的隶属度和总评分值，再对遗产资源进行分级划分。具体的计算步骤如下：

（1）评价要素指标体系的建立。遗产资源价值评价指标体系设置得是否合理和准确，直接影响了评估结果的科学性、可靠性和准确性。因此，要首先建立评价要素指标体系，并给出评价要素集合。

（2）评语集合的确定。将评判等级划分为"好、较好、一般、较差和差"五个等级。

（3）评价要素权重子集的确定。要确定下层要素指标对上层要素指标的相对重要性，需要确定评价指标的权重系数，常用的方法有主观经验判断法、专家调查法、评判专家小组集体讨论表决法和层次分析法等。

（4）评判的实施。

3. 层次分析法

层次分析法（Analytical Hierarchy Process，AHP）较完整地体现了系统工程的系统分析和系统综合思路，即将一个复杂的问题看成一个系统，根据系统内部因素之间的隶属关系，将一个复杂的问题转化为有条理、有层次，以层次地阶图直观反映系统内部因素之间的相互关系的过程。层次分析法适用于多目标、多层次、多因素的复杂系统的决策。层次分析法的基本过程由以下6个步骤组成：

（1）明确问题。明确遗产资源的价值体系，各个价值包含的内容、相互之间的关系等。

（2）建立层次结构。将遗产资源的价值进行分组，每一组一个层次并按上下层次排列，表明上下层要素之间的关系。

A_k	B_1	B_2	...	B_n
B_1	b_{11}	b_{12}	...	b_{1n}
B_2	b_{21}	b_{22}	...	b_{2n}
...	...	...	...	...
B_n	b_{n1}	b_{n2}	...	b_{nn}

（3）构造如下判断矩阵：判断矩阵表示针对上一层次中的某种价值而言，该层各要素的相对重要性的判断。一般而言，b_{ij} 用 1（表示 B_i 与 B_j 同等重要），3（表示 B_i 比 B_j 重要一点），5（表示 B_i 比 B_j 重要很多），7（表示 B_i 比 B_j 非常重要），9（表示 B_i 比 B_j 极端重要）五个等级标度。

$$b_{ij} = 1$$

$$b_{ij} = \frac{1}{b_{ji}} \quad (i, j = 1, 2, \cdots, n)$$

（4）单层次排序。其目的是对上层次的某一价值而言，确定本层次与之有关联的要素重要性次序的权重值。要求计算出判断矩阵的特征根和特征向量。特征向量的分量就是对应要素单排序的权重值。

（5）层次总排序。利用同一层次中所有层次单排序的结果，计算出针对上一层次而言本层次的所有要素的重要性权重值，这就是层次总排序。计算时需要从上到下逐层顺序进行。

（6）一致性检验。需要计算层次总排序一致性指标 CI、层次总排序的随机一致性指标 RI，如果两者的比值小于 0.1 时，表明层次总排序的计算结果是令人满意的，否则需要对判断矩阵进行调整。

（三）案例

刘翔（2009）建立了工业遗产价值评价体系，并应用评价体系对天津大沽船坞工业遗产进行评估，具体的评估内容如表 3-3 所示：

表 3-3 天津大沽船坞工业遗产价值评估

	指标	最高分（分）	分值说明	得分及其依据
历史价值	（1）历史久远度	10	工业革命以前（10分） 工业革命时期（18世纪中叶至1840年，8分） 中国近代工业生产阶段（1840—1895，6分） 中国近代工业生产阶段（1895—1949，4分） 新中国工业发展时期（1949年至今，2分）	6分（建于1880年。）
	（2）历史影响力	30		
	A. 在行业发展中所处地位	10	世界领先（10分） 世界水平（8分） 国内领先（6分） 区域内领先（4分） 一般水平（2分）	6分（它是继福建马尾船政局，上海江南船坞之后，我国第三所近代船厂，在国内享有盛誉）
	B. 历史上曾在区域政治、经济发展、军事、文化交流、社会生活等方面发挥的作用	10	作用极为重要（10分） 作用重要（8分） 作用比较重要（5分） 作用一般（2分）	10分（北洋水师的装备修整基地，是我国北方最早的船舶修造厂和重要军工基地）

表3-3（续）

指标		最高分（分）	分值说明	得分及其依据
历史价值	C. 与重要历史任务、事件有直接关联与否	10	关系极为密切（10分） 关系密切（8分） 关系比较密切（5分） 关系一般（2分）	10分（由北洋大臣李鸿章请奏获准筹办，船坞在甲午海战期间日夜抢修受损舰船，赶制军火。1913年，袁世凯组建北洋军阀政府，将大沽船坞更名为"海军大沽船所"，后奉系军阀张作霖趁机将其占领并自任所长，直至抗战前大沽船坞以帮东北海军舰队修为主）
	(3) 遗产真实性	10	真实性强，完全保留为原状（10分） 真实性尚可，部分保留为原状（6分） 真实性差，只有少部分保留为原状（3分）	6分（船坞厂区平面布局和甲坞基本保持了原貌。丁坞改造成为1000吨级半坞式机械化船台。车间部分墙体为后砌红色红砖）
	(4) 遗产完整性	10	完整性强，无残缺（10分） 完整性一般，一部分损毁（6分） 完整性较差，大部分损毁（2分）	6分（甲坞保存良好、典型性较强，轮机厂房及部分海神庙码头尚存。其他各船坞或被彻底毁坏或被埋藏于地下，厂区内除轮机厂房和部分机器设备外其他建筑已不复存在）
	(5) 遗产稀缺性	10	稀缺性强，世界范围内绝无仅有（10分） 稀缺性较强，类似遗产少见（7分） 稀缺性一般，类似遗产存在（4分） 稀缺性较差，类似遗产很多（1分）	7分（此类工业遗产为数不多）
艺术价值	(1) 材料质感	10	运用极为巧妙，视觉效果极佳（10分） 运用合理，视觉效果佳（6分） 运用一般，视觉效果一般（3分）	3分（评估对象在此项指标表现一般，无突出亮点）
	(2) 颜色搭配	10	搭配极为巧妙，视觉效果极佳（10分） 搭配合理，视觉效果佳（6分） 搭配一般，视觉效果一般（3分）	3分（评估对象在此项指标表现一般，无突出亮点）
	(3) 造型布局	10	设计极为巧妙，视觉效果极佳（10分） 设计合理，视觉效果佳（6分） 设计一般，视觉效果一般（3分）	6分（轮机车间厂房造型简约，宽敞明亮，布局合理，在此适于近现代机器生产要求）
	(4) 运转流程	10	科学合理，审美性极强（10分） 科学合理，具有一定审美性（6分） 审美性一般（3分）	6分（工人劳作与机器运转配合协作，体现了一定的节奏美和韵律美）
科学价值	(1) 营造模式	135		
	A. 产业规模	60		
	a. 车间厂房体量	15	体量极大（15分） 体量大（11分） 体量一般（7分） 体量较小（3分） 体量小（1分）	13分（轮机车间厂房南北长55.6米，东西宽19.8米。甲坞长97.6米，宽28米，深6.1米，可容纳2000吨级舰船一艘，是当时投资最多、最为宏伟的中国第一座木质板基船坞）
	b. 机器设备数量	15	数量极大（15分） 数量大（11分） 数量一般（7分） 数量较小（3分） 数量小（1分）	7分（国外购入机床设20余台，国内自制设数量不详待查，暂不计入，故此项评分略为保守）
	c. 工作人员数量	15	数量极大（15分） 数量大（11分） 数量一般（7分） 数量较小（3分） 数量小（1分）	12分（初期员工基本在600人左右，他们是中国第一代产业工人。1882年总工人数已达1600余人）

表3-3（续）

中国遗产资源保护与开发

054

指标		最高分（分）	分值说明	得分及其依据
科学价值	d. 工作条件	15	极好（15分） 好（11分） 较好（7分） 一般（3分） 较差（1分）	7分（厂房环境宽敞明亮，设备齐全）
	B. 动力能源	15	极为先进（15分） 先进（11分） 比较先进（7分） 一般（3分）	11分（主要采用蒸汽动力）
	C. 原材料应用	15	极为先进（15分） 先进（11分） 比较先进（7分） 一般（3分）	7分（主要为钢铁）
	D. 技术工艺水平	15	世界先进（15分） 世界水平（11分） 国内先进（8分） 区域内先进（4分） 一般（2分）	13分（1880年造出中国第一艘潜水艇，后又仿造出当时先进的德国一磅后膛炮，并批量生产驳壳手枪，即毛瑟M1896等轻兵器）
	E. 技术开放度	15	独家掌握（15分） 极少数企业掌握（11分） 部分企业掌握（7分） 普遍掌握（3分）	11分（中国第一艘潜水艇完全为自己研制并实验成功，只可惜由于清政府腐败无能，潜艇没有正式使用或继续研究，从此销声匿迹，相关资料并未留下）
	F. 生产组织形式	15	极为先进（15分） 先进（11分） 比较先进（7分） 一般（3分）	11分（分工协作，部门组织清晰，下属有打铁厂、锅炉厂、铸铁厂、模件厂以及船坞等）
	G. 生产运营能力	15	极强（15分） 强（11分） 较强（7分） 一般（3分）	11分（截至1900年，大沽船坞一共接收维修的舰船达73艘，同时，先后建造了"飞艇"炮船等各种大小舰船38艘，全力支援了海军建设）
	（2）管理模式	15	极为先进（15分） 先进（11分） 比较先进（7分） 一般（3分）	3分（此方面资料信息不详，保守打分）
精神价值	（1）精神激励	15	价值极高（15分） 价值高（11分） 价值较高（7分） 价值一般（3分）	11分（它是中华民族抗击外侮、保家卫国的历史见证，使我们懂得"落后就要挨打，发展才是硬道理"。它反映了当时在饱受列强欺侮的形势下，清政府为保国求强，学习西方先进技术，立足自身进行军事建设及发展实业的坚定信念和民族精神）
	（2）情感归属	15	价值极高（15分） 价值高（11分） 价值较高（7分） 价值一般（3分）	11分（大沽船坞造就了中国北方第一代产业工人，他们所做出的历史贡献不可磨灭，他们艰苦创业、励精图治的民族精神和优秀品质至今仍为天津船厂工人引以为豪，当地人民也把这段历史融入了自己的生活当中，对其怀有特殊的感情）
专家补充修正			2002年10月北洋水师大沽船坞遗址纪念馆在天津市船厂内建成并对外开放，其收集了建坞初期从国外进口的机床、带缆桩、舰船罗径等文物，保留了大沽口防御砖、建厂初期厂房以及李鸿章亲自栽下的两株百年古杨树等。同时有关大沽船坞后续的文物抢救、保护和开发工作也正在进行。建议总分增加15分。		
评估总分			197（指标评分）+15分（专家补充修正）= 212分		

资料来源：刘翔. 文化遗产的价值及其评估体系——以工业遗产为例 ［D］. 长春：吉林大学，2009.

三、遗产资源经济价值的评价方法

（一）遗产资源的经济价值构成体系

对遗产资源进行评价时，除了常见的定性、定量评价其价值、等级和开发潜力外，人们也会关注其经济价值，并且有许多学者也对我国的部分遗产资源进行了货币化评估，如对乐山大佛、敦煌莫高窟、武夷山、九寨沟、峨眉山等遗产资源的经济价值评估。

遗产资源的总经济价值包括使用价值和非使用价值，其中使用价值分为直接使用价值（科研价值、历史文化教育价值、游憩价值）、间接使用价值（环境价值），非使用价值则分为存在价值、遗赠价值和选择价值。

（二）遗产资源的经济价值评价方法

1. 遗产资源的直接使用价值评价方法

遗产资源的科学研究价值评价采用费用支出法，历史文化教育价值采用费用支出法和市场价值法进行评价，游憩价值采用费用支出法、机会价值法和旅行费用法（Travel Cost Method，TCM）进行评估。

2. 遗产资源的间接使用价值评价方法

遗产资源的间接使用价值是指环境价值，由遗产资源所在地的整体环境带来的，包含有机物量价值、生物多样性价值、涵养水源价值、保土价值、纳碳吐氧价值、净化污染物价值等。其评价方法可采用市场价值法、生产成本法、替代工程法、支付意愿调查法（Contingent Valuation Method，CVM）等。

3. 遗产资源的非使用价值评价方法

评估非使用价值的唯一方法就是支付意愿调查法，通过问卷设计调查可得到人们对遗产资源的支付意愿（WTP）或放弃使用遗产资源而接受的补偿（WTA），从而评估遗产资源的非使用价值。如果问卷设计得当，可以适当地区分存在价值、遗赠价值和选择价值。

（三）主要评估方法简介

1. 费用支出法

常常用来评估某种资源或环境的服务价值，以人们使用某种资源或享受环境效益而支出的费用来表示该资源或环境的经济价值。

2. 市场价值法

常用来评价买卖市场存在的物品和服务的价值。例如，评估遗产资源的文化价值时，出版物的价值可采用图书、学术论文和图片、音像出版物的市场价格充当它们的货币价值。

3. 机会价值法

任何一种资源的利用都存在许多相互排斥的待选方案。选择了某种使用机会就意味着放弃其他使用机会，人们把失去的使用机会方案中能获得最大收益称为该资源选择方案的机会价值。

4. 替代工程法

某些环境效益和服务虽然没有直接的市场可开展交易活动，但具有这些效益或服务的替代品交易市场和价格，通过估算替代品的花费而代替这些环境效益或服务的价值就是替代工程法。

5. 旅行费用法

旅行费用法常常用来评估没有市场价格的自然资源或环境资源的价值。旅行费用法要评估的是旅游者通过消费这些资源、环境和服务而获得的效益，或者是对这些自然资源、环境或服务的支付意愿。支付意愿等于消费者支出与消费者剩余之和。假设通过费用支出法可以得到旅游者的消费支出，确定支付意愿的关键在于估算旅游者的消费者剩余。

利用旅行费用法求得遗产资源的游憩价值的焦点是求出需求曲线，从需求曲线可进一步计算消费者剩余（Consumer Surplus）及总的游憩价值，其具体步骤为：

（1）定义和划分旅游者的出发地小区。

（2）在评价遗产资源地对旅游者进行抽样调查，获得游客的社会经济基本特征和旅行费用数据。

（3）计算每一出发地小区到该遗产资源地的旅游率。利用以下公式可以计算出每一出发地小区到该遗产资源地的旅游率：

$$Q_i = \frac{V_i}{P_i} \tag{3-1}$$

式中：Q_i 为出发小区 i 的旅游率；V_i 为出发小区 i 到遗产资源地的年旅游人次（由调查人数估计出）；P_i 为出发小区 i 年末总人口数。

（4）旅行费用估算，并求出旅行费用对旅游率的影响。主要估算以下几方面的费用：游客从出发地小区至遗产资源地的直接往返交通费用，游客在整个旅程中的食宿费用、门票和其他服务收费，旅途时间价值，购买纪念品及摄影等费用。应用第（3）步计算得出的各出发小区的旅游率与旅行费用以及各种社会经济变量进行回归分析，求出第一阶段的需求曲线即旅行费用对旅游率的影响，用下面的公式表示：

$$Q_i = a_0 + a_1 TC_i + a_2 Y_i \tag{3-2}$$

式中：Q_i 为小区 i 的旅游率；TC_i 为总费用（包括旅行往返的交通费用、食宿费用、门票费用、遗产资源地各种服务费用及其他费用和时间费用）；Y_i 为小区 i 旅游者的人均收入；a_0、a_1、a_2 为待估值的系数。

（5）确定每个出发小区对该遗产资源地的实际需求曲线和消费者剩余。对公式（3-2）进行校正可求出每个出发小区的实际需求曲线：

$$TC_i = \beta_{0i} + \beta_{1i}V_i \tag{3-3}$$

$$\beta_{0i} = \frac{-(a_0 + a_2Y_i)}{a_1}$$

$$\beta_{1i} = \frac{1}{a_1P_i} \quad (i = 1, 2, \cdots, n)$$

由公式（3-3）可以得出每个出发小区的旅行费用和年旅游者人数的关系式，进而可以求出每个出发小区的消费者剩余。

（6）计算总的消费者剩余。利用公式（3-4）可以求出每个出发小区旅游者的消费者剩余，利用公式（3-5）可以求出该遗产资源地总的消费者剩余。

$$CS_i = \int_{P_{(0)}}^{P_{(m)}} f(p)\ dp \tag{3-4}$$

$$ACS = \sum_{i=1}^{n} CS\,(i) \tag{3-5}$$

式中：$CS\,(i)$ 为小区 i 的旅游者的消费者剩余；$P\,(0)$ 为小区 i 到遗产资源地的现有旅行费用；$P\,(m)$ 为小区 i 的边际效益为 0 时的最大旅行费用；$f\,(p)$ 为费用与旅游人次的函数关系式；p 为遗产资源地门票价格；ACS 为 i 个小区旅游者一年中对某一遗产资源地的总的消费者剩余。

（7）计算遗产资源地的游憩总价值。将每个小区的实际旅行费用与消费者剩余加总，得出总的支付意愿——评价遗产资源地的游憩总价值，见公式（3-6）。

$$TTV = \sum_{i=1}^{n} CS_i + \sum_{i=1}^{n} C_{Ti}V_i \tag{3-6}$$

式中，TTV 为评价遗产资源地的游憩总价值；$CS\,(i)$ 为小区 i 的旅游者的消费者剩余；C_{Ti} 为小区 i 到评价遗产资源地的旅行费用；V_i 为小区 i 到评价遗产资源地的年旅游人次（由调查人数估计出）。

6. 支付意愿调查法

通过对消费者的直接调查，了解消费者对某种资源或环境的支付意愿，它所度量的是假想情况下消费者的支付意愿而不是实际的支付行为。支付意愿调查法可以用来评价各种效益。在既无市场又无替代市场时，支付意愿调查法是唯一能够采用的评估自然资源或环境的方法，也是评估遗产资源非使用价值最有效的方法。支付意愿调查法按调查方式可分为四种具体的操作方法：报价法、取舍实验法、交易法和德尔菲法。

支付意愿所测定的是一个行为倾向，即打算支付多少，而不是市场上买卖的真正行为和真正支付。因此，它必须根据应答者对调查表的反应来推断。实验表明，支付意愿调查的人们对遗产资源的支付意愿消耗值往往要大于实际支付值。

此外，特别需要注意统计方面的 3 个问题：

（1）样本数目。一般要求样本数目要足够多，以便能反映出被调查区域的人群的情况。

（2）对偏差较大的答案或答卷的处理。要把那些特别极端的答案从有效问卷中剔除，因为这些出价可能是不真实的或是对问题的错误回答。

（3）与汇总有关的问题。将平均支付意愿（或接受赔偿意愿）乘以相关的人数，即可简单得出总的人们对遗产资源的支付意愿消耗值或总的人们放弃使用遗产资源而接受的补偿值。但总体人群的选择是一个难题。

（四）案例

刘彩霞（2008）利用旅行费用法和支付意愿调查法对峨眉山景区遗产资源的价值进行货币化评估，评估结果为：2007 年峨眉山景区遗产资源的使用价值为29.40 亿元，而非使用价值为 693.68 亿元（存在价值为 268.59 亿元，选择价值为199.02 亿元，遗产价值为 226.07 亿元），非使用价值是使用价值的 23.59 倍，表明峨眉山景区的旅游经济价值固然重要，但其科学研究价值和存在价值更重要，需要科学保护，合理利用以促进景区资源的持续发展。2007 年峨眉山的旅游总收入为 35.66 亿元，而其旅游资源的总经济价值为 723.07 亿元，远远高于年旅游总收入，说明峨眉山景区作为世界自然文化双遗产，其意义不仅仅是发展旅游业和促进地方经济的发展，其非使用价值的意义更大，需要保护和利用。

遗产资源的经济价值评价是非常复杂的，且很难准确评估。一方面，各种评估方法本身存在一定的缺陷；另一方面，有的遗产资源价值很难评估，如宗教遗产资源的经济价值就是很难货币化的。

 复习思考题

1. 非物质文化遗产资源的普查程序包含什么内容？

2. 请阐述自然遗产资源、文化遗产资源和非物质文化遗产资源的价值构成体系。

3. 利用层次分析法对某一遗产资源进行定量评价。

参考文献

［1］方海川，郭剑英，张力. 旅游资源规划与开发［M］. 上海：上海交通大学出版社，2012.

［2］第三次全国文物普查领导小组办公室. 第三次全国文物普查实施方案及相关标准、规范［EB/OL］. http：//pucha. sach. gov. cn/Html/UploadedFiles/liuyihan/2008-11-24/disanciquanguowenwupuchashishifanganjixiangguanbiaozhunguifan.doc.

［3］中华人民共和国文化部办公厅. 文化部办公厅关于开展非物质文化遗产普查工作的通知［EB/OL］. http：//www.ipraction.cn/2012/03/24/ARTI1332582443145354.shtml.

［4］徐建华. 现代地理学中的数学方法［M］. 北京：高等教育出版社，1994.

［5］刘翔. 文化遗产的价值及其评估体系——以工业遗产为例［D］. 长春：吉林大学，2009.

［6］黄明玉. 文化遗产的价值评估及记录建档［D］. 上海：复旦大学，2009.

［7］贾银忠. 中国少数民族非物质文化遗产教程［M］. 北京：民族出版社，2008.

［8］喻学才，王健民. 文化遗产保护与风景名胜区建设［M］. 北京：科学出版社，2010.

［9］刘彩霞. 峨眉山风景名胜区旅游资源经济价值评估研究［D］. 成都：西南交通大学，2008.

第四章　不同级别遗产资源的申报与管理

在遗产资源调查与评价的基础上，对遗产资源的价值有了更深入、更系统的认识，并形成一定的级别划分，但不同级别遗产资源的申报与认证有严格的程序，本章将对世界遗产资源、国家级遗产资源和省级遗产资源的申报程序和管理进行介绍。

● 第一节　世界遗产资源的申报与管理

世界遗产资源的申报、评选主要由联合国教科文组织负责，其执行机构为世界遗产委员会。联合国教科文组织在1972年通过了《保护世界文化和自然遗产公约》，并逐步建立健全了世界遗产管理的体制与运行机制。

一、世界遗产的申报

世界遗产必须具有卓越普遍价值，因此申报和评选标准就是以是否具备卓越普世价值来评估世界遗产提名地。

（一）世界自然遗产的申报

1. 世界自然遗产的登录标准

联合国教科文组织颁布的《执行世界遗产公约的操作规则》规定，凡提名列入《世界遗产名录》的遗产地，必须符合下列一项或几项标准：

（1）包含着最显著的自然现象或具有特别的自然之美，具有美学重要性的地区；

（2）是表达地球重要历史阶段的卓越典范，包括生命的记录，在地形形成过程中重要的、运行当中的地质演变过程，或重要的地貌或地学特征；

（3）是进化过程，以及陆地、淡水、海岸及海洋生态系统和动植物群的形成过程中，代表着重要的、运行当中的生态和生物学过程的卓越典范；

（4）对就地保护生物多样性而言最重要的自然生态栖息地，包含那些拥有从科学或保护的角度来看具有卓越普世价值的濒危物种的地方。

除了符合以上标准之外，每项提名自然遗产还必须符合《执行世界遗产公约的操作规则》规定的"整体环境"条件：

（1）必须包含自然生态关系必备要素的全部内容或者绝大部分内容；

（2）必须有相当充分的地域面积，能够自我维持生态平衡；

（3）必须具有维持物种延续的生态系统；

（4）濒危物种遗址应具有维持濒危物种生存所需的生活条件，特别要保护迁徙性物种种群。

2. 世界自然遗产的普世价值评估

世界自然遗产申报书的核心目标就是描述提名项目是否具有卓越普世价值，表明提名地满足一系列完整性（足够的规模、重要特征的保护和完整的表述、清晰和恰当的边界），表明提名地具备高效的保护和管理，以及法定管理规划或其他以公文的形式确定下来的管理制度，一个有效的法律、资金和机构框架以确保管理制度的有效实施。

（二）世界文化遗产的申报

1. 世界文化遗产的登录标准

世界遗产制度对其保护对象有清晰的定义和明确的登录标准。1972年版《保护世界文化和自然遗产公约》中区分文化遗产的三种基本类型为纪念物、建筑群和场所，在目前最新版本的《实施世界遗产公约操作指南》中列出了四种特殊文化遗产类型：文化景观（此类型有时会结合自然遗产）、历史城镇和城镇中心、遗产运河、遗产廊道，每一种类型的定义中都有价值和表现特性的阐述，尤其对于四种特殊类型详细说明了其评估要素和列名资格。在类型定义的基础上，列入世界文化遗产名录的资格是根据以下六项登录标准，即对全人类文化具有"显著普遍价值的表现"：

（1）足以代表人类所发挥的创造天分之杰作；

（2）在某时期或某文化圈中，在建筑、技术、纪念物艺术、城镇规划或景观设计的发展上，展现了人类价值的重要交替；

（3）可作为现存或已消失的文化传统的唯一证据或优异证据；

（4）可阐明人类历史重要时期中一种式样的建筑物、建筑群或技术工程体、或景观的杰出案例；

（5）可作为代表某种（些）文化的传统人类聚落、利用土地或海洋方式，或人类与环境互动的杰出案例，尤其是在不可逆转的变迁冲击下；

（6）直接或具体与具有显著普遍重要意义的事件或现存传统、思想、信仰、艺术或文学作品相关（此项标准通常和其他项并列使用）。

2. 世界文化遗产的普遍价值评估

世界文化遗产的申报涉及许多方面的评估，其中与价值评估直接相关的部分为资产的描述和登入列名的理由（显著普遍价值的阐述、符合哪项登录标准），在此之前，必须清楚界定资产的地理位置和范围，如果申报的是系列资产，则必须将各个组成部分的名称、地区、坐标、缓冲地带等说明清楚。在《实施世界遗产公约操作指南》中，关于这些主题应包括哪些具体内容有清楚的说明备注。

（1）资产的描述。此部分包含资产申报当时和过去沿革的描述，在描述中应指出资产的全部重要特征。就文化资产而言，即描述使其具有文化重要性的元素，可能包括建筑（群）的描述、建筑风格、建造日期、材料等，也应该描述背景环境的重要层面。就历史城镇或城区而言，则无须一一描述个别建筑，但应描述重要公共建筑，也应说明该地区的规划和街道形式等。关于资产的过去沿革，则是描述其如何演进为目前形式和状况的过程，以及其经历的重要变化，包含近期维护的历史。如果是古迹、遗址或建筑（群），应该说明建造的阶段，还有竣工后比较重要的改变、破坏和重建。此部分的信息应该提供支持申报资产符合登录标准和真实性、完整性状况的重要事实。

（2）登入列名的理由。此部分应清楚说明资产的"显著普遍价值"何在，在申报材料中包含以下四个部分：

①资产是根据哪些登录标准提报；

②显著普遍价值阐述；

③比较分析；

④完整性和（或）真实性阐述。

根据的标准应对照《实施世界遗产公约操作指南》中所列的登录标准分项填写，简要陈述该资产如何符合登录标准，在此基础上再阐述其显著普遍价值以说明该资产为何值得列入《世界遗产名录》（操作指南 154~157 条）。比较分析是和同类的资产相比较，略述其在同类资产中的胜出之处，此举在于解释该申报资产在其国内和国际脉络中的重要性。比较对象不限于《世界遗产名录》中的资产。

关于真实性和完整性的阐述，则是论证资产是否达到《实施世界遗产公约操作指南》中详尽规定的真实性和完整性条件。例如，就文化资产而言，要记录其维修工作是否根据该文化传统的材料和方法来进行，即符合《奈良真实性文件》所主张的精神。

（三）世界混合遗产的申报

世界混合遗产的登录标准是至少要符合一条文化遗产标准和一条自然遗产标准。有的文化景观也可以为混合遗产。它们在文化遗产的评选标准下被确定为文化景观，但它们的自然价值仍然足以符合一条自然遗产的评选标准。

（四）世界文化景观的申报

文化景观是在文化遗产评选标准下评定的，表达人类和自然协力合作形成的杰作。

（五）世界非物质文化遗产的申报

2007 年 5 月，世界第一次无形遗产委员会特别会议在中国成都召开，并在会议上提出了两套评选标准，即列入《人类非物质文化遗产代表作名录》的评选标准和列入《急需保护的非物质文化遗产名录》评选标准，见表 4-1。

表 4-1　　　　　　　世界非物质文化遗产的评选标准

《人类非物质文化遗产代表作名录》的评选标准	《急需保护的非物质文化遗产名录》评选标准
1. 组成非物质文化遗产的元素符合《保护非物质文化遗产公约》第 2 条所界定的	1. 组成非物质文化遗产的元素符合《保护非物质文化遗产公约》第 2 条所界定的
2. 入选的非物质文化遗产元素将让大家看到和意识到与非物质文化遗产对话的重要性，进而反映全球文化的多样性、证明人类的创造性	2. 虽然相关社区、群体或（在可行情况下）个体、国家努力了，但仍因其生命力受到威胁而急需保护的非物质文化遗产元素
3. 保护措施已详备，将保护和促进非物质文化遗产元素	3. 已精心进行保护的非物质文化遗产元素，可能让相关社区、群体或（在可行情况下）个体继续实践和传承的
4. 已在相关社区、群体或（在可行情况下）个体最广泛的参与下，遵照他们自愿、迫切和共知的意愿申报的非物质文化遗产的元素	4. 已在相关社区、群体或（在可行情况下）个体最广泛的参与下，遵照他们自愿、迫切和共知的意愿申报的非物质文化遗产的元素
5. 包括在申报国境内非物质文化遗产预备名单中的非物质文化遗产元素	5. 包括在申报国境内非物质文化遗产预备名单中的非物质文化遗产元素
	6. 在极端紧急的情况下，相关的成员国协商后认为符合《保护非物质文化遗产公约》第 17 条第 3 款的

资料来源：李春霞. 遗产源起与规则［M］. 昆明：云南教育出版社，2008：184.

二、世界遗产的评估认定程序

（一）自然遗产和文化遗产的评估认定程序

《保护世界文化和自然遗产公约》缔约国将申报的遗产资料送交联合国教科文组织世界遗产中心，该中心确认资料完整后，再交由国际古迹遗址理事会（ICO-MOS）负责执行，其流程如图4-1所示。提交申报的遗产必须已经在该国的世界遗产申报预备清单上，否则是不予受理的。预备清单是缔约国必须提交给世界遗产秘书处的正式文件，在《实施世界遗产公约操作指南》中，鼓励缔约国在准备预备清单时，尽可能让利益相关者参与准备工作，包括遗产地的管理者、地方和区域政府、当地社区、第三部门（NGOs）和其他有权益关系的团体或个人。在正式申报中，预备清单的内容（资产名称、地理坐标、简要描述、具有显著普遍价值之处、真实性和完整性阐述、与其他相似遗产的比较）是重要的参考基础。

世界遗产秘书处受理缔约国提交的申报预备清单后，交由其咨询机构国际古迹遗址理事会提出意见与摘要，尤其是汇总、分析出各国申报预备清单中的遗产类型与数量，使缔约国了解《世界遗产名录》中哪些缺乏或数量较少的遗产类型，并且和已在该名录上的遗产进行主题、地区、地域文化群体等方面的比较。此外，缔约国也可以参考国际古迹遗址理事会执行的特定主题研究。这些研究是源自于纵览各缔约国的预备清单、预备清单协调会议报告以及团体或个人所做的研究。以这些信息为基础，缔约国可以在地方或主题层面协调其预备清单，整体评估其清单是否可以填补《世界遗产名录》缺乏的类型，或是否与该名录上的遗产有共同主题，改善其预备清单或调整申报策略。

从上述对预备清单的规定来看，世界遗产委员会（WHC）不仅是提出政策、设立评估标准后被动地接受申报并展开评估。由于世界遗产基本上是面向全球的，其名录必须有代表性、平衡性且具备可信度，所以世界遗产委员会必须在全球策略的框架下，对各国遗产的提名申报保有一定的主动权，其做法是经常针对不同类型的遗产召开地区性和主题性的专家会议，以这些会议成果来指导缔约国的提名申报工作。世界遗产委员会作为顾问的咨询机构，为了完成其价值评估的任务，也必须与其他机构合作展开遗产的主题与比较研究，以提供其评价工作所需的背景脉络。

世界遗产委员会每年举行一次会议讨论决定是否将被提名的遗产录入到《世界遗产名录》中。有时候，世界遗产委员会会延期下结论并要求会员国提供更多的信息，或者决议不予列入，被拒绝列入《世界遗产名录》中的提名遗产地将不得再次提出申请。

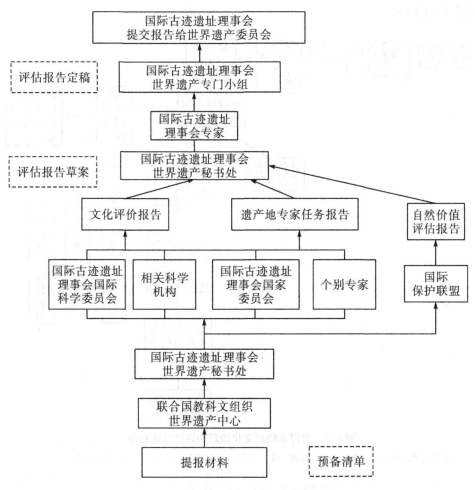

图 4-1　世界文化遗产的评估认定程序

资料来源：李春霞. 遗产源起与规则［M］. 昆明：云南教育出版社，2008：185.（本书引用有改动）

（二）世界非物质文化遗产的申报评定程序

第一步是参照世界非物质文化遗产的评选标准，拟定预备清单。

第二步是完成申报文本（申报表、申报录像片、照片、事先知情认可的声明、知识共享与权利让与证书等）准备和提交工作（提交至世界遗产秘书处）。申报表正文内容包括 10 个方面：遗产的确认、遗产的说明、有助于保证可见度、提升认知度及促进对话、保护措施、社区的参与和认可、已列入的清单、文献资料、联络人员、缔约国代表签字。

第三步是无形遗产委员会的评估和决定，更新和发布代表作名录，具体的评估程序见图4-2。

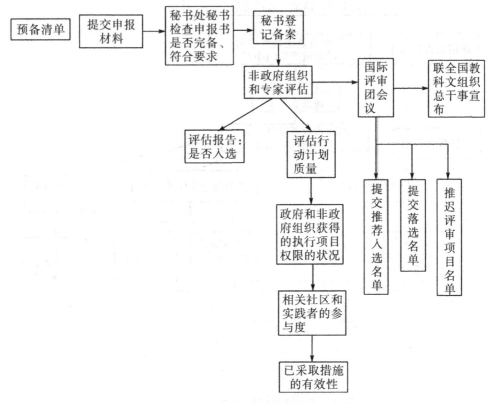

图4-2　世界非物质文化遗产的评估认定程序

资料来源：李春霞. 遗产源起与规则［M］. 昆明：云南教育出版社，2008：189-194.

三、世界遗产的管理

世界遗产是人类的共同财富，其突出的普遍价值、不可替代与不可逆转的特性，决定其应受特别的保护和管理。基于这样的共识，联合国教科文组织在1972年通过了《保护世界文化和自然遗产公约》，并逐步建立健全了世界遗产管理的体制与运行机制。而值得注意的是，早在世界遗产概念产生之前，许多国家就已经建立起了文物保护或自然资源保护体系。这些管理组织形式和管理方式建立在各国的社会政治经济环境和文化背景中，形成了适合本国国情的"特色保护方式"。

目前世界各国在遗产管理上的差异主要表现为发达国家与发展中国家在遗产管理组织形式上的差异，以及东西方不同文化背景下遗产管理方式的差异。

（一）管理组织形式的差异

西方发达国家普遍建立起了从上至下垂直统一的遗产管理机构，遗产管理费用主要由国家财政负担，这种由国家财政包干的管理制度与国家强大的经济实力和完善的制度密切相关。而大多数发展中国家和处于经济转型时期的国家由于受财力限制，或政府管理机构处于经常性的调整变化之中，一般都没有单独设立统一的垂直管理机构。

（二）管理方式的差异

由于社会文化背景不同，西方国家的遗产保护注重科学和技术的应用，遗产保护以规范的法典、理性的探究、合理的规划、程式化的管理为主要模式。我国遗产管理更注重权威、实用、协调、直觉、感悟以及管理者的经验等。

（三）我国世界遗产的管理

在世界遗产管理方面，我国目前采用传统的文物保护单位体系、风景名胜区管理体系和非物质文化遗产管理体系模式。遗产管理基本满足《保护世界文化和自然遗产公约》、《保护非物质文化遗产公约》在国家一级的要求。主要体现在如下3个方面：

一是建立了"条"、"块"结合的遗产管理行政组织体系。通过从中央到地方的垂直行业管理部门对遗产地进行业务指导和管理，同时地方政府又派出管理机构对世界遗产进行具体综合管理。

二是制定了基本涵盖遗产管理的政策法律。

三是利用各种手段加强了对世界遗产的维修保护。

第二节　国家遗产资源的申报与管理

国家遗产资源的申报、评选与管理涉及多个部门，本节将介绍不同类型的国家遗产资源申报、评定与管理的相关知识。

一、国家遗产资源的申报与评定

（一）国家级自然遗产的申报与评定

1. 国家级风景名胜区的申报与评定

（1）申报标准。根据《风景名胜区条例》的规定，自然景观和人文景观能够反映重要自然变化过程和重大历史文化发展过程，基本处于自然状态或者保持历史原貌，具有国家代表性的，可以申请设立国家级风景名胜区。

（2）提交材料。申请设立国家级风景名胜区应当提交的材料有：风景名胜资源的基本状况、拟设立风景名胜区的范围以及核心景区的范围、拟设立风景名胜区的性质和保护目标、拟设立风景名胜区的游览条件，以及与拟设立风景名胜区内的土地、森林等自然资源和房屋等财产的所有权人、使用权人协商的内容和结果。

（3）评定程序。国家级风景名胜区由省（市、区）人民政府提出申请，国务院住房和城乡建设部会同国务院环保部、林业局、文物局等有关部门组织论证，提出审查意见，报国务院批准公布。

2. 国家级自然保护区的申报与评定

（1）申报标准。国家林业局自然保护区研究中心公布的《关于报送国家级自然保护区晋升及调整评审材料的须知》中指出，拟晋升国家级自然保护区必须符合以下条件：

①晋升省级自然保护区 2 年以上（含 2 年）。

②自然保护区有专门的管理机构和人员编制，并有稳定的事业费和日常运行经费。

③自然保护区管理机构必须获得法律认可的保护区全部面积的土地使用权或经营管理权，并与其他行政区域不存在边界争议。对于保护区范围内的集体林，应有集体林所有者同意交由保护区管理机构管理的经营管理权证书或协议等确认文件。

④保护区总面积应该在 1 万公顷以上(中东部省区)或 2 万公顷以上（西部省区）。

⑤自然保护区的功能分区和管理符合《中华人民共和国自然保护区条例》、《森林和野生动物类型自然保护区管理办法》的有关规定。

⑥在全国生物多样性保护中具有关键性作用。

（2）提交材料。具备资格的自然保护区必须将申报材料提交给全国林业系统国家级自然保护区评审委员会评审。申报材料包含如下内容：

①省、自治区或直辖市人民政府同意申报晋升国家级保护区的正式文件；文件中明确写明拟申报国家级自然保护区的总面积、三区（核心区、缓冲区和实验区）面积、边界四至范围等相关内容；范围功能区调整自然保护区注明变动范围及面积。

②土地权属证明，对于国有土地，须提交林权证或土地使用证；对于集体土地，须提交经营管理权属证明书或管理协议等相关材料。

③《建立国家级自然保护区申报书》或《国家级自然保护区范围调整、功能区调整及更改名称申报书》。

④《自然保护区综合科学考察报告》，该报告是在有关学科专家参与和指导下完成的，客观反映自然环境、生物多样性、经营管理和周边社区等方面的真实现状；野生动植物名录标明各物种是现存还是历史上曾经有过。

⑤《自然保护区总体规划》，规划内容应科学合理、切实可行，总体规划后附上该保护区成立省级自然保护区的批文、人员编制、经费等文件的复印件。

⑥多媒体视频资料，主要反映自然保护区的自然景观、主要保护对象和管理

情况。

⑦彩色影集,将光碟中没有反映出的自然景观和物种加以补充。

⑧彩色挂图,包括位置图、功能区划图、植被图或主要保护对象分布图。

(3)评定程序

①各省(区、市)将拟申报晋升及调整的国家级自然保护区名单及审核材料报到国家林业局保护司,进行资格审查;

②经保护司审查符合国家级自然保护区晋升及调整要求的,提交申报材料至国家林业局;

③全国林业系统国家级自然保护区评审委员会对申报晋升及调整的自然保护区进行评审,合格的保护区由国家林业局上报国务院审批。

3. 国家级地质公园的申报与评定

(1)申报标准。根据国土资源部的规定,拟申报国家地质公园内的地质遗迹必须具有国家级代表性,在全国乃至国际上具有独特的科学价值、普及教育价值和美学观赏价值。具体而言,必须符合下列标准之一:

①地质遗迹资源具有典型性。能为一个大区域乃至全球地质演化过程中的某一重大地质历史事件或演化阶段提供重要地质证据的地质遗迹;具有国际或国内大区域地层(构造)对比意义的典型剖面、化石产地及具有国际或国内典型地学意义的地质地貌景观或现象;国内乃至国际罕见的地质遗迹。

②遗迹资源具有一定数量、规模和科普教育价值,其中达到典型性要求的国家级地质遗迹不少于3处,可用于科普和教育实习用的地质遗迹不少于20处。

③遗迹具有重要美学观赏价值,对广大游客有较强的吸引力,公园建成后能够带动当地旅游产业,促进地方社会经济可持续发展。

④遗迹已得到有效的保护,正在进行或规划进行的与当地社会经济发展相关的大型交通、水利、采矿等工程不会对地质遗迹造成破坏。

⑤已批准建立省(区、市)级地质公园2年以上并已揭碑开园。

⑥符合上述①~④条标准,由国家有关主管部门批准的国家级风景名胜区、国家级自然保护区、国家森林公园等。

(2)提交材料。申报国家地质公园必须提交如下材料:

①地质公园申报书;

②地质公园综合考察报告;

③地质公园申报画册;

④地质公园申报影视片;

⑤提出申请的县级以上人民政府承诺书;

⑥省级国土资源行政主管部门推荐意见。

（3）评定程序。国家地质公园的评定分为评审、建设和批准三个阶段。

①评审阶段：由国家地质遗迹保护（地质公园）评审委员会（以下简称评审委员会）组织进行，通过审阅申报材料、观看申报影视片、听取申报单位陈述及公园所在地政府负责人承诺发言，对每个申报公园记名打分，并提出"同意申报为国家地质公园"或"不同意成为国家地质公园"的评审意见。评审委员会根据得分结果提出拟授予国家地质公园资格名单（按得分排序），并向国家地质遗迹保护（地质公园）领导小组（以下简称领导小组）提交评审报告。领导小组召开会议对评审委员会提交的评审报告进行审核，最终做出授予国家地质公园资格的决定。

②建设阶段：在取得国家地质公园资格后3年内，地质公园应编制《国家地质公园总体规划》，并按《中国国家地质公园建设工作指南》和规划要求，按期完成地质公园的建设。

③批准阶段：地质公园建设完成后，由省（区、市）国土资源行政主管部门组织专家进行实地审查验收，达标后向国土资源部提出批复申请；国土资源部接到申请后委派专家组进行实地复核，并根据专家组考察意见决定是否正式授予国家地质公园称号。申请批复国家地质公园时应提交国家地质公园建设工作报告、国家地质公园总体规划、省级国土资源行政主管部门审查验收意见。

4. 国家级森林公园的申报与评定

（1）申报标准。根据《国家级森林公园行政许可项目申报指南》关于国家级森林公园设立的许可条件的规定，国家级森林公园必须具备以下条件：

①森林风景资源质量等级达到《中国森林公园风景资源质量等级评定》（GB/T18005—1999）一级标准（即拟建的森林公园质量等级评定分值40分以上）；

②符合国家级森林公园建设发展规划；

③森林风景资源权属清楚，无权属争议；

④经营管理机构健全，职责和制度明确，具备相应的技术和管理人员。

（2）提交材料。申报国家级森林公园须向国家林业局提交申请文件、权属证明材料、可行性研究报告、景观照片、影像光盘、管理机构的说明材料和省级林业主管部门书面意见。其中，申请文件内容应包括：拟设立国家级森林公园的区域位置、地理坐标、四界范围和经营面积，简述该森林公园的主要景观特色及保护建设情况；已开展旅游的，简要介绍近年来的旅游经营情况。影像光盘内容以展示森林公园范围内重要的森林风景资源及四季景观为主，并提供森林公园地理位置、规划面积、森林植被类型、动植物种类数量、风景资源的规模和特征等基本信息。解说词应科学、严谨、准确，解说要与画面严格对应，重要景观景物还应有文字标注。

（3）评定程序。国家级森林公园的评定程序如下：

①由申请人向国家林业局提出申请，并提交申报材料。

②申报材料符合要求的，由国家林业局在10日内出具《国家林业局行政许可需要听证、招标、拍卖、检测、鉴定和专家评审通知书》，并在规定时间内组织实地考察和专家评审。

③实地考察和专家评审通过后，经国家林业局审查符合条件的，由国家林业局在20日内做出准予行政许可的决定；经审查不符合条件的，由国家林业局做出不予行政许可的决定。

5. 国家湿地公园的申报与评定

（1）申报标准。根据国家林业局制定的《国家湿地公园管理办法（试行）》（2010）的规定，具备下列条件的可建立国家湿地公园：

①湿地生态系统在全国或者区域范围内具有典型性；或者区域地位重要，湿地主体功能具有示范性；或者湿地生物多样性丰富；或者生物物种独特。

②自然景观优美和（或者）具有较高的历史文化价值。

③具有重要或特殊科学研究、宣传教育价值。

（2）提交材料。申请建立国家湿地公园的，需要提交以下材料：

①所在地县级以上（含县级）人民政府同意建立国家湿地公园的文件；

②拟建湿地公园总体规划和电子文本；

③拟建湿地公园的管理机构证明文件或承诺建立机构的文件；

④县级以上人民政府出具拟建国家湿地公园土地权属清晰、无争议，以及相关权利人同意纳入湿地公园管理的证明文件；

⑤县级以上人民政府出具拟建国家湿地公园相关利益主体无争议的证明材料；

⑥反映拟建国家湿地公园现状的图片资料和影像资料；

⑦所在地省级林业主管部门出具的申请文件、申请书以及对总体规划的专家评审意见。

（3）评定程序。国家湿地公园的评定程序如下：

①拟建国家湿地公园的省级林业主管部门向国家林业局提出申请；

②国家林业局对申请材料审核，对符合要求的，组织专家进行实地考察，并提交考察报告；

③申报单位根据专家考察报告对湿地公园总体规划进行修改和完善，并报国家林业局备案审查；

④对通过专家实地考察论证和国家林业局审查合格的，国家林业局对其名录

进行公示。

6. 国家水利风景区的申报与评定

（1）申报标准。根据水利部《水利风景区管理办法》和《水利风景区发展纲要》的要求，凡以水域（水体）或水利工程为依托，具有一定规模和质量的风景资源与环境条件，可以开展观光、娱乐、休闲、度假或科学、文化、教育活动的区域，如水库、湿地、自然河湖、城市河湖、灌区、水保示范园等，符合国家水利风景区标准要求的，均可申报国家水利风景区。

（2）提交材料。申报国家水利风景区必须提交的材料如下：

①国家水利风景区申报表；

②风景区所在地县级以上人民政府（含县级）提出（或批复同意）的水利风景资源调查评价报告、规划纲要（或规划及规划批复文件）及景区范围；

③省级水行政主管部门初审推荐文件；

④风景区土地权属证明文件；

⑤风景区水域水质检测证明；

⑥水工程安全运行证明；

⑦风景区管理机构成立文件；

⑧风景区管理制度、规章等相关经营管理文件目录（复印件）；

⑨风景区介绍材料（包括文字、照片及影视材料）；

⑩风景区自评表（参见《国家水利风景区评价标准》）。

（3）评定程序。根据《水利风景区管理办法》（2004）的有关规定，对水利风景区风景资源质量进行分级评定。水利部水利风景区评审委员会负责国家级水利风景区的评审和命名；省、县级水利风景区由省水利行政主管部门组织评价审批。各省（自治区、直辖市）水利行政主管部门、各流域机构要认真组织好国家水利风景区的申报工作，按照国家级风景区标准，组织有关部门对提出申请的风景区进行初评和考察，将切实符合国家级标准的风景区推荐报水利部。

（二）国家级文化遗产的申报与评定

1. 全国重点文物保护单位的申报

（1）申报标准。根据《中华人民共和国文物保护法》、《中华人民共和国文物保护法实施条例》的相关规定，全国重点文物保护单位的申报标准如下：

①具有重大的历史、艺术、科学价值，至少应符合下列标准之一：

第一，对揭示史前文化具有重要价值的；

第二，对反映古代历史时期社会政治、经济、军事、文化及其交流等方面具有重大价值的；

第三，对反映近现代经济和社会发展，以及与重大事件和重要人物活动有关、具有突出价值的；

第四，对反映中国社会某一历史时期的美学思想、艺术发展等方面具有重要价值的；

第五，在建筑艺术、景观艺术、造型艺术等方面具有突出成就的；

第六，体现我国科学技术进步、促进社会发展和生活方式变化方面具有典型意义的；

第七，反映我国历史某一时期生态保护、灾害防御、聚落及城镇规划、工程设计、材料、工艺等方面突出成就的。

②具有真实性和完整性。

第一，申报对象的形式与设计、原料与材料、用途与功能、位置与环境等必须是真实可信的，其现状必须是历史上遗留的原状，包括始建时的状态、历史上多次改建状态和长期受损后残缺的状态，在整体或主要部分上能够真实地显示与其时代特征的一致性；

第二，体现申报对象全部价值所需因素中的相当一部分必须得到良好保存，包括其周边环境，确保能完整地代表或体现申报对象价值的特色和过程。

（2）提交材料。目前，全国重点文物保护单位申报要求申报文本信息采集标准化，申报文本内容包含：封面、目录、省级人民政府文物主管部门的推荐报告、专家评估意见书、公布保护范围、建设控制地带的同级政府文件、第×批全国重点文物保护单位申报登记表。申报文本分为纸质文本和电子文本。纸质文本和电子文本文字内容必须一致。

2. 国家级历史文化名城（镇、村）的申报

（1）申报标准。根据《历史文化名城名镇名村保护条例》的相关规定，国务院建设主管部门会同国务院文物主管部门在已批准公布的历史文化名镇、名村中，严格按照国家有关评价标准，选择具有重大历史、艺术、科学价值的历史文化名城、名镇、名村，经专家论证，确定为中国历史文化名城、名镇、名村。申报历史文化名城、名镇、名村的标准如下：

①保存文物特别丰富；

②历史建筑集中成片；

③保留着传统格局和历史风貌；

④历史上曾经作为政治、经济、文化、交通中心或者军事要地，或者发生过重要历史事件，或者其传统产业、历史上建设的重大工程对本地区的发展产生过重要影响，或者能够集中反映本地区建筑的文化特色、民族特色。

申报历史文化名城的，在所申报的历史文化名城保护范围内还应当有 2 个以上的历史文化街区。

（2）提交材料。申报历史文化名城、名镇、名村，应当提交下列材料：

①历史沿革、地方特色和历史文化价值的说明；

②传统格局和历史风貌的现状；

③保护范围；

④不可移动文物、历史建筑、历史文化街区的清单；

⑤保护工作情况、保护目标和保护要求。

（3）评定程序。申报历史文化名城，由省、自治区、直辖市人民政府提出申请，经国务院建设主管部门会同国务院文物主管部门组织有关部门、专家进行论证，提出审查意见，报国务院批准公布。申报历史文化名镇、名村，由所在地县级人民政府提出申请，经省、自治区、直辖市人民政府确定的保护主管部门会同同级文物主管部门组织有关部门、专家进行论证，提出审查意见，报省、自治区、直辖市人民政府批准公布。申报历史文化名城、名镇、名村的申报评定程序如图4-3所示：

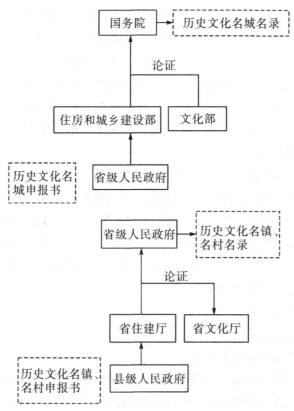

图 4-3 历史文化名城、名镇、名村的申报评定程序图

（三）国家级非物质文化遗产的申报与评定

我国建立国家级非物质文化遗产代表作名录有以下五个目的是：

（1）推动我国非物质文化遗产的抢救、保护与传承；

（2）加强中华民族的文化自觉和文化认同，提高对中华文化整体性和历史连续性的认识；

（3）尊重和彰显有关社区、群体及个人对中华文化的贡献，展示中国人文传统的丰富性；

（4）鼓励公民、企事业单位、文化教育科研机构、其他社会组织积极参与非物质文化遗产的保护工作；

（5）履行《保护非物质文化遗产公约》义务，增进国际社会对中国非物质文化遗产的认识，促进国际间的文化交流与合作，为人类文化的多样性及其可持续发展做出中华民族应有的贡献。

1. 国家级非物质文化遗产代表作的登录标准

根据《国家级非物质文化遗产代表作申报评定暂行办法》的要求，申报国家级非物质文化遗产代表作的项目应是具有杰出价值的民间传统文化表现形式或文化空间，或在非物质文化遗产中具有典型意义，或在历史、艺术、民族学、民俗学、社会学、人类学、语言学及文学等方面具有重要价值。具体评审标准如下：

（1）具有展现中华民族文化创造力的杰出价值；

（2）扎根于相关社区的文化传统，世代相传，具有鲜明的地方特色；

（3）具有促进中华民族文化认同、增强社会凝聚力、增进民族团结和社会稳定的作用，是文化交流的重要纽带；

（4）出色地运用传统工艺和技能，体现出高超的水平；

（5）具有见证中华民族活的文化传统的独特价值；

（6）对维系中华民族的文化传承具有重要意义，同时因社会变革或缺乏保护措施而面临消失的危险。

2. 提交材料

申报国家级非物质文化遗产代表作的项目必须提交以下材料：

（1）申请报告：对申报项目名称、申报者、申报目的和意义进行简要说明；

（2）项目申报书：对申报项目的历史、现状、价值和濒危状况等进行说明；

（3）保护计划：对未来 10 年的保护目标、措施、步骤和管理机制等进行说明；

（4）其他有助于说明申报项目的必要材料（如档案记录、数字记录等）。

3. 评定程序

我国公民、企事业单位、社会组织等，可向所在行政区域文化行政部门提出非物质文化遗产代表作项目的申请，由受理的文化行政部门逐级上报。省级文化行政部门对本行政区域内的非物质文化遗产代表作申报项目进行汇总、筛选，经同级人民政府核定后，向部际联席会议办公室提出申报（中央直属单位可直接向部际联席会议办公室提出申报）。部际联席会议办公室对申报材料进行审核，并将合格的申报材料提交评审委员会。评审委员会由国家文化行政部门有关负责同志和相关领域的专家组成，承担国家级非物质文化遗产代表作的评审和专业咨询。评审委员会根据规定进行评审，提出国家级非物质文化遗产代表作推荐项目，提交部际联席会议办公室。部际联席会议办公室通过媒体对国家级非物质文化遗产代表作推荐项目进行社会公示（公示期30天）后，根据公示结果，拟订入选国家级非物质文化遗产代表作名录名单，经部际联席会议审核同意后，上报国务院批准、公布，国务院每两年批准并公布一次国家级非物质文化遗产代表作名录。国家级非物质文化遗产代表作的申报评定程序如图4-4所示：

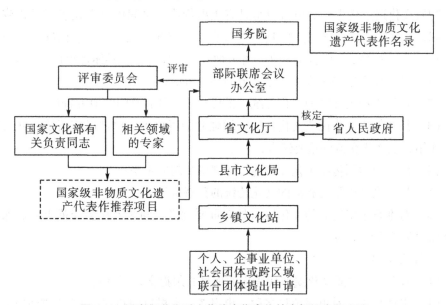

图4-4　国家级非物质文化遗产代表作的申报评定程序图

二、国家遗产资源的管理

我国国家遗产资源形成了比较完整的管理系统。从行政体制管理看，形成了与现行行政体制相对应的部门分工负责的管理方式；从法律法规看，基本形成了

"国际公约—国家法律法规—地方政策规则"三级框架；从规划管理看，基本形成了覆盖各类遗产地的规划体系，各类国家遗产地保护规划编制工作取得较大进展。国家遗产地保护开始由粗放管理向制度化、法制化、科学化管理转变。不同类型的国家遗产主管部门详见表4-2。

表4-2　　　　　　　　　　我国国家遗产概况及主管部门

大类	小类	基本情况	主管部门
自然遗产	国家级风景名胜区	国务院公布了八批国家级风景名胜区，共225个	住房与城乡建设部
	国家级自然保护区	363个	国土资源部、水利部、农业部、国家环境保护部、国家林业局、国家海洋局等
	国家级地质公园	219个	国土资源部
	国家级森林公园	731个	国家林业局
	国家湿地公园	213个	国家林业局
	国家水利风景区	518个	水利部
文化遗产	全国重点文物保护单位	2355个	国家文物局
	国家级历史文化名城、名镇、名村	国家级历史文化名城118个，中国历史文化名镇181个，名村169个	住房与城乡建设部、国家文物局
非物质文化遗产	国家级非物质文化遗产代表名录	分三批公布，共1090项	文化部

⬤ 第三节　省级遗产资源的申报与管理

中国不同省（市、区）关于省级遗产资源的申报和管理要求和程序有一定的差异，但总体要求均是在国家级遗产申报和管理的指导下制定的。

一、省级遗产资源的申报与评定

（一）省级自然遗产的申报与评定

1. 省级风景名胜区的申报与评定

（1）申报标准。根据《风景名胜区条例》的相关规定，自然景观和人文景观能够反映重要自然变化过程和重大历史文化发展过程，基本处于自然状态或者保持历史原貌，具有区域代表性的，可以申请设立省级风景名胜区。

（2）提交材料。申请设立省级风景名胜区应当提交的材料包括：风景名胜资源的基本状况、拟设立风景名胜区的范围和核心景区的范围、拟设立风景名胜区的性质和保护目标、拟设立风景名胜区的游览条件，以及与拟设立风景名胜区内的土地、森林等自然资源和房屋等财产的所有权人、使用权人协商的内容和结果。

（3）评定程序。设立省级风景名胜区，由县级人民政府提出申请，省（市、区）人民政府建设主管部门或者直辖市人民政府风景名胜区主管部门，会同其他有关部门组织论证，提出审查意见，报省、自治区、直辖市人民政府批准公布。

2. 省级自然保护区的申报与评定

（1）申报标准。在保护不同自然地带的森林生态系统和生物多样性方面有着区域价值的自然区域，均可申报省级自然保护区。

（2）申报材料。建立省级自然保护区的申报材料包括：建立自然保护区申报书，自然保护区科学考察报告，自然保护区总体规划及专家论证意见（含原级别自然保护区政府批复文件、编委同意设立机构和批准编制文件和自然保护区的位置图、地形图、水文地质图、植被图、规划图等图件资料），自然保护区的自然景观和主要保护对象及保护价值和保护管理情况的视频资料，自然保护区林地权属证明（或土地权属证明）或与林地权属证明（或土地权属证明）持有人签订的委托管理协议复印件及有关材料，市、州级人民政府同意申请建立省级自然保护区的文件。

（3）评定程序。省级自然保护区由所在地的市、州人民政府或者省有关自然保护区行政主管部门向省人民政府提出申请，经省级自然保护区评审委员会评审通过后，省环境保护行政主管部门提出审批建议，由省人民政府批准，报国务院环境保护行政主管部门和国务院有关自然保护区行政主管部门备案即可。

3. 省级地质公园的申报与评定

（1）申报标准。在省内或省级以上区域具有典型地质科学意义，且具有较高的观赏、旅游价值和一定自养能力的地质遗迹区，可以申报省级地质公园。

（2）申报材料。申报省级地质公园要求提交下列材料：

①省级地质公园申报书；

②拟建地质公园综合考察报告；

③拟建地质公园总体规划；

④拟建地质公园位置图、地形图、卫片、航片、环境地质图、植被图、规划图及文献等图件资料；

⑤拟建地质公园的地质遗迹及保护对象的录像带、照片集；

⑥建立地质公园或其他类型公园、保护区的批准文件、土地使用权属证等有关资料。

（3）评定程序。省级地质公园申报材料由省国土资源厅统一受理，并组织评审。省级地质公园实行专家评审组评审，省地质公园领导小组审定，省国土资源厅备案制度。专家评审组负责省级地质公园的评审工作，在实地考察和对申报单位提交的《申报书》、《考察报告》、《总体规划》和影像等材料进行审查后，形成评审意见，评审专家表决通过后，报省地质公园领导小组审定。经省地质公园领导小组全体会议对专家评审组评审结果的审议，同意授予省级地质公园的，由省国土资源厅备案并行文公布，授予省级地质公园牌匾；不同意授予省级地质公园的，将有关决定通知申报单位。

4. 省级森林公园的申报与评定

（1）申报标准。申报省级森林公园须具备以下条件：

①森林风景资源质量等级达到《中国森林公园风景资源质量等级评定》（GB/T18005—1999）二级标准，拟建森林公园质量等级评定分值在30分以上；

②森林经营面积在200公顷以上，森林、林木、林地权属清楚，无争议；

③符合省森林公园发展规划；

④经营管理机构健全，职责和制度明确。

（2）申报材料。申报省级森林公园要求提交下列材料：

①申请文件；

②所在地地级市林业行政主管部门书面意见；

③拟设立省级森林公园的森林、林木、林地权属证明材料；

④拟设立省级森林公园的可行性研究报告；

⑤拟设立省级森林公园内森林风景资源景观照片、光盘等影像资料；

⑥经营管理机构内设部门、职能分工及人员配置情况的说明材料。

（3）评定程序。市（县）林业局、国有林业企业等拟申报省级森林公园的单位直接向省林业局提出书面申请报告，省林业局组织有关专家进行考察评审并提出审批意见，同时上报国家林业局备案。

5. 省级湿地公园的申报与评定

我国的河南省、山东省、江苏省、江西省等省份均出台了各自的省级湿地公园管理办法，本书以江苏省为例介绍省级湿地公园的申报与评定。

（1）申报标准。根据《江苏省湿地公园管理办法》规定，申报省级湿地公园须具备以下条件：

①湿地生态特征显著，且具有显著或特殊生态、文化、美学和生物多样性价值；

②面积在 100 公顷以上，且能保持湿地生态完整性，湿地面积比例不低于规划面积 40%；

③拟建湿地公园区域内无土地和资源使用权属争议，湿地公园管理机构具有规划区域土地所有权或使用权、经营权；

④湿地生态用水权益基本保障；

⑤范围与自然保护区、森林公园等没有重叠或者交叉。

（2）申报材料。申报省级湿地公园需要提交以下材料：

①所在县（市、区）级人民政府的同意函；

②跨县级以上行政区域的，需提交相关县及市级人民政府同意函；

③拟建省级湿地公园申报书及总体规划；

④土地所有权或使用权、经营权证明；

⑤省林业主管部门规定的其他相关材料。

（3）评定程序。拟建省级湿地公园的市林业主管部门向省级林业主管部门提出申请，并提交相应材料；省级林业主管部门在收到申请材料审核，对符合要求组织省级湿地公园评估专家组进行考察和评估，申报单位须按照专家组评估意见和建议完善规划等相关材料，并提交省级林业主管部门；对通过专家组考察和评估，并经省级林业主管部门审核符合条件的，由省级林业主管部门在拟建湿地公园所在地公示，对于公示期内无反对意见的，予以批复同意设立省级湿地公园。

6. 省级水利风景区的申报与评定

省级水利风景区由景区所在地市、县人民政府依照《水利风景区评价标准》，提出水利风景资源调查评价报告、规划纲要和区域范围，报省、自治区、直辖市水行政主管部门评定公布，并报水利部备案。

（二）省级文化遗产的申报与评定

1. 省级重点文物保护单位的申报

（1）申报标准。申报省级重点文物保护单位条件如下：

①完成《中华人民共和国文物保护法》规定的"四有"工作；

②申报为省级文物保护单位的不可移动文物应当具有重要的历史、艺术、科学价值；

③在省域辖区内占有重要地位；

④保存较好。

（2）申报材料。申报省级重点文件保护单位须提交的材料如下：

①由管理使用单位提交地理坐标和规范的地理位置图；

②由管理使用单位提交书面申请；

③由管理使用单位提交文物图片资料；

④由管理使用单位提交文字材料（基本情况、历史沿革和保护价值）。

（3）评定程序。省级文物保护单位由省、自治区、直辖市人民政府核定公布，并报国务院备案。

2. 省级历史文化名城（镇、村）的申报

（1）申报标准。具备下列条件的城市、街区、镇、村庄，可以申报省级历史文化名城、街区、名镇、名村：

①保存文物特别丰富；

②历史建筑集中成片；

③保留着传统格局和历史风貌；

④历史上曾经作为政治、经济、文化、交通中心或者军事要地，或者发生过重要历史事件，或者其传统产业、历史上建设的重大工程对本地区的发展产生过重要影响，或者能够集中反映本地区建筑的文化特色、民族特色；

⑤区域内反映历史风貌的建筑物、构筑物及道路、河流、树木等环境要素基本为历史原物。

申报省级历史文化名城的，在所申报的历史文化名城保护范围内还应当有 2 个以上的历史文化街区。

（2）申报材料。申报省级历史文化名城（镇、村）须提交的材料如下：

①申请报告。报告除概述申报城市、街区、镇（村）的地理位置、环境条件、村镇规模、水陆交通以及社会经济和建设等状况外，应着重说明其历史传统建筑群及其环境的历史年代、原貌保存情况、现状规模、空间分布以及价值特色等情况。

②填报历史文化名城、街区、名镇、名村基础数据表。

③能反映该城市、街区、镇（村）传统建筑群风貌的，并与填报的基础数据表有对应关系的照片集。

（3）评定程序。申报省级历史文化名城，由所在县（市）规划建设和文物行政主管部门提出，县（市）人民政府报省住房和城乡建设厅、省文物局评定。申报省级历史文化街区、名镇、名村，由所在街道、乡（镇）人民政府向县（市）人民政府规划建设和文物行政主管部门提出，县（市）人民政府报省住房和城乡建设厅、省文物局评定。省住房和城乡建设厅、省文物局将组织专家进行考察评选，对符合条件的城市、街区、镇（村）提出审查意见，报省政府批准公布。

（三）省级非物质文化遗产的申报与评定

1. 申报标准

省级非物质文化遗产代表作的申报项目，应是具有重要价值的民间传统文化表现形式或文化空间；或在非物质文化遗产中具有典型意义；或在历史、艺术、民族学、民俗学、社会学、人类学、语言学及文学等方面具有独特价值。对申报项目评审时注重下列标准：

（1）具有突出的历史、文化和科学价值；

（2）具有在一定群体世代传承的特点；

（3）在当地有较大影响；

（4）符合以上条件，且处于濒危状态。

2. 申报材料

申报省级非物质文化遗产，申报者须提交以下资料：

（1）申请报告：对申报项目名称、申报者、申报目的和意义进行简要说明。

（2）项目申报书：对申报项目的历史、现状、价值和濒危状况等进行说明。

（3）保护计划：对未来 5 年的保护目标、措施、步骤和管理机制等进行说明。

（4）其他有助于说明申报项目的必要材料。

3. 评定程序

市州文化行政部门对本行政区域的非物质文化遗产代表作申报项目进行审核、筛选、评估、论证，经同级人民政府核定后，向联席会议办公室提出申报。联席会议办公室根据相关规定，对申报材料进行审核，并将合格的申报材料提交评审委员会。评审委员会由省文化行政部门有关负责人和相关领域的专家组成，承担省级非物质文化遗产代表作的评审和专业咨询。联席会议办公室根据评审委员会的评审意见和公示结果，拟订入选省级非物质文化遗产代表作名录名单，经联席会议审核同意后，上报省人民政府批准、公布。

二、省级遗产资源的管理

省级遗产资源的认定和管理是国家级遗产资源认定和管理的基础，因此这项工作十分重要。在掌握省级遗产资源的类型、申报和认定要求、程序的基础上，还需要相关部门的联合管理，尤其注重社区参与管理过程，实现省级遗产资源的可持续保护和利用。

 复习思考题

1. 世界自然遗产申报的程序是什么？

2. 请参照各级自然、文化或非物质文化遗产资源申报条件，选择某类编写申报书。

 参考文献

[1] 李春霞. 遗产源起与规则 [M]. 昆明：云南教育出版社，2008.

[2] 风景名胜区条例 [EB/OL]. http：//www.gov.cn/flfg/2006-09/29/content_402774.htm.

[3] 中华人民共和国文物保护法 [EB/OL]. http：//www.mofcom.gov.cn/aarticle/b/g/200802/20080205389641.html.

[4] 历史文化名城名镇名村保护条例 [EB/OL]. http：//www.gov.cn/flfg/2008-04/29/content_ 957342.htm.

[5] 国家级非物质文化遗产代表作申报评定暂行办法 [EB/OL]. http：//www.chinaich.com.cn/class14_ detail.asp？id=1041.

国家级非物质文化遗产代表作申报书

申报项目代码：09

申报项目类别： ___民间手工技艺___

申报项目名称： ___宣纸制作技艺___

申报省、自治区、直辖市：___安徽省___

中华人民共和国文化部印制

注意事项及填表说明

一、注意事项

（一）封面及表格中"申报项目代码"按以下标准填写数字代码：

民间文学（口头文学 02），民间美术（03），民间音乐（04），民间舞蹈（05），戏曲（06），曲艺（07），民间杂技（08），民间手工技艺（09），生产商贸习俗（10），消费习俗（11），人生礼俗（12），岁时节令（13），民间信仰（14），民间知识（15），传统体育竞技（16），与上述文化表现形式相关的文化空间（17）。

（二）此申报书可在国家数字文化网（www.ndcnc.gov.cn）"社文处长专栏"下载，表格各项栏目可根据内容自由扩展版面。

（三）凡在各项栏目中没有纳入的其他重要内容，可在"备注"一栏中说明。

（四）表格一律用电脑填写，准确无误，不得弄虚作假。凡填写内容不实、有虚假成分者，一经发现，取消其申报资格。

二、填表说明

（一）第二项"项目说明"的"基本内容"栏目中，包括：

1. 项目基本情况；

2. 具体表现形态；

3. 子项目说明。

（二）第四项"项目管理"的"已采取的保护措施"栏目中，应包括：为防止滥用而采取的法律或其他措施、为保护传承人而采取的法律或其他措施、为保护技艺传承人而采取的法律或其他措施等。

（三）在第五项"保护计划"的"保护内容"栏目中，保护计划应包括确认、建档、保存、保护、传承、传播、研究等内容。具体可参见《国家级非物质文化遗产代表作申报评定暂行办法》。

一、基本信息

属　地	安徽省泾县	项目名称	宣纸制作技艺
申报者		负责人	
通讯地址		邮　编	
电　话		传　真	
电子邮箱			
所在区域及其地理环境	\multicolumn{3}{l}{宣纸的原产地在泾县。}

宣纸的原产地在泾县。

泾县属皖南山区，隶属今安徽省宣城市。地处中纬度南沿，属北亚热带、副热带季风湿润气候，常年气候温和，雨量充沛（年均降雨量1500毫米左右），境内有大小河溪146条，江河面积22平方千米，为宣纸生产提供了丰富的水源。不仅如此，此地的水质优良，适宜生产高档宣纸。尤其是乌溪上游的两股水源，水质清澈，水温偏低，一股呈淡碱性，适合原料加工；另一股呈淡酸性，适合成纸用水。这是形成宣纸独特品质的一个重要因素。

泾县四季分明，有春来迟、秋来早、冬夏两季长的特点；年无霜期有250天左右，光照资源丰富，保证了宣纸原料不会在暴晒、暴雨和严寒中风化和腐烂变质。

泾县气温有较明显的垂直变化和区域差异，为宣纸生产提供了优越的气候条件。泾县的山地多属喀斯特地貌，适合青檀树生长。此地所产青檀具有皮质嫩、纤维均匀丰富、易提炼和成浆率高等特点。

泾县中部是一片冲积平原，土质含沙量高，适宜种植长杆水稻。此种水稻草秆柔韧、纤维均匀，易提炼，成浆率高。

泾县山中生长着大量的野生猕猴桃。猕猴桃藤中含有丰富的胶汁，猕猴桃藤是制造宣纸必不可少的纸药原料。

二、项目说明

类别	民间手工技艺	代码	09

分布区域

千余年来，宣纸产地主要分布在泾县西南方的小岭一带。小岭素有"九岭十三坑，坑坑造宣纸"之称。清末以后，宣纸产地开始由小岭向外扩展，遍布乌溪、南容、苏红、古坝、晏公等地，作坊总数一度达到四五十户。抗日战争期间，逐渐萎缩，至1949年几乎全面停产。

新中国成立后，乌溪原"怀远庄宣纸厂"（中国宣纸集团公司前身）最先恢复生产；接着，小岭的许湾、元龙坑、西山等地也恢复了生产。20世纪80年代以后，"汪六吉"、"汪同和"、"鸡球"等一些传统品牌陆续在晏公、古坝官坑、县城关镇等地恢复生产。此后，各种品牌的宣纸厂家雨后春笋般涌现出来。其中，规模较大的国营、集体和乡镇企业有六家，初具规模的村办、联户和个体创办的宣纸厂有十余家，另有农家作为一种副业经营的单槽作坊四十余家。其中，新厂主要分布在县内青弋江沿岸一带。

随着中国经济体制的变革和现代生产方式的引入，传统的宣纸生产受到严峻挑战，不少宣纸厂家已经转产或停业。其中包括曾经辉煌一时的小岭宣纸厂（生产"红旗牌"宣纸，集体）、泾县宣纸二厂（生产"鸡球牌"宣纸，国有）、李元宣纸厂（生产"三星"牌宣纸，村办）等企业均已转产或停产。现存的宣纸生产厂家有：中国宣纸集团公司（从属名称：安徽省泾县宣纸厂，厂址乌溪，国有）、明星宣纸厂（丁家桥镇，个体）、湖山坑宣纸厂（泾川镇，个体）、双鹿宣纸厂（泾川镇，个体）、汪六吉宣纸厂（晏公，个体）、汪同和宣纸厂（古坝，个体）、红叶宣纸厂（丁家桥镇，个体）等。其中有些厂家已处于举步维艰、难以为继的窘境。

历史渊源	"宣纸"一词最早见于唐代学者张彦远的《历代名画记》："好事者宜置宣纸百幅，用法蜡之，以备摹写……"据《旧唐书》记载，唐天宝二年，各郡贡品中有"宣城郡船载……纸、笔、黄连等物"（唐时泾县隶属宣城郡），说明宣纸的历史可以追溯到唐代。 宋末元初，曹姓人迁至泾县西乡小岭一带，以制造宣纸为生。有关这一史实记载见于清乾隆年间重修的《小岭曹氏宗谱》："宋末争攘之际，烽遂四起，避乱忙忙，曹氏钟公八世孙曹大三，由虬川迁泾，来到小岭，分徙十三宅，见此系山陬，田地稀少，无可耕种，因赖蔡伦术为业，以维生计。"此后700余年间，制造宣纸的核心技艺一直在小岭曹氏一族世代传承，一枝独秀，直到清代后期宣纸生产方向小岭以外扩展，并有外姓人介入，但小岭曹氏仍是宣纸制作技艺的主要传承者。 在此过程中，宣纸的发展经过几个重要的历史时期。其中元代以倪云林、王蒙、吴镇、黄子文等为代表的山水画派冲破传统宫廷画法的桎梏，提倡山水写意和泼墨豪放的技法，对宣纸业的发展起到显著的推动作用。 到了明代，宣纸制造技术以及宣纸的加工工艺日趋精湛。文震亨在其所著《长物志》中云："吴中洒金纸，松江谭笺，俱不耐久，泾县连四最佳。"明代吴景旭在《历代诗话》中指出："宣纸至薄能坚，至厚能腻，笺色古光、文藻精细……"道出了宣纸的质地优良、美观和实用。 宣纸生产在清代得到长足发展。泾县东有漕溪汪六吉等大户，生产颇具规模；县西小岭曹氏宣纸世家日见繁荣。当时小岭十三坑处处设棚造纸，棚户日益增多，许多新老棚户开始向周边城乡发展。 随着宣纸生产规模的日益扩大，宣纸对外影响也日益彰显。一些厂生产的宣纸在各种展赛中获奖。例如，1911年，泾县小岭曹义发生产的"鸿记"牌宣纸在南洋国际劝业会上获"超等文凭奖"；1915年，泾县小岭"桃记"牌宣纸在巴拿马万国博览会获"金奖"；1935年，泾县"汪六吉"牌宣纸在英国伦敦国际博览会上获奖；等等。 至此，宣纸生产进入鼎盛阶段。 抗日战争爆发后，连年战火，使宣纸销售通道受阻，生产一落千丈，至新中国成立前夕，宣纸生产几乎全部停顿。 1951年，泾县人民政府组织当地宣纸艺人恢复宣纸生产，成立了"泾县宣纸联营处"，1954年联营处更名为公私合营"泾县宣纸厂"。该厂于1966年转为地方国营，更名为"安徽省泾县宣纸厂"，1992年又更名为"中国宣纸集团公司"。该厂生产的"红星"牌宣纸于1979年、1984年、1989年三次蝉联国家质量审定委员会金质奖章，1981年获国家出口免检权。1999年，"红星"牌宣纸商标被国家工商局商标局认定为"中国驰名商标"。 20世纪60年代以后，泾县的宣纸生产发展很快，到20世纪80年代宣纸厂家已发展到40余家。1995年，泾县被中国农学会授予"中国宣纸之乡"称号。2002年，泾县又被国家批准为"宣纸原产地域"。

基本内容	宣纸生产历史悠久，是传统手工纸的典型代表。宣纸以榆科落叶乔木青檀皮和精选沙田稻草为原料，先分别制成皮料浆和草料浆，然后按不同的比例混合，添加纸药（猕猴桃藤汁）抄制不同品种的宣纸。整个生产过程有 100 多道工序，主要包括： 　　1. 皮料制作工序 　　砍条、蒸料、浸泡、剥皮、晒干、水浸、渍灰、腌沤、灰蒸、踩皮、腌置、踩洗、碱蒸、洗涤、撕选、摊晒、碱蒸、洗涤、摊晒成燎皮、鞭皮、碱蒸、洗皮、压榨、拣皮、做胎、选皮、舂料、切皮、踩洗、淘洗、漂白成檀皮纤维料。 　　2. 草料制作工序 　　选草、切草、捣草（破节）、埋浸、洗涤、渍灰、堆积、洗涤、日光晒干成草坯、蒸煮、洗涤、日光摊晒、蒸煮、洗涤、日光摊晒制成燎草、鞭草、舂料、洗涤、漂白成草纤维料。 　　3. 配料 　　将草纤维料与檀皮纤维料按一定比例混合，棉料配比是 40%皮料+60%草料，净皮为 60%皮料+40%草料，特种净皮是 80%皮料+20%草料，纯皮为 100%皮料。再经筛选、打匀、洗涤，制成混合纸浆。 　　4. 制纸 　　将混合纸浆配水，配胶（加猕猴桃藤汁），再经捞纸、压榨、焙纸、选纸、剪纸、包装为成品。 　　宣纸成品要求达到纸质绵韧、手感润柔，纸面平整、有隐约竹帘纹，切边应整齐洁净，纸面不许有折子、裂口、洞眼、沙粒和附着物等瑕疵。
相关器具及制品等	1. 制造宣纸的主要器具和设施 　　（1）青檀皮制作使用的主要器具和设施如下： 　　柴刀、蒸锅、挽钩、石滩、选皮台、皮碓、切皮刀、切皮桶、料缸、袋料池、料袋、扒头。 　　（2）草料制作使用的主要器具和设施如下： 　　钉耙、切草刀、蒸锅、挽钩、石滩、鞭草棍、洗草箩、洗草池、木榨、选草筛、草碓（碾）、泡草池等。 　　（3）制纸使用的主要器具和设施如下： 　　纸槽、水碗、帘床、纸帘、梢额竹、滤水袋、滤药袋、泡胶桶、扒头、纸板、纸榨、猪毛把、抬纸架、晒纸架、焙笼、松毛刷、额枪、擦焙扫把、检纸台、掸把、裁剪纸刀等。 　　2. 宣纸制品 　　宣纸原抄纸按原料配比可分为棉料、净皮、特种净皮、纯皮四大类； 　　按厚薄可分为单宣、夹宣、二层宣、三层宣等； 　　按规格可分为四尺宣、五尺宣、六尺宣、八尺宣、丈二宣、丈六宣、丈八宣、二丈宣，以及其他特种规格等； 　　按纸纹可分为单丝路、双丝路、龟纹、罗纹等。 　　用原抄纸通过再加工生产的宣纸加工纸品类繁多，不在此列。

传承谱系	宣纸生产历史悠久，有史料依据的传承关系可追溯到宋末元初。据《小岭曹氏族谱》记载，宋末曹大三因避战乱，迁至泾县小岭，以制宣纸为业，世代相传。泾县小岭曹氏一族一直是宣纸生产技艺的主要传承者，传至当代已有近30代。 曹氏传承至20余代时，正值清末宣统年间，纸坊老板曹恒如赴日本考察，吸取国外机械生产方法，购置柴油机作为春料的动力设备。这个时期是宣纸发展的高峰，出现了一批以"曹恒源"、"曹义发"为代表的知名宣纸品牌。其间，宣纸产地开始由小岭逐步向外发展，同时，宣纸生产技艺开始向曹氏以外的旁支传播，出现了如朱同太、汪六吉、汪惠通（同和）等外姓业主，他们也创造了自己的品牌。 抗日战争爆发后，大部分国土沦陷，民不聊生，交通阻隔，宣纸的销售通道受到阻碍，宣纸生产也因此一落千丈，至新中国成立时几乎全部停产。 新中国成立初期，宣纸生产处于百废待兴的状况。1950年小岭宣纸棚户与宣纸从业人员为解决生计，由曹康乐、曹世舜、曹宁志、曹世进、曹清和等牵头，建起"新生宣纸厂"、"民生宣纸厂"、"三合成宣纸厂"、"工友宣纸厂"。但因资金不足，原料短缺，产品销售困难，不久都告停产。 1951年7月，泾县人民政府派员到小岭筹措并恢复宣纸生产，组成筹备董事会，招募资金，成立"泾县宣纸联营处"，统一经营管理原有4个生产厂，5帘槽，108名职工，建立两个原料加工基地，于9月中旬开始运营。 1954年2月，经省、地、县有关部门批准，"泾县宣纸联营处"正式改名为"公私合营泾县宣纸厂"，公方代表高峰，私方代表曹子荣。同年3月16日，县政府派陈建华任厂长，私方代表曹康龄为副厂长。至此，厂长负责制及至20世纪80年代的经理负责制取代了原来的传承模式。在这种新的模式下，师徒相传，不断涌现出一些全面掌握宣纸技艺的高手，如20世纪50、60年代的曹宁泰、曹六生等；20世纪70年代的马天台、曹秉生、黄学高、胡业斌、曹水深等；20世纪80、90年代的曹明水、邢春荣、沈洁明、雷能胜等。

三、项目论证

基本特征	1. 水源特征 　　宣纸的超群品质很大程度上得益于当地的水质。泾县境内河溪密布，水源充足，植被良好，水质清澈、凉滑，适合制造高档宣纸。尤其是乌溪境内有两条水源，终年不绝。一条水源呈淡碱性，天然适宜于制浆；另一条水源呈淡酸性，天然适宜于制纸。 　　2. 原料特征 　　造宣纸选用的高杆沙田稻草纤维均匀，成浆率高，木质化程度较低，易提炼；选用的青檀皮以喀斯特山地所产为最佳，具有纤维均匀细密，成浆率高等特点，其细胞壁内腔大，细胞壁表面有皱褶，吸附性强，是宣纸润墨性能优良的主要原因。 　　3. 工艺特征： 　　一是宣纸从原料加工到成纸100多道工序全由手工完成。宣纸已有千余年的历史，虽然历代名流、文人墨客对宣纸赞不绝口，但都无涉及宣纸工艺，即使清代后期《宣纸说》问世，有关宣纸工艺记载，也嫌过略。长期以来宣纸生产技艺全靠师徒传承，世代相传。如今虽然有关宣纸的工艺流程已见诸不少著作，但真正的宣纸加工技艺（绝招）仍然像千余年来那样仰靠师徒之间言传身教，还要凭悟性和长期实践的体会及感觉才能掌握，难于言表和形成文字。二是原料加工大都采用日晒、雨淋、露炼等方法，自然天成，没有具体的理化指标，全凭经验掌握。由此可见，宣纸制作技艺确属典型的非物质文化遗产。 　　4. 产品特征 　　感观特点：纸质绵韧、手感润柔，纸面平整、有隐约竹帘纹，切边整齐、洁净，纸面无折子、裂口、洞眼、沙粒和其他附着物等。 　　内在特点：质地纯白细密、纹理清晰、绵韧而坚、百折不损，有"轻似蝉翼白如雪，抖似细绸不闻声"之誉；光而不滑、吸水润墨、宜书宜画、不腐不蠹，有"纸寿千年"、"纸中之王"之称。即使装裱材料因年久破损，宣纸字画仍可揭下来重新装裱，不失其真。文书典籍、书画作品大多赖其千古传承。

中国遗产资源保护与开发

主要价值	造纸术为中国古代四大发明之一。宣纸是传统手工纸的杰出代表。宣纸除了具有纸张的一般功能外，还具有任何其他纸张所不能替代的特殊功能。 宣纸的主要价值体现在以下四个方面： 　　1. 历史价值 　　宣纸生产最早可追溯到唐代，延续至今已有1000多年的历史。长期以来，作为一种重要的文化载体，为中华文明乃至世界文明的延续发挥了巨大的作用。宣纸有"纸寿千年"的美誉，众多典籍和文人墨客的书画作品都借助于宣纸而得以传承至今。 　　2. 文化价值 　　宣纸具有重要的文化价值，正如郭沫若先生为泾县宣纸厂题词所说："宣纸是我国劳动人民所发明的艺术创造，中国的书法与绘画离了它便无从表达艺术的妙味。"宣纸自身特点与中国书画艺术共冶一炉，流芳于世。 　　3. 工艺价值 　　宣纸生产工艺流程复杂，每道工序的细腻程度和要求之高，是其他纸类生产难以比拟的。这些生产技艺是中国劳动人民长期的智慧结晶，且难以为现代技术所替代。宣纸蕴涵着丰富的科学技术基因，是一份极其宝贵的历史遗产。 　　4. 经济价值 　　长期以来，宣纸一直是泾县的支柱产业，在当地的经济发展中发挥了十分重要的作用。首先，宣纸产业的发展，解决了当地相当数量的人员就业问题。其次，宣纸原料取自农林副产品，可以有效地促进当地山多地少的农业增效，农民增收。最后，除满足本国需求外，宣纸还受到日、韩以及东南亚国家的欢迎，可以大量出口创汇。以2004年为例，泾县全县宣纸从业人员6000多人，涉及人数约50 000人，年销售收入1.6亿元，税收总额1400万元，自营出口创汇400万美元，供货出口近400万美元。
濒危状况	1. 由于宣纸生产技术难度大，习艺周期长，特别辛劳的工种如抄纸、烘纸等，年轻人多不愿学，已经是后继乏人。 　　2. 省内外一些企业以高价聘请泾县宣纸工人开办所谓的宣纸厂，但从原料到工艺过程都与传统宣纸大相径庭。这不但造成了泾县宣纸人才流失，而且使大量赝品和劣质宣纸充斥市场，危害极大。 　　3. 由于水稻优良品种的推广，长杆沙田稻草的种植已越来越少，青檀皮原料的供给虽然已采取了一些措施，但仍有不敷供应之虞。这两种主要原料的生产迫切需要在政策上给予扶持，并采取相应措施，以保证可持续发展。 　　4. 由于经济效益的利诱，多种现代化机械和化工产品正在不断取代传统的加工器具和用料，使最具特色的宣纸传统工艺难以为继。 　　5. 由于省内外各种赝品"宣纸"和劣质宣纸充斥市场，以低价销售，给传统宣纸业造成了极大的压力，加之包括经营不善等其他原因，目前泾县已有2家生产知名品牌的宣纸厂倒闭，不少宣纸生产厂转产；目前仍在坚持生产的几家宣纸厂有的也已步履艰难，面临濒危状况。

四、项目管理

管理组织	组织名称		责任人	
	通讯地址		邮　编	
	电　话		传　真	
	电子信箱			

资金投入情况	
已采取的保护措施	从 20 世纪 80 年代开始，由泾县人民政府牵头，中国宣纸集团公司（即安徽省泾县宣纸厂）实施，按照"钱跟苗走"的办法，投入资金或农用物资，以补贴方式在泾县的汀溪、爱民、蔡村、北贡等地建设了 5 万亩青檀林基地。目前泾县全县共有青檀林基地 18 万亩。 　　2000 年，由县人民政府牵头，县质量技术监督局为申报主体，中国宣纸集团公司完成了宣纸原产地域保护申报工作。同年 8 月，泾县被国家保护办批准为宣纸原产地。保护范围为泾县，保护名称为宣纸。 　　泾县获得宣纸原产地保护后，经中国标准化委员会批准，将宣纸行业推荐性标准升格为强制性国家标准，改标准号 QB/T3515-1999 为 GB18739-2002。 　　鉴于泾县名牌产品"红星"牌宣纸被外地厂商假冒等情况，1998 年，中国宣纸集团公司组织申报中国驰名商标。1999 年 1 月"红星"牌宣纸商标被国家商标局认定为"中国驰名商标"。另有"汪六吉"牌和"汪同和"牌宣纸被评为安徽省著名商标。 　　为了便于宣纸传统制作工艺资料的收集、整理、归档和收藏、研究。1993 年，中国宣纸集团公司投资兴建了中国宣纸博物馆，馆名由赵朴初先生题写。该馆收藏、陈列了不同年代的宣纸产品，宣纸制品；展示了宣纸工艺操作模型，收藏了相关的图片、书画作品等资料，已初具规模。 　　1997 年，中国宣纸集团公司投资兴建了红星水库，以确保红星宣纸生产优质用水。 　　2000 年，中国宣纸集团公司投资兴建了一座污水处理站，日处理污水 4000 吨，有效地防止了环境污染。

五、保护计划

保护内容	保护身怀绝技的老艺人（老工人），发挥他们的"传帮带"作用，结合外出进修等方式，培养年轻一代的宣纸生产和管理人才。 　　保存完整的传统宣纸生产工艺，在宣纸研究创新中尽量避免使用现代化设备和化学制剂。 　　建设完整的宣纸原料生产基地，确保宣纸生产原料的供给。 　　建设一座宣纸文化园，包括宣纸古法生产作坊等。		
五年计划 *	时间	保护措施	预期目标
	2006 年	调查、保护老艺人	收集、整理、研究宣纸的传统制作技艺
	2007 年	建立完整的原料基地	确保宣纸所用原料
	2008 年	培养宣纸技艺后继人才	使宣纸技艺传承后继有人
	2009 年	建立宣纸传统工艺作坊	全面恢复宣纸传统制作工艺
	2010 年	建成宣纸文化园	多功能、全方位展示宣纸传统制作技艺，达到保护、弘扬的预期目标。

保护措施	开展老艺人宣纸生产绝技的调查整理。 举办宣纸传统技艺培训班，请老艺人传授经验和体会，并现场督导。 给予政策和资金扶持，保证青檀和沙田稻草资源的可持续发展，加强水源（尤其是两条小溪）周边生态环境的保护。 继续贯彻宣纸保密条例，防止核心技艺泄密。 严格执行宣纸国标要求，协助工商管理部门，严厉打击宣纸赝品和冒牌货的销售。 利用宣传媒介，广泛向社会宣传、推介宣纸的内涵和质量标准，提高广大宣纸需求者辨别真伪宣纸的能力。
建立机制	成立以身怀绝技的老工人为主体的宣纸传统工艺顾问小组。 在宣纸研究所下设立宣纸传统制作技艺研究和保护室。 加强宣纸博物馆的建设，充实收藏内容。 新建宣纸文化园，完全按传统工艺制作，不加任何现代化设备和化学制剂。
依据说明及其经费预算	
备注	*五年计划中的保护措施，在实施过程中是交错进行的。

资料来源：http：//www.ihchina.cn/inc/doc/xz.doc.

第五章 遗产资源的保护

各级遗产资源的申报，尤其是世界级和国家级遗产的申报成为热点，但是申报热潮的背后却是带着功利性的，一方面是提高地方的知名度，另一方面是为了遗产资源的开发利用。对遗产资源的过度开发和掠夺式索取事件屡屡发生，使我国的自然文化遗产资源保护面临很大压力。本章将介绍遗产资源保护的方法和措施，以及各类遗产资源的分类保护措施，以切实加强遗产资源的保护力度。

● 第一节　遗产资源保护的方法与措施

各级遗产资源的申报和管理的目的是为了使遗产资源可持续存在和利用，在此过程中遗产资源的保护是保障遗产资源世代传承的必要手段。遗产资源的保护一方面需要通过科学技术手段来实现，另一方面需要通过法律法规、行政管理、经济措施和宣传教育等措施来实现。

一、遗产资源的保护方法

遗产资源的保护方法侧重于科学技术方法，常见的方法包括物理方法、化学方法、生物方法、工程方法和现代科学技术方法等。

（一）物理方法

遗产资源保护的物理方法是指通过某些设施、设备或方法的物理作用，来达到保护遗产资源的目的。例如，对大气颗粒污染物的治理就常用物理方法。

大气中颗粒污染物与燃料结构密切相关。减少固体颗粒污染物的排放方法可以分为两类：一类是改变燃料结构，减少颗粒的生成；另一类是在固体颗粒排放到大气之前，采用物理方法除掉。但对遗产资源地来说，上述因素都是不可控的，但如果遗产资源地出现大气颗粒污染物，则可采取机械除尘、湿式除尘或静电除尘等方法去除大气颗粒污染物。

（二）化学方法

利用化学方法探索遗产资源的物质组成、结构、性能和工艺信息，研究遗产保护材料的合成、遗产埋藏环境分析、金属文物腐蚀、除锈、脱盐、缓蚀等技术。例如，在我国的壁画文物的起甲、酥碱治理及修复中，天然高分子材料已经被广泛使用。

以乐山大佛世界文化与自然遗产为例，其开凿在白垩纪的红砂岩上，其好处是比较稳定，抗震性很强，其不足之处就是风化度比较高。所以，乐山大佛建成以后屡经修缮，较近的修缮就有 7 次，分别是 1914 年、1929 年、1934 年、1960年、1991 年、1995 年和 2001 年。但是，由于未能解决资金和建筑材料问题，前几次修缮只能是"头痛医头，脚痛医脚"，无法对大佛进行本质的保护，致使大佛的"疑难顽症"一直遗留至今。

2001 年的修复乐山大佛工作改变了以往修缮古迹的做法。通过对古代材料的分析，维修时基本上确定的主要材料为民间的验方，就是由石灰、炭灰、麻等材料组合起来的一种叫做厥灰的材料。施工用的厥灰板都是经过科技人员十几年、几百次实验淘汰后精选出来的，工人们根据实验结果，把切割好的石灰、炭渣、麻筋搅在一起，捶上 3~4 个小时做成厥灰坯料。为了保证大佛修缮的施工质量，除了对材料要求严外，工艺要求也很高。工人给大佛脸部清污前要首先对大佛进行湿润，湿润过后再刷一层浅浅的浆在上面，然后再把材料表附在上面，还必须不断地压实，压实的过程还有几道工序，通过这几道工序达到所需要的强度、硬度和色彩。

（三）生物方法

生物方法是指利用植物、动物、微生物本身的特有功能来监测、防治环境和达到遗产资源保护目的的方法。目前，对木质文物遗产和丝绸文物遗产的保护常用生物方法。

2005 年《科学时报》上刊登了利用生物方法保护历史遗产的报道。报道称委内瑞拉科学家想出了一种新方法使该国历史上遗留下来的珍贵艺术品免遭热带昆虫、真菌和潮湿环境破坏。有一件 18 世纪的长 0.76 米名为"克利奥尔处女"的木雕受到了害虫侵袭，如果问题得不到解决，那么无孔不入的害虫最终将把这件木雕变成锯末。但如果采用传统的液体或气体化学杀虫剂，这尊精致的木雕作品颜色将蒙受遭到破坏的风险，以致木头膨胀或开裂。为寻求保护办法，委内瑞拉的专家们决定为"克利奥尔处女"采取高科技治疗方法。他们计划为这尊雕塑"接种"一种长有孢子的细菌病毒，这种病毒会对昆虫产生致命后果，而对人体无害。首先，专家把"克利奥尔处女"带到委内瑞拉当地一家诊所进行激光扫描。从扫描结果中可以清晰地看到，害虫啮咬后留下的多处"洞穴"。随后，昆虫学家对木雕样本进行分析后判定，罪魁祸首是一种在热带地区袭击家具、木桩和木雕的昆虫。按照目前法医专家普遍采用的技术，专家利用基因分析仪器对样本进行了分析，并且找到了这种昆虫的"分子痕迹"。专家认定，起重要作用的是一种名叫苏云金芽孢杆菌的细菌病毒，农业上把这种苏云金芽孢杆菌作为生物杀虫剂，苏云金芽孢杆菌对人畜没有危害。此后，联合国大学高等研究所一名墨西哥专家利用现代外科手术探针，把苏云金芽孢杆菌结晶颗粒注入木雕上甲虫的洞穴内。目的是把能够杀死甲虫的苏云金芽孢杆菌贴在害虫的"洞穴"内，然后到处撒播开来。苏云金芽孢杆菌注入甲虫洞穴后，就会保持活跃状态，防止甲虫的有害物质再生。

利用生物方法对丝绸文物保护突出的例子发生在我国湖北。埋藏在地下历经2000年仍鲜艳无比的丝绸往往在出土后不久就黯然失色、脆弱易碎，令人唏嘘不已。但现在，我国专家用微生物材料加固保护湖北江陵出土的战国丝绸，使其不但色泽仍然鲜艳，而且拉力强度由零增加到每平方厘米52克，可以折叠、卷曲、随意拿取而没有任何损伤。以生物技术为基点，应用相关材料和工艺有效保护特殊文物，是在当前文物保护领域具有重大意义的突破。

（四）工程方法

工程方法是指建造或利用围墙、堤坝、沟渠、桥梁、支柱、护架、护坡等各类建筑物和构筑物来保护遗产资源。

例如，2011年，中央财政投入6亿元对承德避暑山庄及周围寺庙文化遗产进行保护，目的是极大地改善避暑山庄及周围寺庙的保护现状，使这处世界文化遗产保持原始风貌。

承德避暑山庄及周围寺庙始建于1703年，历时89年建成，是全国首批重点文物保护单位，1994年被列入《世界遗产名录》。党中央、国务院对承德避暑山庄的文物保护工作一直非常重视。1976—2005年，国家先后实施了3个10年整修规划，到目前，累计投入达7600多万元。承德市在经济欠发达、可用财力十分有限的情况下，已累计投入56亿多元，其中用于文物本体保护的有2亿多元，用于外围环境整治的有54亿多元。由于避暑山庄及周围寺庙体量庞大，保护投入历史欠账较多，致使一些古建筑损毁日益严重，文物古迹技防、消防设施严重老化，馆藏文物、壁画、石质文物亟待抢救，园林保护、基址保护亟待加强。为此，承德市在"十二五"规划中规划了8类84个遗产保护抢修项目，总投资95.64亿元。为了给此项文保工程提供强有力的技术保障，由文物保护、古建筑、园林、公安消防、科技保护等领域的31位国内顶级专家组成的专家组正式成立，专家组将编制此项工程的修缮保护规划和方案，并统筹避暑山庄及周围寺庙文物保护、文化建设和整个城市的发展，在尊重科学、尊重历史、尊重文化、尊重民意的基础上，真正使承德老城区重现清朝盛世风貌。

（五）现代科学技术方法

现代科学技术在遗产资源保护中的应用越来越广，已成为不争的事实。遥感技术、地理信息系统、计算机技术、三维扫描技术等正在为自然遗产、文化遗产和非物质文化遗产保护研究带来更宽广的视野。

中国科学院高能物理研究所冯松林认为，核分析、核辐照、核成像、核反应等先进技术在文化遗产保护和研究中具有不损伤文物、便捷等无可替代的优势，将在古陶瓷、古金属器、古玉器、古漆器、古丝绸、古壁画、古籍善本、古字画等遗产资源保护方面具有重要用途。中科院深圳先进技术研究院郑为民认为三维扫描数字可视化技术在文物保护中的应用前景广阔。此外，空间信息技术在大运河保护中得到应用，且在大尺度遗产资源的调查和保护中具有重要作用。

刘斌（2011）利用空间信息技术实现了非物质文化遗产的可视化，构建了基于空间信息技术的羌族非物质文化遗产保护平台。该平台汇聚了与羌族非物质文化遗产相关的多源异构空间数据和多媒体数据，将羌族非物质文化遗产和地理位置、自然环境结合，提供了多角度、全方位的展示和交互功能，能够图文并茂地展示羌族丰富多彩的非物质文化遗产资源，不仅提高了大众对非物质文化遗产保护的参与度，而且有利于这些非物质文化遗产的传承和传播。

二、遗产资源的保护措施

（一）遗产资源保护的法律措施

遗产资源保护的法律措施是指利用各种涉及遗产资源和环境保护的有关法律法规，以约束遗产管理者、开发利用者的行为，达到保护遗产资源的目的。法律的基本特点是权威性、强制性、规范性和综合性，要求做到有法必依、违法必究、执法必严。

从国家根本大法《中华人民共和国宪法》到综合性的环境与资源保护法，再到各个单项法规、地方法规以及我国参加的国际公约，目前形成了一个完整的遗产资源法律保护体系。从国际层面看，保护遗产资源的公约和条例有《保护世界文化和自然遗产公约》、《生物多样性公约》、《联合国气候变化框架公约》、《关于作为水禽栖息地的国际重要湿地公约》、《濒危野生动植物国际贸易公约》、《可持续旅游发展宪章》、《关于历史地区的保护及其当代作用的建议》（《内罗毕建议》）、《保护文物建筑及历史地段的国际宪章》（《威尼斯宪章》）和《保护历史城镇与城区宪章》（《华盛顿宪章》）等。从国家层面看，保护遗产资源的法律法规有《中华人民共和国宪法》、《中华人民共和国环境保护法》、《中华人民共和国森林法》、《中华人民共和国野生动物保护法》、《中华人民共和国自然保护区条例》、《风景名胜区条例》、《中华人民共和国文物保护法》、《中华人民共和国非物质文化遗产保护法》等。从地方性法规看，我国许多地方为了保护遗产资源颁布了地方性法规和专项法规，如杭州市先后制定了《杭州西湖风景名胜区保护管理条例》、《杭州西湖环境保护条例》、《西湖水域保护和管理条例》等。

（二）遗产资源保护的行政管理措施

行政管理措施是指各级政府和相关主管部门根据国家、地方所制定的遗产资源保护法律法规和保护政策等，运用行政力量，按照行政方式来管理和保护遗产资源的方法。行政管理措施具有一定的灵活性和弹性。

遗产资源保护的行政管理方式主要有：行政命令、决定、通告、通知、政策、倡议、集中性专项治理或综合治理、遗产保护规划等。

例如，为了加强我国自然保护区、风景名胜区、文物保护单位、森林公园等遗产地的环境保护工作，国家环保局、旅游局、住房与城乡建设部、林业部、国家文物局联合发出《关于加强旅游区环境保护工作的通知》。

（三）遗产资源保护的经济措施

遗产资源保护的经济措施是指国家或行政主管部门，运用价格、工资、利润、信贷、税收、奖金和罚金等经济杠杆和价值工具，调整各方面的经济利益关系，达到保护遗产资源的目的。采用经济措施保护遗产资源是非常有效的方法，往往能取得比其他措施更好的效果。

与遗产资源保护密切相关的主要经济措施有税收、生态补偿费、征收排污费、押金和保证金、财政补贴、罚金等措施。

（四）遗产资源保护的教育措施

遗产资源保护的教育措施是指通过现代化新闻媒介（如电视、电台、网络等）、图书报刊、学校、遗产地景区、遗产保护活动（如知识竞赛、夏令营、冬令营）等多种渠道，向公众传播遗产资源的价值、遗产资源保护的法律知识和科技知识，从而达到教育公众、提高其环境意识，达到保护遗产资源的目的。

例如，日本是世界上最早提出对文化遗产（包括非物质文化遗产）进行保护的国家，也是世界公认的文化遗产保护最为成功的国家之一，其"儿童第一"的保护理念和措施值得我们学习和借鉴。日本从文化保护政策的制定到学校课程的设置以及在各种民俗活动中，均将儿童放在极为重要的地位，充分发挥教育在遗产保护中的作用。

● 第二节　自然遗产资源保护

本节就自然遗产资源保护思想的演进和自然遗产资源的保护模式以及法律保护体系方面的内容进行了探讨。

一、自然遗产资源保护的演进

我国自然遗产资源的保护思想起源久远，在古代，几乎所有的阶层都成为保护名山的力量（如今名山大多为世界遗产或国家遗产），形成了中国特有的社会性的自然遗产保护利用系统，我国的自然遗产保护思想和实践均要早于西方国家。

进入工业文明时代，人们开始理性的保护自然，在西方国家诞生了国家公园的理念，出现了保护区，靠立法保护自然。1872 年，世界上第一个国家公园（黄石公园）在美国诞生，国家公园成了禁止经济开发、保存自然本底的场所，供人们享受自然，探索自然规律。之后，国家公园运动很快扩展到澳大利亚、加拿大、阿根廷、瑞典、瑞士等国，世界上越来越多的国家政府涉入保护区事务，保护对象有物种、栖息地、风景、水源地等。可以说，国家公园是人类理性保护自然运动的起点。

进入 20 世纪，随着环境危机的出现和环保运动的兴起，人类步入生态文明时代，逐步建立了人与自然之间的生态伦理关系，出现了自然遗产的概念，组建了多个国际组织，并制定国际公约，将自然遗产保护推向新的高潮。例如，联合国教科文组织、世界自然资源保护联盟（IUCN）、世界旅行旅游理事会（WTTC）等推出的世界自然遗产评选、人与生物圈计划的世界生物圈保护区、世界地质公园评选、"绿色环球 21"评选等引领着全球自然遗产资源保护。而《保护世界文化和自然遗产公约》则是政府间的国际协同机制，是人类保护自然遗产需共同遵守的国际公约，以科学思想和操作指南的方式引导人与自然的协调发展。

二、自然遗产资源的功能分区保护模式

自然遗产资源的功能分区是在生态功能分区的基础上发展起来的，是生态功能分区在遗产资源的具体应用。功能分区是根据生态系统的完整性、景观质量等级和集聚状况、自然环境的保护等级、游客利用的重要性与方式等指标，对自然遗产地区域划分出各有侧重的类型空间。一般认为，功能分区模式是美国景观建筑师弗斯特（Forster）于 1973 年最早提出的。弗斯特将国家公园以同心圆模式从里到外划分为核心保护区、游憩缓冲区和密集游憩区。加拿大国家公园较广泛地采用甘恩（Gunn）于 1988 年提出的五圈层模式，即重点资源保护区、荒野低利用区、分散游憩区、密集游憩区和服务社区。

世界各国非常重视自然遗产地的功能分区，包括各类国家公园、自然保护区和森林公园等。表 5-1 至表 5-4 分别列出了中国、日本、美国和加拿大的国家公园的分区情况，虽然在表述上存在一些差别，但整体上各国都针对国家公园景观特性的差别及其保护开发利用的不同要求划分出原始核心保护区、文化景观区、低密度游憩区、高密度游憩区和服务区。自然遗产资源地的功能分区是保护自然遗产资源的有效模式。

表 5-1　　　　　　　　　　中国国家公园分区模式

	类别	位置	开始程度	游憩活动	景观特征
I	原始区	生态系统核心保护区	保持原始状态，仅有林间小道	供科研、科学考察之用	稀有物种，濒危物种，独特的生态体系
II	自然区	自然状态、环境优良地区	维护自然状态，开发极少，仅有步道，必要时设汽车道	徒步观光、野营划船等原始游憩	景观独特而优美
III	史迹区	文化史迹集中地区	有限开发，主要修复原遗迹、遗址	纪念活动，观光、史迹研究等游憩活动	特殊文化史迹
IV	游憩区	观光、游憩资源较集中地区	开发程度一般，建有营地、小型接待设施和游憩设施	休闲、游憩娱乐活动	观光、游憩景观环境
V	服务区	公园的最外部或者公园的人口附近	高密度开发，服务接待中心，管理中心等	旅游购物、美食品味、住宿接待	建筑、庭园环境

资料来源：方海川，郭剑英，张力. 旅游资源规划与开发［M］. 上海：上海交通大学出版社，2012：213.

表 5-2 日本国家公园内部分区和行为规范

分区类型		定义	行为法律规定
特别区	特殊保护区	需要严格保护风景区优美景色的区域	原则上禁止建筑物的建筑
	Ⅰ级特别区	保护级别仅次于特殊保护区、需要比较严格保护风景区优美景色的区域，最大限度地保护现存优美景色	原则上禁止建筑物的建筑，即对于特殊保护区的法规也适用于本区域
	Ⅱ级特别区	需要最大限度地调整农业、林业和渔业生产行为的区域	原则上允许原住居民正常生活所必需的设施，如房屋和用于一般农业、林业、渔业的生产性设施，在不阻挡景观的条件下，允许修建食宿设施、小型别墅等
	Ⅲ级特别区	保护级别排在特殊保护区、Ⅰ级特别区、Ⅱ级特别区之后，在不过分影响景观的前提下，允许一般的农业、林业、渔业生产行为	慎重对待修建建筑物，法规适用范围与Ⅱ级特别区相似，允许林业和清理性砍伐
海洋公园区		由于拥有丰富的海洋动植物而具有优美的海洋景色	法规适用范围同特殊保护区
普通区		特别区周边具有优美景色的区域，属于需要保护的过渡性地区，区域内有居住点和农业生产活动	如果有阻挡景观的大型建筑物出现，管理者会可以干涉

注：国家公园内部分区依照国家公园保护规划而确定。

资料来源：方海川，郭剑英，张力. 旅游资源规划与开发［M］. 上海：上海交通大学出版社，2012：213.

表 5-3 美国国家公园分区模式

	类别	位置	开发程度	游憩活动	景观特征
Ⅰ	高密度游憩区	在都市内，也可以是国家公园里的一部分	高度开发，完全以游憩活动为目的	活动导向的运动及游戏	充满吸引力，自然的或是人为的景观
Ⅱ	一般户外游憩区	比Ⅰ区偏远	开发程度较Ⅰ区稍低，包括野餐区、露营区及人为设施，如旅馆、商店等	范围广泛，如钓鱼、水上运动、游戏等	充满吸引力，自然与人为景观都有
Ⅲ	自然区	比Ⅰ、Ⅱ区更远，面积更大	有限地开发，如道路、步道、露营、野餐设施等，采用目标经营方式	活动与自然环境分开，如露营、划船、打猎等	自然的，有吸引力的环境，多样性的地形、湖泊

表5-3（续）

第五章　遗产资源的保护

101

	类别	位置	开发程度	游憩活动	景观特征
Ⅳ	特殊自然区	任何有特殊景观的地区	非常有限地开发，如步道、小径等	研究自然现象、观景	杰出的自然现象、风景，科学性、地质性景观，经常为一个大区域内的小分区
Ⅴ	原始地区	中央保护地	没有开发必要，或仅有步道，必要时设有汽车道	露营等	自然的、原始的，未开发的，远离文明
Ⅵ	历史与文化古迹	资源存在的地方	有限地开发，如小径及解说服务中心	观景、研究	与历史、文化等兴趣相符的特性，国家性、区域性或地方性

资料来源：Outdoor Recreation for American. ORRRC，1992.

表5-4　　　　　　　　　　加拿大国家公园分区模式

	类别	位置	开发程度	游憩活动	景观特征
Ⅰ	特别地区	中央保护地区	维持自然及原始状态，开发极小	未经许可，禁止人车入内进行任何活动，在限定时间内提供解说与观察	具有独特而优美的景观、生态体系及文化特征
Ⅱ	旷野游憩区	Ⅰ区的外围	开发程度小，但在保护下仅供非破坏的游憩活动使用	提供骑马、泛舟等较原始性游憩使用	具有自然生态演进及野生动物观赏的景观特征
Ⅲ	自然环境区	Ⅰ、Ⅱ区与开发地区间的缓冲区	开发较频，如车道、设施等	提供接近大自然的度假住宿、乘车赏景等	含自然及人文景观，具有游憩资源
Ⅳ	一般户外游憩区	属于国家公园边缘开发地区	具有极大的开发潜力，有车道、露营地、眺望台及其他户外游憩设施	提供种类较多的户外游憩活动	具有较多的人文景观与游憩资源
Ⅴ	高密度使用区	面积较小，但高度使用	已开发的地区，或原有相当多的人为设施	游客中心解说服务及各类旅游服务	充满人为的建筑与服务设施

资料来源：Forster. Planng for Man and Nature in The Natioal Parks. IUCN，1973.

世界自然保护联盟（IUCN）根据全球保护区的规划和管理模式将其分为如下11类：

（1）科研保护区/严格的自然保护区；

（2）国家公园；

（3）著名的自然风景/标志性自然风景区；

（4）自然保护区/自然管理保护区/野生动物保护区；

（5）地貌风景/海洋风景保护区；

（6）资源保护区（过渡性保护单元）；

（7）自然生物区/人类学保护区；

（8）多用途管理区/资源管理区；

（9）生物圈保护区；

（10）世界遗址区；

（11）国际重要湿地。

世界自然保护联盟强调现有的各种保护区类型，每一类都在保护和开发方面各有侧重。

三、我国自然遗产保护法律规范系统

（一）我国自然遗产保护法律规范系统现状

我国已建立了有中国特色的自然遗产保护制度，但尚无一部专门针对自然遗产保护的专项法律。1994 年，国务院公布了《中华人民共和国自然保护区条例》；2006 年，国务院公布了《风景名胜区条例》；2010 年，国家林业局发布了《国家湿地公园管理办法（试行）》等。我国保护自然遗产的手段包括设立国家级自然保护区、国家级风景名胜区、国家地质公园、国家森林公园、国家湿地公园、国家水利风景区等，同时对具有地区性代表意义和价值的自然遗产资源，地方政府可以设立地方保护区域来保护自然资源。1985 年，全国人大常委会决定批准《保护世界文化和自然遗产公约》，我国正式加入该公约组织。根据该公约的规定，世界自然遗产的核心要素与我国国家级自然保护区、国家级风景名胜区、国家地质公园和国家森林公园是一致的。

（二）我国现行自然遗产保护法律规范体系存在的问题

1. 自然遗产保护法律规范的层级尚未上升到法律层面

我国目前建立了以行政法规和地方性法规为主要形式的自然遗产保护法律制度，全国人大常委会还未出台自然遗产保护的专项立法。自然遗产保护采用多元化主体的立法模式，没有专项立法的统筹，缺乏应有的系统性。不同的法规规章之间相互重叠、相互冲突，而且还造成了立法空白，以至于难以有效地保护我国的自然遗产资源，甚至造成不同管理主体之间部门分割、相互推诿的局面。

2. 不同类型自然遗产的管理体制缺乏统一功能

由于遵循不同的行政管理体制，使我国对自然遗产的保护，逐渐形成了不同的法律制度来同时予以规制的体制。自然遗产分属多个部门管理，如森林、湿地、荒漠、野生动物、野生植物属林业部门主管，草原归属农业部门管理，海洋属于国家海洋局管理，自然遗迹、古生物遗迹的行政管理权则属于地矿部门管理，风景名胜区属住房和城乡建设部管理，水利风景区属于水利部管辖，此种管理体制使我国自然遗产保护立法部门化。这些相应的管理办法和条例都是由这些部门各自起草的，在起草过程中各部门往往从自身利益的角度来考虑，缺乏整体的分工与合作，使得这些条例和办法之间相互重复，甚至相互矛盾。例如，《中华人民共和国自然保护区条例》第三十二条规定："在核心区和缓冲区不得建设任何生产设施，经环保部门的批准可在实验区内建设生产设施。"而《国家森林和野生动物类型自然保护区管理办法》将建立机构和修筑设施的批准权限划归林业部门，且没有分区对待，使得两者之者相互冲突，为规定的适用带来了困难。以世界自然遗产地之一的武陵源为例，武陵源自然遗产包括风景名胜区，又涵盖张家界国家森林公园、国家地质公园和索溪峪、天子山、杨家界三个自然护区在内。必须认识到管理上存在的交叉重叠的客观现实，消除不同类型自然遗产管理上存在的差异，使具有多种功能和多种保护价值而被要求适用不同的法律法规的自然遗产，统筹加以保护与管理。

3. 现有自然遗产保护法规系统难以与国际公约接轨

虽然《保护世界文化和自然遗产公约》可以在我国直接适用，但鉴于有关保护和管理自然遗产的具体制度和措施都只能且需要依我国自己的法律实施，而在我国的法律制度中却连"自然遗产"这个概念都没有使用，更没有自然遗产保护的专门立法，不利于我国将现存的管理制度和措施与国际公约接轨。

（三）自然遗产保护法制定的必要性与困难

我国目前从中央到地方的立法中，已有一定数量保护自然遗产的法律法规，但这些法律规定过于笼统，依法执法的确切依据不足，未能有效地保护我国的自然遗产，主要是相关的法律或部门规章对保护自然遗产的规定不具体，各部门规章权责规定不甚明确，操作性不强，在管理实践中出现诸多乱相。同时，地方性的法规与规章各自为政，法律适用比较混乱。可见，我国目前自然遗产保护中的问题很多，但法律之间的协调不足、执法不严造成的问题甚为严重，因而有必要制定和出台自然遗产保护法来统领我国的自然遗产保护和管理。

十届全国人大环境与资源保护委员会曾经尝试过起草将各级各类生态保护园区全部覆盖的"保护地法草案"，并且将草案征求了国务院有关主管部门，各省、自治区、直辖市人大，有关自然保护机构和专家的意见。征求意见的结果是多数单位和专家认为保护地立法与我国多年沿用的保护制度不能很好对应，难以与现有法律法规以及国际公约衔接。由于各方面的强烈反对，十届全国人大环境与资源保护委员会放弃了保护地法的方案。2012 年 3 月举行的十一届全国人大五次会议期间，马元祝、邸瑛琪等 69 位代表提出关于进一步加快自然遗产保护法立法的议案和关于推进自然遗产保护立法的议案，并提交了《自然遗产保护法》（草案）。高红利、程芳（2012）认为《自然遗产保护法》（草案）的主要缺陷是：第一，该草案没有理性地规定自然遗产的保护内容；第二，该草案拟定者未能理性地制定自然遗产保护法；第三，该草案对不同利益梳理不清。经过反复征求意见、采纳、修改和沟通，2013 年有关部门对于自然遗产保护立法的认识逐步统一，除极少数部门外，国务院绝大多数部门都已原则同意目前的《自然遗产保护法》（草案），立法条件基本成熟，我们期待自然遗产保护法的早日出台。

● 第三节 文化遗产资源保护

本节就文化遗产资源保护思想的演进、文化遗产资源的保护模式以及法律保护体系方面的内容进行了探讨。

一、文化遗产资源保护的演进

中国保护文化遗产的历史悠久。自西周起，就有对盗窃宝器罪的规定。其后的历代封建王朝，都有关于毁坏皇家陵墓、宗庙、宫殿，盗墓葬以及毁坏古物诸种行为的法律法令。我国近现代保护文化遗产的立法活动，可追溯到 20 世纪初。1916 年，北洋政府制定的《保存古物暂行办法》是现代意义的立法保护文化遗产的标志，标志着传统意义的古器物保护向现代意义的文化遗产保护转变。1930 年，中华民国政府公布《古物保存法》共 17 条，明确规定考古学、历史学、古生物学等方面有价值的古物为保护对象，并对其保存要求、文物发掘等做了规定。1931 年，中华民国政府公布的《古物保存法施行细则》中增加了保护古建筑的内容。1932 年，中华民国政府设立"中央文物管理委员会"，并制定了《中央古物保管委员会组织条例》。此外，中华民国政府还于 1935 年制定了《采掘古物规则》、《外国学术团体或私人参加采掘古物规则》和《古物出口护照规则》等一系列保护文化遗产的法规，但由于政局动荡，没有形成一个长期稳定的管理体制，而且各地方政府也没有设置相应的文物管理专门机构。因此，各地的各类文物基本上处于无人管理的状态。后来由于战乱，上述法规基本没有得到执行。

新中国成立初期，由于战争使大量的文物遭到破坏，并有许多文物流失海外，中华人民共和国中央人民政府政务院首先颁布了一系列保护文物、制止文物流失的法令和法规，这些立法主要是围绕盗窃、倒卖和走私中国文物的治理展开的。这些法令和法规包括 1950 年制定的《禁止珍贵文物图书出口暂行办法》、《古文化遗址及古墓葬之调查发掘暂行办法》、《关于保护古文物建筑的指示》和 1951 年制定的《关于管理名胜古迹职权分工的规定》、《关于地方名胜古迹的保护管理办法》等。为扭转当时文物遭到破坏和大量外流的状况起到了重要的作用。

20 世纪 50 年代至 60 年代中期，我国的文物保护制度初步形成。在中央和地方设置负责文物保护和管理的专门行政机构。文化部作为负责全国文物保护工作的文物保护行政管理机构，地方各级政府开展地方文物保护工作，制定地方文物保护管理暂行办法。1961 年，《文物保护管理暂行条例》正式出台，标志文物保护工作有了系统的法律依据。这一时期，国内文物管理趋于平稳，但是在大规模的社会主义建设中，农业合作化、农田水利基本建设与地下文物保护，城市经济建设与地上文物保护之间产生了矛盾，因而这一阶段的立法主要解决此类问题。例如，1953 年制定的《关于在基本建设工程中保护历史及革命文物的指示》、1956 年制定的《关于在农业生产建设中保护文物的通知》、1961 年制定的《关于进一步加强文物保护和管理工作的指示》、1963 年制定的《文物保护单位保护管理暂行办法》和《革命纪念建筑、历史纪念建筑、古建筑、石窟寺修缮暂行管理办法》以及 1964 年制定的《古遗址、古墓葬调查、发掘暂行管理办法》等，都体现了这一原则。同时，为加强对流散文物的保护和管理，1960 年，国家颁发了《文物出口鉴定标准的几点意见》和《关于改变文物商业的性质和管理体制的方案》等规定。

1966 年"文化大革命"运动开始，这一时期文物立法和实践都在"破四旧"的运动中遭受极大破坏，文物遗产保护事业蒙受了巨大损失。1967 年，党中央就此发布了《关于在无产阶级文化大革命中保护文物图书的几点意见》，此后，国家又发布了三个文物保护的法规和政策，分别是 1973 年的《关于进一步加强考古发掘工作的管理的通知》、1974 年的《关于加强文物保护工作的通知》和 1974 年的《关于加强文物商业管理和贯彻执行文物保护政策的意见》。但在当时的大环境下，文化遗产保护举步维艰。1978 年以后，文化遗产的保护和城市规划管理工作开始逐渐恢复。

1982 年，国务院批准公布了第二批全国重点文物保护单位和首批 24 个国家级历史文化名城。1982 年 11 月 19 日，全国人大常委会颁布了《中华人民共和国文物保护法》。1983 年，城乡建设环境保护部发布了《关于强化历史文化名城规划的通知》和《关于在建设中认真保护文物古迹和风景名胜的通知》。1984 年 1 月，国务院颁布《城市规划条例》，规定城市规划应当切实保护文物古迹，保护和发扬民族风格和地方特色。1986 年，国务院又公布了第二批 38 个国家级历史文化名城。与此同时，国务院的文件中规定了要保护文物古迹比较集中，或能较完整地体现出某历史时期传统风貌的街区、建筑群、小镇、村落等历史地段，要求各地依据它们的价值公布为地方各级"历史文化保护区"。国务院还规定除国家级历史文化名城外，各省（自治区、直辖市）可以审批公布本地的省级历史文化名城。历史文化遗产保护的概念由"点"的保护扩展到"面"的保护，即以文物建筑、建造群为中心的保护扩展到整个城市或城市中的某个地区，即历史性地区为中心的保护，建立了历史文化名城保护制度以及风景名胜地区保护制度，历史性环境保护的范畴更加广泛。1989 年，全国人大常委会颁布《中华人民共和国城市规划法》，其中规定编制城市规划应当保护历史文化遗产、城市传统风貌和地方特色，城市新区的开发应避开地下文物古迹。同年 12 月，国务院颁布实施了《中华人民共和国水下文物保护管理条例》，以加强对水下文物的保护。水下考古在我国是一项开拓性工作，需要进行规范，依法进行，该管理条例为顺利开展水下文物保护和考古工作提供了法律保障。

1990 年以后，由于城市经济的快速发展，城市建设规模扩大，尤其是外资的大量投入，带动了城市基础设施的配套完善及中心区的更新改造，同时也使历史性地段的保护与控制产生了放松的倾向，致使历史性环境保护事业面临着新的问题。为了历史文化名城保护制度适应城市社会经济发展的需要，1991 年全国人大常委会对《中华人民共和国文物保护法》又进行了修改，主要对有关处罚条款进行了进一步的修改补充。1992 年 4 月，经国务院批准，国家文物局发布实施了《中华人民共和国文物保护法实施细则》，共 8 章 50 条，对文物行政管理机构、文物保护管理经费、划定文物保护单位保护范围职责、古建筑维修设计审批权限、考古勘探资格认定、考古发掘项目申报、珍贵文物分级、私人收藏文物保护与出售、行政处罚等，均有了明确、具体的规定。1991 年起，依据《中华人民共和国文物保护法》及《中华人民共和国城市规划法》的规定，一些历史名城开始制定了《历史文化名城保护条例》，旨在使文化遗产保护立法更加具有适应性和可操作性。

国外的文化遗产保护也是一个渐进的过程，但意大利、法国、日本和美国等国家在文化遗产保护方面累积了自己的经验，也为其他国家文化遗产的保护提供了借鉴。

二、文化遗产资源的社区参与保护模式

文化遗产资源的保护原则是"修旧如旧"、"整新如旧"。文化遗产资源最为重要的保护模式是社区参与，社区参与是文化遗产保护和持续发展的保障机制。

社区参与是指在文化遗产资源的开发过程中，社区居民作为开发主体，通过参与规划、开发、运营、管理、保护和监督等决策与执行体系的广泛参与，保证遗产资源的可持续发展，实现社区全面发展的新模式。

社区是文化遗产资源所依托的环境，许多文化遗产资源均是社区居民创造的。例如，闽南的客家土楼、桂林龙胜的龙脊梯田以及平遥古城、浙江乌镇等文化遗产资源地的社区居民，经过长期的劳动并结合当地的条件创造出举世闻名的文化遗产。此外，社区居民特有的生产生活方式、与他们生活息息相关的建筑、服饰、语言、习俗等都是社区文化的表现形式，社区文化遗产资源是社区发展的宝贵财富。同样，社区参与有利于文化遗产资源的保护和持续利用。

三、我国文化遗产保护法律规范体系

（一）我国文化遗产保护法律规范系统现状

目前，我国文化遗产保护的法律体系由四个方面构成：

（1）国际公约。我国政府已批准加入的文化遗产保护方法的国际公约有 3 个：《保护世界文化和自然遗产公约》、《关于禁止和防止非法进出口文化财产和非法转让其所有权的方法的公约》和《国际统一私法协会关于被盗或者非法出口文物的公约》，这些公约是我国保护文化遗产的重要法律文件。

（2）宪法中的相关法律条文的规定。

（3）相关的法律法规，包括：全国人大或全国人大常委会所制定的法律中的相关法律规范，如《中华人民共和国环境保护法》、《中华人民共和国文物保护法》、《中华人民共和国文物保护法实施细则》、《中华人民共和国刑法》、《中华人民共和国城市规划法》等；国务院制定的行政法规中的相关法律规范，如《风景名胜区条例》；国务院各部、委制定的部门规章中的相关法律规范，如《世界文化遗产管理办法》等。

（4）地方性法规中的相关法律规范，如《四川省风景名胜区管理条例》、《福建省武夷山世界文化和自然遗产保护条例》、《湖南省武陵源世界自然遗产保护条例》、《陕西省秦始皇陵保护条例》、《甘肃敦煌莫高窟保护条例》、《泰山风景名胜区保护管理条例》等。

此外，还有一些宣言与呼吁加强文化遗产保护的文件也是保护文化遗产的重

要依据。

（二）我国现行文化遗产保护法律规范体系存在的问题

在现有的文化遗产资源保护法律规范体系下，我国文化遗产保护工作井然有序地进行着，已取得了一定的成效。然而，经济和科技的快速发展、城市扩张和大型工程的建设、社会快速变革的同时也使大量文物、遗址、古城镇遭受破坏，也折射出我国现有文化遗产保护法律规范体系存在缺陷。

1. 文化遗产资源保护的法律规范体系不完善

我国目前还没有全国性的专门针对文化遗产保护的法律，相关的法律也不完善。现有的文化遗产专项保护法规仅有 1 部法律（《中华人民共和国文物保护法》）和 5 部行政法规（《文物保护法实施细则》、《文物保护法实施条例》、《水下文物保护管理条例》、《考古涉外工作管理办法》、《传统工艺美术保护条例》），其余大部分都是政府规章和规范性文件。在由文物、历史文化保护区及历史文化名城（镇、村）组成的三个保护层次中，文物保护法律体系相对完善，国家出台了《中华人民共和国文物保护法》及其实施细则；名城（镇、村）与保护区目前仅有数量很少的法规性文件，缺乏与之对应的法律、法规，历史文化保护区的立法几乎是空白；对于风景名胜区、自然与文化双重遗产的保护，均只有管理的"暂行规定"、"管理办法"等，并无明确的法律规定。目前我国文化遗产更多地依靠地方立法来保护，如 2002 年四川省通过了《四川省世界遗产保护条例》，福建省制定了《福建省武夷山世界文化和自然遗产保护条例》，2003 年北京市制定了《北京市长城保护管理办法》，甘肃省制定了《甘肃敦煌莫高窟保护条例》等。地方性法规仅能在所属区域内发生法律效力，且规定不一，缺乏全局规划，存在一定的局限性。此外，地方立法不可能有全国立法应有的全局意识，一些地方对现行法律法规了解不够、执行不力，甚至有法不依、各行其是。

2. 文化遗产保护主体立法不明确

文化遗产是历史遗留给全人类的共同财富，是人类共同的财产，具有公共产品属性。根据《中华人民共和国文物保护法》的规定，一切文物都属于国家所有，而地方各级政府代表国家保护和管理本行政区域内的文物。但是，目前我国由于没有一部完整的专门针对文化遗产保护的法律，对文化遗产的法律保护散见于《中华人民共和国文物保护法》、《风景名胜区条例》、《传统工艺美术保护条例》等法律文件中，导致了国内没有一个专门的部门来主管文化遗产的保护。从这些规定可以看出，我国对文物古迹实行的是多部门分级管理模式，有的属于文物保护单位，归文物部门主管；有的属于风景名胜区，由住房和城乡建设部门主管；处于自然保护区内的一些文物古迹则是由环境保护部门综合管理；对世界文化遗产具有管理权的，除住房和城乡建设行政主管部门及其委托的世界遗产管理委员会外，其他政府部门就达 9 家之多（国家计委、文化部、国家文物局、国土资源部、国家环保部、财政部、教育部、林业部、国家旅游局）。由于我国文物古迹往往与自然保护区、风景名胜区紧密联系在一起，某些文物古迹位于风景名胜区内，有的自然保护区内也存在着大量古迹遗址。因此，在文化遗产保护管理实践工作出现政出多门的情况。文化遗产法律保护主体的多元化导致了真正有效保护文化遗产的法律主体的缺位。

3. 现有文化遗产保护法规系统难以与国际公约接轨

一般来讲，除缔约国和参加国声明保留的条款除外，在保护文化遗产时缔约国要遵守《保护世界文化和自然遗产公约》。目前，适用国际法有三种观点：一是直接适用，不需要转化为国内法；二是全部用国内法转化才能适用；三是部分转化适用，保留的不适用等。由于国际条约与国内法在立法体系、立法原则性、概括性等或多或少存在差异，只有通过国内立法的转化，才能解决两者之间衔接与协调的问题。我国至今没有一部完整的世界文化遗产保护法来将国际条约"国内化"，我国宪法对国际条约的国内效力问题也一直缺乏直接、明确的规定。

我国现行的大部分法规文件的内容往往以明确保护的对象、保护的内容与方法为主，而对保护运行过程中具体管理操作所涉及的法律问题、规划却十分缺乏。例如，保护中具体范围的确定方式，保护管理的机构设置与运行程序、监督、反馈机构设置与运行程序，保护资金的来源与金额比例，以及违章处罚规定等均无具体内容，实际可操作性差。

（三）完善我国文化遗产保护法律规范体系

随着对文化遗产保护认识的不断深化，目前我国对文化遗产保护法律制度的建立和完善进入了一个崭新的时期。我国文化遗产保护法律体系建设的目标是建立全方位的文化遗产保护法律制度。从立法角度看，国家层面的法律法规需要在两个方面进行完善：一个方面是进一步扩大物质文化遗产的法律保护范围，加大保护力度。根据社会经济发展的需要，进一步修改完善《中华人民共和国文物保护法》，并制定针对特定对象的专门性法规，如长城保护条例，历史文化名城、街区、村镇保护办法，博物管条例，世界文化遗产保护法等。另一个方面是我国保护文化遗产的立法要与国际接轨。要借鉴联合国教科文组织的相关公约和美国、日本、韩国等文化遗产保护先进国的有关法律，尽快制定和出台我国的文化遗产保护法。

● 第四节　非物质文化遗产资源保护

本节就非物质文化遗产资源保护思想的演进、保护模式以及法律保护体系方面的内容进行了探讨。

一、非物质文化遗产资源保护的演进

我国历来对非物质文化遗产的保护很重视。自 20 世纪 50 年代起，我国就开始组织对部分非物质文化遗产进行调查和研究。1979 年以来，我国开展了编制十大文学艺术集成志书的工程，于 2004 年全部出齐，共 300 部 450 册省级卷，一个系统、规范的民间文学艺术档案正在逐步形成。2003 年，文化部还正式启动了中国民族民间文化遗产保护工程，将通过建立遗产代表作名录、遗产传承人和文化生态保护区等方式，对我国的非物质文化遗产进行普查、保护和抢救。积极将具有重要价值的非物质文化遗产申报进入联合国教科文组织非物质文化遗产名录。2004 年，我国签署《保护非物质文化遗产公约》，成为缔约国。目前，我国建立了世界级、国家级、省市级的非物质文化遗产保护体系。

二、非物质文化遗产的保护模式

目前我国的非物质文化遗产保护主要有三种模式：施与式保护模式、开发式保护模式和发展式保护模式。

（一）施与式保护模式

施与式保护模式是指国家（政府）出于加强民族认同和文化建设的目的，提供资金并组织文化工作者深入民间，通过笔录、录音、录像等方式，将散存于民间的传统文化（以歌谣、民间故事、戏曲为主）记录下来并加以整理、出版，使之较为完整地保存的模式。

20 世纪 50 年代的文化普查和 20 世纪 80 年代以来的民间传统文化抢救运动就是典型的施与式保护模式。施与式保护满足了人类学、社会学、民族学等学科开展研究所需要的第一手资料，也丰富了非物质文化遗产资源的信息和知识，在一定程度上实现了对非物质文化遗产资源的保护。施与式保护过程中，文化工作者作为政府权力的代表，实现了对非物质文化遗产的记录，但对传承主体却表现出漠视和淡化。

（二）开发式保护模式

非物质文化遗产的开发式保护是强调利用非物质文化遗产的内容，按照市场需求进行打造和推广，从而达到获得经济效益和社会效益的保护模式。地方政府多采取开发式保护模式。按照《保护非物质文化遗产公约》的规定，非物质文化遗产保护要"采取措施，确保非物质文化遗产的生命力，包括这种遗产各个方面的确认、立档、研究、保存、保护、宣传、弘扬、传承和振兴"。因此，采取恰当的开发式保护模式有利于非物质文化遗产资源的保护。

（三）发展式保护模式

发展式保护是指在非物质文化遗产资源保护过程中，无论是保护者或研究者，都应当尊重传承人的主体性和自主选择，尊重非物质文化遗产资源自身的发展规律，从保护文化多样性的角度，维护非物质文化遗产的独特性和独立性，从而实现文化与人的和谐以及可持续发展。

从现实操作角度看，尊重传承人的主体性和自主选择，可以有效地避免施与式保护中传承人的缺位现象，从而实现非物质文化遗产资源的代际传承；尊重非物质文化遗产自身的发展规律，可以避免在保护过程中出现由于政治目的或经济目的等不利于文化传承的外在干扰因素，保证非物质文化遗产的独立发展。

三、非物质文化遗产保护存在的问题

目前我国非物质文化遗产的保护工作虽然初步取得了较为明显的成果，在制度建设方面也有所突破，但是保护工作还处于刚刚起步的阶段，仍然存在许多问题。《2011年中国非物质文化遗产保护发展报告》指出，目前我国非物质文化遗产保护存在如下五大问题：

（一）全球化趋势使非物质文化遗产的生存环境遭受冲击

由于工业化和城市化的加速，人们的生产生活方式发生了重大变化。科技的发展和生产力的提高，改善了人们的物质生活，同时也使非物质文化遗产赖以生存的环境不同程度地受到影响。一些传统习俗发生改变，许多文化记忆渐趋淡化，祖祖辈辈传承下来的优秀文化逐渐被遗忘，有些艺术种类面临消亡的危险，一些掌握绝活的艺人年龄老化，年轻人受市场经济和当前就业观念的影响，不愿学习和继承传统文化艺术，传承后继乏人，一些依靠口传心授的非物质文化遗产正在不断消失。

（二）对非物质文化遗产保护工作认识不足、关注不够、领导管理不到位

非物质文化遗产主要靠口传心授，由于缺乏关注而自生自灭，许多民族民间艺术属于独门绝技，往往因人而存，随着传承人的相继离世，人亡艺绝。开展非

物质文化遗产保护工作以来，一些地方领导认识不到位，常常将非物质文化遗产与封建糟粕混为一谈。还有些人认识不到非物质文化遗产对于传承中华文化、弘扬民族精神和促进社会和谐稳定的重要作用，从而对保护工作的重要性和紧迫性认识不足。有的地方文化部门积极性很高，但当地政府在落实资金、建立保护工作机构等方面措施不力，致使一些地方非物质文化遗产资源的普查、抢救、保护工作迟迟不能开展。有的地方保护工作缺乏领导，保护思路不清，盲目开发，导致对非物质文化遗产歪曲和滥用的现象时有发生。这样使得当前的非物质文化遗产保护工作不能正常开展，也影响了文化建设的全局。

（三）机制不够完善，法律法规缺位

我国的非物质文化遗产体系庞大、种类繁多，保护工作涉及政府的许多行政管理部门，如文化部门、文物部门、建设部门、宗教部门、民族事务部门、旅游部门、公安部门、工商部门等，这样不仅容易造成管理的交叉重叠，致使管理成本加大、效率低下，更容易产生各管理部门之间职责不分、相互推诿的问题。这种政出多门、多头管理的状况主要是由于对相应行政主管部门的责权不明确所导致的。

（四）传承人未受到应有的社会承认，缺少管理人员和研究队伍

与物质文化遗产相比，非物质文化遗产最大的特点是依托于人而存在，以声音、形象和技艺等为表现手段，以口传心授为延续方式，是一种"活态文化"。非物质文化遗产必须由人去延续，由人来传承，人是非物质文化遗产能够绵延不绝的核心。长期以来，非物质文化遗产的传承人，没有受到应有的社会承认，属于被边缘化和被遗忘的群体。从事非物质文化遗产保护工作的管理人员和研究人员的人数很少，难以适应当前非物质文化遗产保护工作的需求。

（五）财力支持不足

我国非物质文化遗产的保护资金问题无论从资金投入的绝对数量，资金筹集的渠道与方式以及政策的配合与引导上都有相当大的差距，基本处于一种无序状态。非物质文化遗产的记录、整理、保存、保护，需要经费和现代化科技载体及手段。由于经费不足，为数不少的地方没有安排专项的保护经费，技术装备不足，一些濒临湮灭的非物质文化遗产得不到有效记录、抢救，而已记录、整理的非物质文化遗产普查资料和民间文艺作品不能出版，甚至一些已经记录和整理的非物质文化遗产资料和实物面临损毁和再次流失的危险。非物质文化遗产资源的合理开发利用也缺乏相应的资金。

四、加强非物质文化遗产保护的对策建议

（一）完善非物质文化遗产保护和传承机制

当前，非物质文化遗产保护已经初步建立了有中国特色的保护工作机制，但很多方面还需要进一步完善和加强。建议继续从非物质文化遗产保护事业发展的全局出发，以名录体系建设，项目和传承人保护，文化生态保护区建设，传习所、非物质文化遗产博物馆（含数字博物馆）、档案馆建设，非物质文化遗产的开发利用等作为工作重点，进一步完善非物质文化遗产保护和传承机制，深入推进非物质文化遗产保护工作。

（二）加强包括传承人、工作管理人员、研究人员在内的队伍建设

首先，建议加强传承人队伍建设，采取积极措施，为传承人开展传习工作提供保障，积极开展对传承人的政策培训等，让他们及时了解国家非物质文化遗产保护的政策、法规，更好地促进传承工作的开展。

其次，加强机构建设，在地方机构改革过程中，努力争取人员编制，建立专门的非物质文化遗产保护工作机构。

再次，有计划地对现有非物质文化遗产保护工作人员进行培训，做到经常化、制度化，形成一支专职与兼职结合的保护队伍。

最后，要与高等院校、科研院所密切协作，设立与非物质文化遗产相关的专业，建立一批研究、培训基地，培养一批硕士、博士研究生，为非物质文化遗产保护提供专业人才。

（三）抓紧制定与《中华人民共和国非物质文化遗产法》相关的配套法规

目前，尽管《中华人民共和国非物质文化遗产法》的出台使得非物质文化保护工作取得了有效进展，但非物质文化遗产工作牵涉很多方面，一部《中华人民共和国非物质文化遗产法》不可能面面俱到地予以规范。为了把某些法律制度具体化，使其更具有可操作性，就要进一步完善《中华人民共和国非物质文化遗产法》的相关配套法规体系建设，使依法开展非物质文化遗产保护工作更加具体化、规范化和制度化。各级地方立法机关和政府部门要根据《中华人民共和国非物质文化遗产法》所确立的原则和制度，结合本地、本部门实际情况，抓紧做好相关配套地方性法规、规章制定工作。在地方立法工作中要注意保持与《中华人民共和国宪法》、《中华人民共和国非物质文化遗产法》等相关上位法的一致性，严格坚持法制统一的原则。全国人大常委会将依照立法进行相应的法规备案审查工作。同时，对那些现行的地方非物质文化遗产法规、规章和规范性文件，应及时开展检查清理工作，使之与

《中华人民共和国非物质文化遗产法》相一致。

（四）提高认识、加强领导、加大投入

领导重视、经费支持是非物质文化遗产保护工作深入开展的有力保障。有关行政部门领导要充分认识非物质文化遗产保护工作的重要意义，从对国家和历史负责的高度，重视非物质文化遗产保护工作，加强对非物质文化遗产保护工作的领导，从机构建设、经费保障、人才队伍培养等方面予以支持。各级财政应进一步加大对非物质文化遗产保护经费的投入力度，特别是地方财政的投入，同时鼓励个人、企业和社会组织对非物质文化遗产保护工作予以资助，多渠道吸纳社会资金，从而为非物质文化遗产保护工作提供有力的财力支持。

（五）加强非物质文化遗产保护工作的宣传引导

非物质文化遗产是一种与亿万群众生活最贴近、紧密关联的文化财富，非物质文化遗产保护工作只有引起全社会上下一致的关注，只有在提高全民族文化自觉性的基础上，才能取得成效。通过加强宣传引导，可以使社会公众充分认识到非物质文化遗产不仅是一笔历史财富，更是现代化建设不可或缺的重要资源，是推进社会全面进步的精神动力之一。

 复习思考题

1. 遗产资源保护的方法有哪些？

2. 自然遗产资源保护的模式是什么？

3. 我国文化遗产资源保护存在的主要问题是什么？可采取哪些措施加强文化遗产资源保护？

4. 非物质文化遗产保护的模式有哪些？

 参考文献

［1］谢芳，张艳玲. 旅游生态与环境管理［M］. 北京：清华大学出版社，北京交通大学出版社，2010.

［2］祁建平，等. 试论我国的自然遗产保护法律规范体系［EB/OL］. http：//www.chinadaily.com.cn/hqpl/zggc/2012-03-19/content_ 5451601.html.

［3］高红利，程芳. 我国自然遗产保护的立法合理性研究——兼评《自然遗产保护法》征求意见稿草案［J］. 江西社会科学，2012（1）.

［4］田圣斌，匡小明，姜艳丽. 我国文化遗产保护立法评述［EB/OL］. http：//www. hbjc. org. cn/shownews. jsp？id=200910192141370079&classid=5.

　　［5］牟延林，谭宏，刘壮. 非物质文化遗产概论［M］. 北京：北京师范大学出版社，2010.

　　［6］蔡武. 深入贯彻实施《非物质文化遗产法》 全面推进我国非物质文化遗产保护工作［EB/OL］. http：//epaper. ccdy. cn/html/2011 - 03/08/content _ 46089.htm.

 延伸阅读

大堡礁世界自然遗产的保护与创新

一、大堡礁世界自然遗产概述

　　大堡礁位于澳大利亚大陆东北部沿海地区，是由珊瑚礁和沙洲组成的半连续复合体，总面积 20.7 万平方千米。北起澳大利亚北端的约克角附近，向南延绵 2000 多千米，一直到布里斯班东北海上。大堡礁共由 600 多个岛屿组成，拥有独特多样的海洋生态系统。1981 年，联合国教科文组织将大堡礁列入世界自然遗产名录，澳洲也在这里设立了大堡礁国家海洋公园来保护这片广大而富有价值的水域。

二、大堡礁世界自然遗产价值分析

　　大堡礁世界自然遗产的生态价值突出。大堡礁经过数千万年的进化之后，形成了最为复杂和多样的生态系统，这种生态系统也被看成是成熟的生态系统的标志。大堡礁在这方面的世界遗产价值体现在如下几个方面：

　　（1）不同大小和形态的、同质和异质的礁体组合；

　　（2）2900 多种珊瑚覆盖了近 20 055 平方千米的区域；

　　（3）300 多座珊瑚礁和 600 多个珊瑚岛；

　　（4）礁体形态反映历史和近况海洋地貌的发展进程；

　　（5）地质演变的过程与岛屿、珊瑚礁、暗礁及海平面的变化紧密相关；

　　（6）海平面的变化和礁体的进化历史完全记录在礁石结构上；

　　（7）气候和环境的变化完全体现在大堡礁的礁体上；

　　（8）海平面的变化记录反映了大陆岛动植物生态群的分布状况。

　　大堡礁世界自然遗产的价值不仅仅是绚丽的自然景观和丰富的海洋生物，还有丰富的文化遗产，包含土著文化遗产和非土著文化遗产。大堡礁不仅与澳大利亚西北海岸土著居民及托雷斯岛居民的生存与生活息息相关，而且对他们的文化产生了重要影响，并在该区域内的众多岛屿与礁体上遗留了许多重要的文化遗址。非土著文化遗产主要是分布在岛屿上众多的航标和灯塔。

三、大堡礁世界自然遗产保护与创新

（一）大堡礁的威胁

大堡礁的珊瑚生态系统受到自然因素和人为因素的威胁，为其保护带来很大压力。具体而言，这些威胁包括全球气候变暖的威胁、热带气旋的威胁、商业活动的威胁、珊瑚天敌的威胁。大堡礁目前面临的最大威胁是全球气候变暖的威胁。科学家多次发出警告，如按当前全球气候变暖的趋势发展，全球大多数珊瑚生态系统将于100年内从地球上消失，大堡礁也同样难逃厄运。因温室效应引起的珊瑚破裂现象已经出现，珊瑚礁抵御风暴和其他自然灾害的侵袭能力变得更脆弱。大堡礁的另一个大敌就是热带气旋。硬珊瑚、软珊瑚、海绵和扇贝都是依附生存的生物，一方面，它们没有任何抵御能力，热带气旋带来的泥沙可能堵塞珊瑚的呼吸系统而致其死亡；另一方面，气旋风眼所及范围内的珊瑚因风暴和海浪的踩躏，几乎会全部死亡。受到这种侵袭的地区，一般需要几年来恢复原貌，受到严重侵袭的地区甚至需要几十年才能恢复。大堡礁沿海岸人们大量而频繁的商业活动如开矿、捕鱼、航运、工业生产、旅游开发等严重影响了珊瑚生态系统。大堡礁珊瑚生态系统的威胁还来自于生物圈的天敌——海星和鹰嘴鱼。

（二）大堡礁世界自然遗产的保护与创新

大堡礁是人类共同的遗产，若保护和利用不当，这一遗产很容易破坏，一旦破坏短期内将无法恢复，也有可能将永久也不能恢复。在保护大堡礁遗产方面，澳大利亚形成了一套以政府机构牵头，多元化专业人士共同努力，专门研究机构为导向和澳大利亚人民全民参与的全方位保护机制。

从管理体制看，澳大利亚的环境保护机构、法规齐全。澳大利亚在政府的三个层次都设有专门的环保机构，拥有充足的人力资源和资金支持，为生态环境建设和保护提供了条件。另外，澳大利亚政府出台了内容涉及森林保护、污水处理、水质检测及环保行政等多方面的法规，任何违反环保法规的行为都将受到政府的严惩。大堡礁的环境保护更是典范。澳大利亚政府在大堡礁遗产保护方面出台了几十种各式各样的法律法规，对大堡礁的保护做到有法可依。

从保护资金筹措看，澳大利亚以信托基金的方式为遗产保护提供资金保障。自然遗产信托基金是澳大利亚政府设立的，是为世界遗产保护提供资金支持的项目。该基金的目标是保护生物多样性、实现自然资源的可持续使用并开展社区能力建设。作为澳大利亚14处世界自然遗产之一，大堡礁因其独特的价值得到自然遗产信托基金的诸多优惠，自然遗产信托基金为大堡礁的保护发挥了重要作用。

从保护战略看，澳大利亚以规划引领、科学保护为原则，制定了《大堡礁世界遗产区25年战略规划》，该规划为大堡礁世界遗产今后25年的管理和保护提供了一个战略框架，也保证了大堡礁在其后25年内持续、健康的利用和开发。该规划强调大堡礁世界遗产区内的所有利益相关者所关心的问题，也为所有利益相关者在今后25年内如何行事提供了法规基础。这些利益相关者包括政府、土著居民、托雷斯海峡居民、生态保护者、科学团体、旅游者、产业从业者（渔业从业者、海运业从业者、旅游业从业者等）。这一规划强调大堡礁属于每一个人，只有大家齐心协力，才能保证大堡礁的健康和未来。

从保护方法看，大堡礁的保护以国际合作和检测创新为手段。1995年，政府间海洋学委员会与联合国教科文组织共同携手，在世界银行和联合国环境保护署的支持下联合建立了全球珊瑚礁监测网。澳大利亚也推动了大堡礁的珊瑚监测网的建设，为其保护提供了科学数据和研究基础。大堡礁的管理机构对其生态状况进行适时检测，并要发布大堡礁世界遗产报告，而其管理执行效果则由日常管理报告和权威项目评估来实现。

资料来源：邹统钎. 遗产旅游管理经典案例［M］. 北京：中国旅游出版社，2010.

第六章　遗产资源的开发利用

遗产资源保护的目的就是为了传承和开发利用遗产资源，但开发利用遗产资源的方式是多样化的，不同的开发利用方式带来的社会效益、生态效益和经济效益迥异。本章主要介绍遗产资源的开发利用模式和产业化开发的类型。

第一节　遗产资源的开发利用模式

根据不同的分类标准，遗产资源的开发利用模式不同，下面将介绍几种遗产资源的开发利用模式。

一、按遗产资源所在地域划分

按遗产资源所在地域可将遗产资源的开发利用模式分为就地开发模式和异地开发模式。

（一）就地开发模式

由于遗产资源保护要求真实性和完整性，所以遗产资源所在地的环境也是遗产资源价值的重要构成部分。就地开发模式能够很好地体现遗产资源的真实性和完整性，尤其对于自然遗产资源、不可动文物和历史文化名城（镇、村）而言，只能选择就地开发模式。

（二）异地开发模式

异地开发模式是指将遗产资源进行项目策划、组织并到异地展示以获得经济效益和社会效益的开发模式。这种模式适用于可移动的文物和非物质文化遗产资源的开发利用。例如，深圳的中国民俗文化村就是遗产资源异地开发的成功典范，中国民俗文化村占地 20 多万平方米，是中国第一个荟萃各民族民间艺术、民俗风情和民居建筑于一体的大型文化旅游景区。中国民俗文化村内含 21 个民族的 24 个村寨，村寨均按 1：1 的比例建成，从不同角度多侧面地反映了中国丰富多彩的民俗文化。在这里，有"明星村寨"之称的佤寨以剽悍、粗犷的表演"神奇的阿佤山"讲述了原始部落的神秘故事；彝族实景表演"阿诗玛的故乡"以诙谐、幽默的情节演绎着质朴的农家风情；晚上，大型民族服饰舞蹈诗《东方霓裳》以及大型广场艺术《龙凤舞中华》等艺术精品以恢宏的气势将全天的活动推向高潮，营造了一个"中国红磨坊"式的狂欢之夜。中国民俗文化村以"二十四个村寨，五十六族风情"的丰厚意蕴赢得了"中国民俗博物馆"的美誉。

二、按遗产资源的开发主体划分

按遗产资源的开发主体可将遗产资源的开发利用模式分为政府主导式开发模式、企业主导式开发模式和社区主导式开发模式。

（一）政府主导式开发模式

关于政府主导的遗产资源开发模式，还没有一个公认的概念和界定，但关于政府主导的旅游业发展模式却有较多的探讨。唐留雄在《现代旅游产业经济学》中将政府主导模式定义为"按照旅游业自身的特点，在市场配置资源的基础上，充分发挥政府的主导作用，争取旅游业更大的发展"。该定义并未明确指出政府主导的具体内容。章尚正认为政府主导模式是指政府凭借其社会威望、管辖能力与财政实力，在旅游发展中发挥主导作用，主要在以法治旅、政策引导、旅游基本建设等方面发挥作用。该定义虽然明确指出了政府主导在旅游发展中的具体作用，但涵盖内容不完善。黄海将政府主导型旅游业发展模式界定为政府对旅游产业的直接规制，表现为政府以直接的手段干预旅游业，包括建立国家的旅游行政管理机构、旅游基本设施的建设以及对旅游企业发放许可证和实施旅游促销宣传等。世界旅游组织对政府主导模式的界定为一个国家在发展旅游业的过程中，该国政府至少应履行协调、立法、规划与投资四方面的职能；同时至少应完成以下五方面基本目标：一是满足居民享受闲暇和度假权利；二是为旅游者的出行服务；三是推动对旅游业各个领域的开发建设；四是从事社会和文化开发；五是保护自然与环境协调共生。世界旅游组织对政府主导模式的界定是比较明确和科学的。实际上，遗产资源的最大利用形式和可持续发展的利用形式主要是遗产旅游，因此上述的旅游发展政府主导模式同样适用于遗产资源的开发。

政府主导开发模式的特征表现为以下 3 个方面：

（1）政府干预的直接性。政府利用自身的管理优势、资金和权威性，直接干预遗产资源规划开发、市场准入与经营、行业管理体制、法律法规以及宣传促销，以直接规制的方式经营。

（2）政府资金投入巨大。基础设施建设、遗产旅游产品的国际宣传和促销等方面的资金大多来源于政府投资，原因是这些项目投入大、产出慢、风险大，因此政府予以资金支持。

（3）遗产保护和开发政策的全面性。政府在制定遗产资源保护和开发政策时必须兼顾相关部门的利益，协调好各方面关系，确保政策的全面性，促进遗产资源的保护和可持续利用。

例如，目前我国开展的"藏羌彝文化产业走廊"建设工程就是政府主导遗产资源开发的突出例证。由文化部文化产业司牵头，四川、云南、西藏、甘肃、青海、陕西 6 省区文化部门负责人以及国内知名专家、企业代表参与商讨"藏羌彝文化产业走廊"建设问题。2012 年 2 月，文化部发布的《文化部"十二五"时期文化产业倍增计划》已经正式把"藏羌彝文化产业走廊"列为 9 个重大文化产业项目之一，拟在"十二五"期间全力推动实施。据初步估算，"藏羌彝文化产业走廊"重大项目建设总投资约为 110 亿元。文化产业开发必须建立在对当地文化遗产资源和现存文化认识解读的基础上，这不仅包括文化延续和传承，更重要的是让当地居民得到经济上的富足，增强对社会的认同，从而才能达到社会安定和民族团结的目的。

"藏羌彝文化产业走廊"的具体内容是指在四川、西藏、甘肃、青海、云南交界的四川省甘孜藏族自治州、四川省阿坝藏族羌族自治州、甘肃省甘南藏族自治州、青海省黄南藏族自治州、四川省凉山彝族自治州、云南省楚雄彝族自治州、云南省迪庆藏族自治州、西藏自治区的部分地区，以及国家命名的青海"热贡文化生态保护实验区"，陕西省、四川省"羌族文化生态保护实验区"的 6 个省区、7 个自治州、2 个生态区范围内，实施一批具有带动示范作用的文化产业项目，把民族文化资源优势变为经济优势，扩大民族地区就业，促进文化资源的保护和合理利用，用发展文化产业的手段为西部地区经济和社会发展以及民族大团结提供坚实的文化基础和物质条件。

在"藏羌彝文化产业走廊"打造过程中，很多省份都会受到种种制约因素的限制。甘肃省虽然民族文化资源丰富，相关产业也逐渐发展兴起，但是受文化产业外向型、气候条件、经济薄弱等因素的制约，甘肃省"藏羌彝文化产业走廊"的建设依然存在一定难度。有着"万山之宗，万水之源"之称的青海省，是除我国西藏、新疆两个民族自治区之外少数民族人口比例最高的省份，民族文化资源优势明显。目前在青海省热贡地区已经形成了公司加农户的文化产业经营模式。虽然青海省文化产业仍然处于起步阶段，但是借助"藏羌彝文化产业走廊"建设的契机，青海省能否进一步加大资源整合的力度、加大省际合作的力度、加大产品开发的力度、加快旅游和文化的深度融合、加强文化基础设施建设等来更好地促进青海省"藏羌彝文化产业走廊"的建设，仍需各方共同努力作为全国唯一一个全部包含了藏、羌、彝三个民族聚集区的四川省，民族文化资源异常丰富。四川省委省政府先后发布了《关于深化文化体制改革加快建设文化强省的决定》和《四川省人民政府关于加快推进文化产业发展的意见》，不断明确四川省"藏羌彝文化产业走廊"区域的发展思路和目标。近年来，四川省藏、羌、彝民族聚居区域经济的快速发展和日益完善的交通网络也给加快"藏羌彝文化产业走廊"建设提供了坚实的物质基础，四川省的"藏羌彝文化产业走廊"建设已经初见成效。2011 年，四川省阿坝藏族羌族自治州共接待海内外游客 1464.03 万人次，实现旅游收入 123.92 亿元，较 2010 年同期分别增长 72.24% 和 67.96%。尤其在汶川地震灾后重建中，阿坝藏族羌族自治州、甘孜藏族自治州等地产生了一大批文化产业重点项目。以九寨沟环线为中心，香格里拉文化生态旅游区、羌族文化生态保护实验区等多点支撑的"一心、两岸、多点"，集古羌文化展示、民族文化体验、旅游度假休闲为一体的羌文化产业集聚区空间格局基本形成。同样，具有独特优势自然资源和源远流长的民族民俗文化资源的西藏自治区在"藏羌彝文化产业走廊"建设方面先后制定出台了《关于加快自治区文化产业发展的若干意见》、《关于加强自治区文化人才培养和管理的意见》等政策措施，从而为西藏自治区文化产业发展提供了坚实的政策保障。目前西藏自治区已经初步形成了以文化旅游、民族演艺、民族手工艺为基础，以广播影视、文化服务为主体，以高原体育、藏医藏药、特色餐饮等文化经济相关部门为支撑的良好局面，文化经济融合发展的格局初步确立。不同的分布区域、不同的文化形态、不同的组织主体成了制约建设"藏羌彝文化产业走廊"的至关重要的因素。要解决这一制约因素，必须从整体布局出发，将整个项目提升到国家整体战略的范畴，采取政府主导式的开发模式才能更好地实现相关遗产资源的价值。

（二）企业主导式开发模式

企业主导式开发模式是指投资企业对遗产资源的开发利用具有绝对的控制权，企业决定遗产资源的开发方向与方式，往往采取大规模市场化的开发方式，主要的利益与利润流出社区，遗产资源所在地受益较少。

例如，汶川县雁门乡的萝卜寨是成都通往世界遗产地九寨沟、黄龙的必经之地。萝卜寨位居岷江上游高山峡谷区的第四纪冰水堆积的黄土台地上。背依林盘山，前临岷江峡谷，属岷江上游干旱高山、半高山地带，地势起伏较大，沟壑纵横。萝卜寨拥有众多的文化遗产资源和非物质文化遗产资源。整个萝卜寨规模宏大、具有防御外敌入侵的功能，建筑风格独具特色。寨内有新石器彩陶文化遗址、东岳庙遗址、东西汉石棺墓葬群遗址、龙王庙、祭坛等文化遗产。此外，萝卜寨保留有比较完整的羌文化民族风情，拥有丰富的非物质文化遗产资源。萝卜寨的遗产资源开发采用企业主导式开发模式。因为萝卜寨地理位置优越和文化遗产资源丰富，为了分得部分前往九寨沟、黄龙、桃坪羌寨的游客，2006 年四川光大民族文化发展有限公司到萝卜寨投资开发遗产旅游业，租赁土地 15 亩，投资 700 万元用于旅游项目和旅游设施建设。萝卜寨 2006 年全村共接待游客 10 000 多人次，旅游旺季为 5~10 月。村庄实施门票收费制（50 元/人，包括吃住）。由于旅游公司前期投入太大，亏损 70 万元，公司从汶川县城聘用 40 余人从事服务接待工作。而萝卜寨有 10 家"羌家乐"从事餐饮住宿接待，总投资为 50 多万元，全年接待 3 530 人次，直接从事旅游接待的人数为 10 人。这种开发模式使遗产资源开发的利益外溢，社区受益少。

（三）社区主导式开发模式

社区主导式开发模式是指社区对遗产资源的开发利用具有控制权，强调产业链的本地化、经营者的共生化与决策权的民主化。社区主导开发模式要求遗产资源的开发主体是社区政府和居民，他们对本地遗产的价值、内涵具有最深刻的认识，遗产开发产业链的本地化可以使社区获利最大化；经营者的共生化有助于产业链的完善和利益的共享；决策民主化能够保证遗产资源的开发方向，保障利益平均分配给社区居民，从而调动他们参与遗产资源保护和持续利用的积极性。

例如，北京市门头沟爨底下古村，是一座以农业为主、农耕结合、耕读结合的古村落。历史上，爨底下村是京城连接边关的军事要道，也是通往河北、山西、内蒙古一带的必经之路。由于地理位置的重要性，爨底下村成为中国北方东西古驿道上一处繁荣的驿站和货物集散地，村落得到了迅速发展。目前村内共有四合院和三合院 76 套，房屋 656 间，是我国保存较为完整的、北方地区罕见的山村古建筑群，具有历史、艺术、建筑、考古、旅游、社会文化价值，是古村落发展史上的"活化石"。爨底下村是国家 A 级景区、市级文物保护单位、市级民众旅游专业村、中国最具旅游价值古村落和首批中国历史文化名村。爨底下村作为古村落遗产地，兼有文化遗产地和乡村旅游地的双重属性。经过 10 多年来的旅游开发，爨底下村摸索建立了一套独具特色的社区主导的遗产旅游发展模式。依靠社区控制对遗产资源进行合理有效的保护，保障遗产资源的可持续发展和永续利用。全民参与使农民从旅游中受益，从而自觉参与旅游产业实践、促进村落旅游经济的发展，形成遗产旅游产业与农村社区的良性互动。

三、按遗产资源产业化类型划分

按遗产资源产业化类型可将遗产资源的开发利用模式分为遗产旅游业开发模式、文化演艺业开发模式、遗产商品制造业开发模式。

（一）遗产旅游业开发模式

世界旅游组织将遗产旅游定义为"深度接触其他国家或地区自然景观、人类遗产、艺术、哲学以及习俗等方面的旅游"。遗产旅游业是指依托遗产资源对游客的吸引力，为游客提供交通、游览、住宿、餐饮、购物、娱乐等配套设施和服务的综合性产业。

在西方许多发达国家，遗产旅游已经成为当地旅游业的重要组成部分，如英国的遗产旅游业被称为"吸引海外游客的主要力量"。遗产旅游业也是我国旅游业最重要的组成部分。

（二）文化演艺业开发模式

世界各国、各民族都把自己独具特色的戏剧、音乐、舞蹈、曲艺等非物质文化遗产以异彩纷呈的舞台表演形式表现出来，发展成为面向演出市场、从多层次的观众群体中获取社会和经济效益，从而形成文化演艺产业。文化演艺业是文化产业的重要组成部分，也是最具有开发和产品衍生潜力的原始性文化产业。2004年3月，国家在《文化及相关产业分类》中将演艺业正式划入了文化产业行列。文化演艺业作为一种既传统又现代的艺术产业模式，形成了以艺术表演院团、剧场、演出公司协作发展的主导格局。演艺业与旅游、会展、传媒、科技等结合将是大势所趋。国外将文化演艺业分为大众化的文化演艺业和高档的文化演艺业。大众化的文化演艺业容易被观众所接受，相互之间的替代性较强；高档的文化演艺业属于高级的表演需求，必须受过高等教育的人才会领略其中的涵义。文化演出单位也分为三种常见的经营模式，即盈利性的私人企业、非盈利性的私人企业和非盈利性的国有企业。

以遗产资源为依托，狭义的文化演艺产业是指舞台表演，而广义的文化演艺产业还包括影视业（电影、电视剧、动漫）和出版业。

例如，韩国的文化演艺业立足于韩国文化，打造了众多的精品文化演艺产品，在国际市场上具有重要的竞争优势。韩剧在中国的热播和韩版服饰在中国的流行都说明韩国的文化演艺业已经成功影响到了中国。全日本演艺业中共有1000多个私人职业剧团，其中以四季剧团、东宝剧团、松竹剧团和宝冢剧团的经营效益最好，其年收入均在 100 亿日元以上，日本的演艺业也成为日本经济增长的重要支柱之一。

（三）遗产商品制造业开发模式

在讨论遗产商品制造业之前，必须先了解旅游商品的概念。旅游商品的概念十分宽泛，旅游纪念品只是其中之一。旅游商品是指具有本国或本地区特色和文化特点、具有一定知名度、让旅游者愿意掏钱购买的商品。例如，瑞士的军刀、手表，法国的香水、化妆品，意大利的服装、服饰，美国的时尚产品、电子消费品，日本的数码产品等。

遗产商品制造业是指依托区域遗产资源特点，挑选具有一定知名度的遗产资源，进行研究和开发成为旅游商品的产业化过程。尽管中国文化底蕴深厚、工艺技术多样、制造能力强大，但是却处在遗产商品品种众多而少有品牌，数量庞大而少有精品的境地。

四、按遗产资源集聚程度划分

按遗产资源集聚程度可将遗产资源的开发利用模式分为散点式开发模式和集聚式开发模式。散点式开发模式是指按遗产资源的自然分布状态进行零星开发利用的模式；集聚式开发模式是指依托高品质和高知名度的遗产资源进行深度开发或将其他的遗产资源集聚到此开发，形成遗产资源开发的产业园区或集聚区，常见的形式有旅游产业园区、文化产业园区或文化旅游产业园区。

随着文化产业园区在西方城市的发展，许多专家和学者将文化产业园区界定为具有明显的地理区域，文化产业和设施高度集中的地方。文化旅游产业园区是文化产业园区的一种，是聚合了会展、文化旅游、工艺美术、创意设计、文化演艺、娱乐、网络文化、数字产品制作，以及与相关服务等文化旅游产业门类活动的园区。园区内文化旅游业是基础，在吸引游客发展文化旅游业的基础上，聚合发展其他文化产业形态。按功能分类，文化产业园区可分为产业型文化产业园区、机构型文化产业园区、博物馆型文化产业园区和都市型文化产业园区。

例如，以中国苏州刺绣研究所有限公司为研发龙头，以姚建萍刺绣艺术馆等为展示机构，以镇湖绣品街等为生产基地的苏州刺绣文化产业集聚区。目前，镇湖刺绣产业从业人员达 12 000 多人（总人口 2 万多人），刺绣收入达到人均收入的 70%，刺绣成为了农民持续增收的重要途径，成为广大农民创业、就业的平台。镇湖的刺绣产业包括刺绣设计、生产、销售及与其配套的电脑印花、花线、木工工艺等。其中，年销售产值超过 150 万元、具有一定规模的刺绣企业有 30 多家，由此还催生了一批油漆、包装、运输等相关行业。由于成效显著，镇湖先后被授予"全国妇女就业创业示范基地"、"苏州市促就业创业示范镇"、"苏州市创业孵化基地"等荣誉称号。镇湖刺绣"无烟工业"富民的科学发展模式，得到了各级领导和专家的充分肯定，也得到游客的青睐，目前每年到镇湖绣品街观光旅游购物的游客超过 30 万人次。

第二节　遗产资源的产业化开发

遗产资源的产业化开发主要有三种形式：遗产旅游业、文化演艺业、遗产商品制造业，本节将分别对其进行阐述。

一、遗产旅游业

从遗产资源旅游产品化的角度看，遗产旅游业主要包括遗产景区类型、博物馆类型、主题公园类型三种类型。

（一）遗产景区类型

遗产景区类型包括自然遗产景区、文化遗产景区和非物质文化遗产景区。例如，由美景中国网评出的 2011 年百强景区中，绝大多数景区都属于遗产景区（见表 6-1）。

表 6-1　　　　　　　　　　2011 年百强景区中的遗产景区

排名	景区名称	2011 年度旅游接待人数（单位：万人次）	所在地
2	北京故宫博物院	1350	北京
4	北京颐和园	1160	北京
5	北京大坛公园	980	北京
7	八达岭长城	803	北京
8	韶山	790	湖南
9	井冈山	670	江西
10	庐山	661	江西
11	张家界武陵源核心景区	616	湖南
12	凤凰古城	590	湖南
13	圆明园国家考古遗址公园	580	北京

表6-1(续)

排名	景区名称	2011 年度旅游接待人数（单位：万人次）	所在地
14	普陀山	579	浙江
15	黄果树瀑布	570	贵州
16	峨眉山—乐山大佛	535	四川
17	秦始皇帝陵博物院（兵马俑）	527	陕西
18	乌镇	525	浙江
19	明十三陵	505	北京
20	衡山	503	湖南
21	九华山	480	安徽
22	三清山	466	江西
23	泰山	459	山东
24	云台山	450	河南
25	茅山	437	江苏
26	曲阜三孔旅游区	426	山东
27	三亚天涯海角游览区	418	海南
28	灵隐飞来峰	413	浙江
29	天目湖旅游度假区	411	江苏
30	青城山—都江堰	410	四川
31	西溪湿地	370	浙江
32	五台山	358	山西
34	武当山	354	湖北
35	周庄古镇	350	江苏
37	瘦西湖	346	江苏
39	丹霞山	343	广东
40	同里古镇	340	江苏
41	丽江古城	339	云南
42	西塘古镇	334	浙江
43	杭州宋城	332	浙江
44	漓江	330	广西

表6-1(续)

排名	景区名称	2011年度旅游接待人数（单位：万人次）	所在地
45	云南石林	320	云南
46	华清池	310	陕西
47	星湖	302	广东
48	天柱山	298	安徽
49	灵隐寺	296	浙江
50	灵山大佛	293	江苏
51	常州春秋淹城旅游区	290	江苏
52	九寨沟	282	四川
54	雁荡山	275	浙江
55	黄山	274	安徽
56	嵩山	270	河南
57	野三坡	265	河北
58	玉龙雪山	261	云南
59	武夷山	252	福建
60	烟台龙口南山	246	山东
61	拙政园	245	江苏
64	崂山	220	山东
65	洛阳龙门石窟	210	河南
66	千岛湖	208	浙江
67	印象丽江	201	云南
70	华山	191	陕西
71	中原大佛—尧山	190	河南
72	湄洲岛风景区	188	福建
73	平遥古城	186	山西
74	黄龙	184	四川
75	大理崇圣寺三塔	180	云南
76	庐山西海	178	江西
77	宜昌三峡大坝景区	175	湖北

表6-1（续）

排名	景区名称	2011年度旅游接待人数（单位：万人次）	所在地
78	黄鹤楼	172	湖北
79	蓬莱阁	170	山东
80	沙家浜	168	江苏
81	开封清明上河园	165	河南
83	甪直古镇	158	江苏
84	巫山小三峡	156	重庆
85	天山天池	153	新疆
87	印象·刘三姐实景演出	150	广西
87	盘山	150	天津
89	塔尔寺	143	青海
90	长白山自然保护区	142	吉林
90	法门寺	142	陕西
92	绵山	140	山西
93	宜昌三峡人家风景区	135	湖北
93	承德避暑山庄	135	河北
95	大唐芙蓉园	133	陕西
96	皇城相府生态文化旅游区	132	山西
97	白洋淀	130	河北
98	台儿庄古城	129	山东
99	三亚蜈支洲岛	128	海南
100	黄帝陵	128	陕西

资料来源：http://www.meijing001.com/index.php/Baiqiang/index/id/34.html.

（二）博物馆类型

　　博物馆是征集、典藏、陈列和研究代表自然和人类文化遗产的实物的场所，并对那些有科学性、历史性或者艺术价值的物品进行分类，为公众提供知识、教育和欣赏的文化教育的机构、建筑物、地点或者社会公共机构。截至2011年年底，我国登记注册的博物馆数量有3589个，其中统计在册的民办博物馆有400多家（加上未正式注册的数量已近千家），博物馆数量增长快，反映了人们对这种形式的遗产旅游产品需求大。博物馆的类型包括历史类、艺术类、科学与技术类、综合类四类。

（三）主题公园类型

这里的主题公园是指依托遗产资源而建设的主题公园。目前，我国有 2500 多个主题公园，其中很多主题公园的题材都是以文化遗产资源或非物质文化遗产资源为背景而建设的。例如，大唐芙蓉园（Tang Paradise）是依托西安深厚的唐文化内涵而打造的中国第一个全方位展示盛唐风貌的大型皇家园林式文化主题公园。它拥有全球最大、最先进的水火景观表演，以及国内最长的唐文化长廊和《梦回大唐》大型歌舞。它是中国第一个五感（视觉、听觉、嗅觉、触觉、味觉）公园，是世界最大的户外香化工程。在历史上，芙蓉园就是久负盛名的皇家御苑。今天的大唐芙蓉园建于原唐代芙蓉园遗址上，以"走进历史、感受人文、体验生活"为背景，展示了大唐盛世的灿烂文明。又如，依托中国的非物质文化遗产资源，在四川成都建造了国内唯——个非物质文化遗产主题公园。整个主题公园占地 4897 亩，主题公园将分 3 期建成，总投资预计 20 亿元。主题公园由 10 个聚落（中国民俗风情聚落、中国民间工艺聚落、中国民间美术聚落、中国中医药聚落、中国地方戏剧聚落、中国曲艺聚落、中国民间文学聚落、中国传统竞技聚落、中国民间音乐聚落和中国民间舞蹈聚落，每一个聚落都代表一种类别），以及"八百工程"（百卷楼、百工坊、百戏城、百草堂、百趣园、百闲河、百味街、百客栈等）和其他部分组成。

二、文化演艺业

本书从广义的角度介绍文化演艺产业，包括狭义的文化演艺产业、影视业和出版业。

（一）文化演艺产业

狭义的文化演艺产业按其载体可分为广场类演艺产品、实景类演艺产品、剧场类演艺产品和其他演艺产品。

1. 广场类演艺产品

广场类演艺产品包含主题公园类和广场巡游类两种。前者是指依托遗产资源的文化特色，在主题公园内开展的，以吸引游客为主要目的，注重游客的体验性和参与性的演艺活动。例如，1998 年由深圳世界之窗推出的大型音乐舞蹈史诗《创世纪》，以世界文化为主题，再现了世界文明发展史上古中国、古埃及、古巴比伦、古印度、古希腊最辉煌的篇章，展示了人类文明发展的壮阔历程。后者是一种行进式队列舞蹈、彩车、服饰、人物表演，以深圳中国民俗文化村的"中华百艺盛会"游行为代表。该类演出一般与节庆相结合，在景区或街道进行。上海从 2002 年开始举行的上海旅游节花车巡游也属于这类演艺的范围。

2. 实景类演艺产品

实景类演艺产品十分注重演出目的地的选择，突破了传统舞台表演带来的空间限制，将真实的自然环境和自然元素融入到演出中，使其具有不可复制性。实景类演出现场注重运用高科技元素，对当地民俗风情、神话传说等文化遗产资源进行全面的诠释和表演，从而给观众带来独特的体验。实景演出的概念是由《印象·刘三姐》的演出而诞生的。《印象·刘三姐》以阳朔方圆 2 平方千米的漓江水域为舞台，以 12 座山峰和广袤的天穹为背景，融入刘三姐经典山歌、广西少数民族风情、漓江渔火等元素，配以变幻莫测的灯光，在漓江山水间展现出生动的艺术画面。《印象·刘三姐》的成功，带动了国内实景演出的热潮。之后，丽江推出的《印象·丽江》雪山篇、杭州打造的《印象·西湖》都属于此类演出。

例如，在浙江横店影视城投入巨资倾情打造的《梦幻太极》，是全球最大的火山实景演出。《梦幻太极》以"太极"元素表现《易经》中的"和"文化，阐释人与自然、人与万物之间或相斥或相融的关系，具象地演绎了"和则两利，斥则相残"与"和生万物"的和谐理念。《梦幻太极》以火山爆发为背景，运用多媒体、激光等高科技手段，用舞蹈、杂技、魔术、影视特技等表现形式，以炫目的服装、曼妙的舞姿、震撼的音乐、梦幻的色彩，为广大中外观众呈现了一台精彩绝伦的艺术盛宴，让观众在惊喜欢乐的氛围中领略中国博大精深的《易经》文化。

3. 剧场类演艺产品

剧场类演艺产品主要是指在剧场内进行演出的演艺节目。与实景类演出相比，剧场类演出对目的地没有太大的依赖性，但剧场类演出通常会受到空间的限制。为了保证演出效果，剧场类演出通常对舞台设施和设计的要求很高，这就意味着剧场类演出需要高投资成本。剧场类演出一般都可以形成驻演和巡演的双重模式。从剧场的区位看，主要包括旅游目的地剧场和城市剧场两类。

我国许多知名旅游目的地都开发了剧场类演艺产品，如杭州宋城的《宋城千古情》、昆明的《云南映象》、丽江的《丽水金沙》、上海的《时空之旅》、成都的《金沙》等。其中，《云南映象》是一台既有传统之美，又有现代之力的舞台新作，将云南原生的、原创乡土歌舞精髓和民族舞经典等非物质文化遗产全新整合重构，以独创性、经典性、实验性的原则，在舞台上建造一座活动的民间歌舞艺术博物馆。从 2003 年 8 月在昆明开始公演以来，《云南映象》受到了全国乃至世界各地观众的追捧。《云南映象》除了在国内 56 个城市巡演外，还在美国、日本、阿根廷、巴西、澳大利亚等 10 余个国家进行了巡演。截至 2011 年 8 月，《云南映象》共进行了 2489 场演出，平均每年演出 310 场。

4. 其他演艺产品

其他演艺产品是指以上几种类型演艺产品无法涵盖的文化演艺产品。例如，将演出和餐饮融为一体的"宴舞"类的演出产品，西安唐乐宫的《仿唐乐舞》、《藏王宴舞》以及吉鑫宴舞《木府古宴秀》等都是"宴舞"的代表作品。

（二）影视业

影视业是指利用遗产资源景观取景或依托遗产资源的文化内涵而拍摄电影、电视节目和制作动漫等产业化开发活动。

我国幅员辽阔，历史悠久，民族众多，有着丰富的风景资源和深厚的文化底蕴。我国的自然遗产资源、文化遗产资源和非物质文化遗产资源都具有鲜明的地域性、民族性和多样性，是我国影视业不断发展的源泉。影视业对遗产资源的利用包括两种类型：一种是取景，另一种是提取与使用遗产资源的文化内涵。

1. 取景

我国很多影片的外景拍摄地都取景于遗产地，遗产地的自然景观和文化遗产能为影片增色不少。例如，曾在世界遗产地九寨沟取景的电影和电视剧有《自古英雄出少年》（1983 年）、《西游记》（1982—1988 年）、《英雄》（李连杰主演）、《神话》（成龙主演）、《神雕侠侣》（张纪中版）等。电影《大武当之天地密码》是近年来第一部在世界文化遗产地武当山进行实景拍摄的动作电影，武当山的武学氛围和绝美的自然景色为电影增色不少。同样，电影《让子弹飞》很多场景中的碉楼和骑楼均取景自开平自力村的马降龙碉楼群，这些碉楼被第 31 届世界遗产大会列入《世界遗产名录》。

2. 提取与使用遗产资源的文化内涵

浙江省在对遗产资源文化内涵的提取和使用上做出了积极的探索。1926—2006 年，非物质文化遗产"白蛇传传说"以电影、戏曲电影、电视剧、动画片等不同影视方式被搬上银屏，其中电影 11 种、电视剧 6 种。同样，以非物质文化遗产"梁祝传说"为主题的影视作品有电影 7 部、电视剧 3 部（1954—2008 年）。2006 年，浙江广电集团开始拍摄 10 集大型纪录片《西湖》，该片主要不是表现西湖的自然风光，而是围绕西湖的文化，以情景再现等方式发掘江南文化的深厚底蕴。该片于 2009 年完成，并在浙江卫视播放。纪录片中还通过"红顶商人"胡雪岩展示了胡庆余堂中医文化，通过西泠印社展现了金石篆刻，通过西湖龙井展现了绿茶制作技艺等非物质文化遗产资源。此外，2006 年浙江省还拍摄了《小货郎大生意》、《十里红妆》、《寻石记》、《廊桥遗梦》、《龙泉青瓷官窑之谜》等反映非物质文化遗产资源的节目。上述节目不仅取得了市场的成功，在遗产资源记录、宣传和保护方面也起到了积极的作用。

此外，遗产资源文化内涵在动漫产业中也发挥着重要的作用。以日本为例，日本是个动漫大国，但其动漫创作中应用了大量的中国文化遗产资源的内涵，选材主要包括古典名著、民间神话传说和民俗演义、小说。我国的四大古典名著《西游记》、《三国演义》、《水浒传》、《红楼梦》在日本都有被改编的动漫作品。改编次数最多的是《西游记》，改编后的动漫作品主要有《我的孙悟空》、《七龙珠》、《最游记》、《爆笑西游记》、《悟空道》、《大猿王》、《猿王五九》、《孙悟空》、《东游记》等。中国四大民间传说《牛郎织女》、《孟姜女》、《梁祝》和《白蛇传》，民俗演义、小说如《封神演义》、《殷周传说·太公望传奇》等题材也是日本动漫创作的重要源泉。

近年来，中国元素也被不断引入美国的动漫作品中。从1998年由美国迪斯尼出品的《花木兰》到2012年梦工厂制作的《功夫熊猫》，好莱坞在制作关于中国元素的动画电影中下足了功夫，将中国人耳熟能详的英雄搬上了世界大银幕，并在商业上取得了巨大的成功。

（三）出版业

笔者进入亚马逊网上书店输入"遗产"这一关键词，搜索出3456条记录；进入中国国家图书馆，在"所有字段"中输入"遗产"，检索出5538条记录，其中包含音像资料库345条记录。从出版物的年份分布看，2003年以前关于遗产的出版物数量非常少，但随着人们对遗产关注度的提高，2003年以后的出版物数量大增，其中2009年的出版物数量达到658件（见图6-1）。

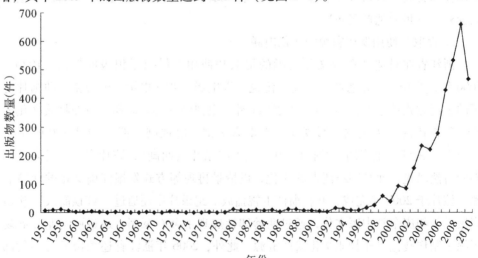

图6-1 中国国家图书馆馆藏"遗产类"出版物的年度分布图

从出版物的关键词看，涉及文化遗产、自然保护区、非物质文化遗产、文化遗址、宗教石刻、闽剧等48个关键词，其中出版物关键词排名前五位的是"文化遗产"（706次）、"名胜古迹"（320次）、"自然保护区"（206次）、"非物质文化遗产"（77次）、"民间故事"（69次）。

从出版物的格式看，有专著（2657部）、学位论文（616部）、电子资源（275部）、视频资料（62部）和期刊（26部）等形式。

上述数据表明，以遗产为主题或关键词的出版物不断增多，一方面，出版物本身就是遗产资源的开发利用方式之一；另一方面，出版物也是遗产知识传播的重要途径，有利于提高对我国遗产资源价值的认识、保护和传承。

三、遗产商品制造业

如前所述，遗产商品制造业是指依托区域遗产资源特点，挑选具有一定知名度的遗产资源进行研究和开发，使之成为旅游商品的产业化过程。在一定意义上，几乎所有的遗产资源地都进行了一定程度的遗产商品化开发，只是开发的产品粗糙，类型和档次单一，商品的同质化严重。

以世界自然与文化双遗产峨眉山为例，在峨眉山景区形成了报国寺景区、万年寺清音阁景区和金顶景区三大旅游商品购物区，出售的商品主要为中药材、灵猴玩具和佛珠等。峨眉山最有名的遗产商品是峨眉灵猴玩具和茶叶。灵猴玩具的制作工艺粗糙，观赏价值和收藏纪念价值低。峨眉茶叶的品种多，具有便于携带的特点，但价格偏高。其中，竹叶青茶业有限公司推出的四川印象系列将茶叶和四川蜀锦艺术（川剧脸谱）融合在一起，是个创新之举。

根据峨眉山城市休闲旅游产业布局，可合理规划建设旅游购物中心（街），形成旅游购物中心（街）、旅游景区购物点、酒店购物店等多种购物场所，开发和销售以下具有峨眉山特色的旅游商品：

（1）植物系列。以峨眉山名花名草为主，开发女士饰品及家居饰品，如利用杜鹃花、珙桐花、报春花、兰花制作干花产品，依其形状制作耳坠、项链、胸针等，还可制作植物标本和家居饰品。

（2）动物系列。利用峨眉山珍稀动物的原型，开发动物标本、动物杯盘、领带夹、笔筒、音乐盒、鼠标垫等。

（3）茶叶系列，如峨眉雪芽、仙芝竹尖、竹叶青等。

（4）中药材系列，如川贝、杜仲、黄连、牛膝、天麻、峨参。

（5）宗教文化商品系列，如开发佛牙、御印、贝叶经的仿制品。

（6）景观系列。以峨眉新十景（金顶金佛、万佛朝宗、小平情缘、清音平湖、幽谷灵猴、第一山亭、摩崖石刻、秀甲瀑布、迎宾滩、名山起点）和旧十景（圣积晚钟、萝峰晴云、灵岩叠翠、双桥清音、白水秋风、洪椿晓雨、九老仙府、象池月夜、大坪霁雪、金顶祥光）以及四大奇观（日出、圣灯、佛光和云海）为蓝本，将这些景观图制作为系列明信片、邮票、信封、画册等进行专柜销售，并可根据客源印制为不同语种，以方便外国游人的购买和使用。

复习思考题

1. 按开发主体不同分类，遗产资源的开发模式有哪些？
2. 遗产资源的产业化类型有哪些？

参考文献

［1］陈叶萍. 基于价值链的国内旅游演艺企业核心竞争力研究［D］. 上海：上海师范大学，2010.

［2］李笑寒. 日本动漫创作中的中国传统文学题材研究［D］. 上海：华中师范大学，2008.

［3］陈加林. 旅游业与区域发展关系研究——四川的实践与探索［M］. 北京：中国旅游出版社，2013.

延伸阅读

为中国形象而设计——第四届全国旅游纪念品设计大赛

党的七届六中全会通过的《中共中央关于深化文化体制改革推动社会主义文化大发展大繁荣若干重大问题的决定》标志着中国的文化改革发展进入了一个新的历史阶段，建设社会主义文化强国、实现中华文化繁荣兴盛的任务历史性地摆在了中国人民的面前。我国旅游业已成为经济支柱产业之一，旅游纪念品是传播中国文化的载体，旅游文化建设是中国文化事业、产业建设中的一部分。

在成功举办三届全国旅游纪念品设计大赛的基础上，为进一步提升中国旅游纪念品的设计水平，挖掘继承中华民族5000年灿烂文化，创造开发具有我国本民族文化特色的旅游纪念品，体现中国高度文化自信，为我国的旅游文化事业服务。中国工艺美术学会决定继续开展"为中国形象而设计——第四届全国旅游纪念品设计大赛"的设计文化活动。

一、设计主题——"为中国形象而设计"

本次大赛一方面要围绕"为中国形象而设计"的主题，致力于弘扬中国元素，突出时尚特点，倡导原创；另一方面还要求参赛者对设计作品的概念性、便携性、时代性、市场性、工艺性、功能性、纪念性、地域性、系列性和整体性等方面予以综合考虑，并结合传统工艺优势，将绿色环保概念纳入设计。

二、项目类型

（一）自选类

（1）景区旅游纪念品。

（2）城市旅游纪念品。

（二）专题类

（1）为"北京礼物"而设计。

（2）为"古城漫游记"动画片衍生旅游品而设计。

三、征集对象

国内（含我国港、澳、台地区）高等院校在校研究生、本科生、大专生、进修生和社会团体设计机构以及专业设计单位。

四、奖项设置

（一）景区旅游纪念品设计奖

（1）金奖：1名。

（2）银奖：2名。

（3）铜奖：5名。

（4）优秀奖：20名。

（5）入围奖：60名。

（二）城市旅游纪念品设计奖

（1）金奖：1名。

（2）银奖：2名。

（3）铜奖：5名。

（4）优秀奖：20名。

（5）入围奖：60名。

（三）"北京礼物"设计奖及奖金

（1）金奖：2名。

（2）银奖：8名。

（3）铜奖：15名。

（4）优秀奖：60 名。

（以上获奖作品经承办单位向北京工美集团有限责任公司推荐，如被采用，该公司将给作者颁发 2000~10 000 元奖金及证书）。

（四）"古城漫游记"衍生旅游品设计奖及奖金

（1）金奖：1 名。

（2）银奖：2 名。

（3）铜奖：5 名。

（以上获奖作品经承办单位向山水笛声动画设计（北京）有限公司推荐，如被采用，该公司将给作者颁发 2000~10 000 元奖金及证书）。

（五）组织奖、指导奖、全场设计大奖

（1）优秀组织奖：10 名。

（2）优秀指导奖：50 名。

（3）全场设计大奖：1 名。

五、参赛要求

（1）提交作品的要求。

① 每件作品均须提交 A4（210 毫米×297 毫米）规格彩色效果图一份，无须装裱，但在提交时不可折叠；将填好的参赛表格粘贴在背后。

②带有包装设计的作品，提交的彩色效果图要体现两个内容，一个内容是作品没有进行包装的状态；另一个内容是作品包装后的状态。

③ 本次大赛不接受作品实物，作品实物制作完成后必须拍摄照片，然后提交经精心排版后的电子文件。

④ 提交刻入光盘的电子制作稿一份，质量不低于 300dpi，存储格式为 TIF（CMYK 模式）或 JPG 格式，并在光盘表面清晰标注作者的姓名与电话号码等联系方式。

（2）作品及光盘请以邮递形式提交，为了避免参赛作品在邮寄途中遭损坏，建议采取较牢固的包装方式。组委会对在邮寄途中遭到损坏的作品概不负责。

（3）为保证大赛评奖公平、公正，所有参赛作品正面不得出现作者所在院校及作者的名称。

（4）本年度大赛无须交纳参赛费用。

（5）所有参赛作品概不归还，请作者自留备份。

六、征稿日期

2012 年 6 月 1 日—2012 年 11 月 30 日（以邮出地的邮戳为准）。

七、作品出版与学术论坛

优秀作品将编入作品集，凡获奖者将获得一本精美作品集。获奖者代表将被组委会邀请参加颁奖仪式和"旅游品设计教育专题学术论坛"。同时组委会将组织开展作品展览展示等交流活动。

八、版权事项

参赛者的参赛作品必须是参赛者本人原创的作品，如作品发生知识产权或版权纠纷等，组委会将取消其参赛资格，并由参赛者承担后果。参赛者应保证主办机构不会因使用参赛作品而产生任何版权或知识产权纠纷。参赛者认可主办机构对参赛作品拥有收藏、宣传的权利，拥有展览、发行（含电子出版）并由此获取收益的权利。专题设计被采用将由相关协办企业给作者颁发奖金，该作品的知识产权归该企业所有。本参赛规则解释权归第四届全国旅游纪念品设计大赛组委会。

九、大赛结果

第四届全国旅游纪念品设计大赛得到了来自全国本科院校、高职院校、企业、行业协会的大力支持和响应，共收到100余所院校（单位）参赛作品共计2000余件（套）。经专家评委会的初评和最终评审，首都师范大学的《视觉新北京——旅游研发设计（杯子、折扇、手抄本、T恤衫、丝巾等系列）》、北京工业大学艺术设计学院的《天坛"祈年殿"个人餐具组》、北京林业大学的《傩戏表情——文具盒子收纳》、北京电子科技职业学院的《印章系列》作品分别荣获"北京礼物"、"城市旅游纪念品"、"景区旅游纪念品"、"古城漫游记"设计金奖。北京林业大学等10所院校获优秀组织奖，北京工美集团有限责任公司等3个单位获特殊贡献奖，北京电子科技职业学院李颖等44名教师获优秀指导教师称号。大赛作品呈现了地域文化特色明显、紧扣游客需求、创新性强、作品向产品转化性强等特点。来自艺术设计院校、设计机构、设计者的创意设计作品能够通过与企业合作成为产品、商品，让旅游纪念品设计大赛切实助推中国旅游商品开发。

本次大赛所有获奖作品在2013年5月的北京国际服务贸易交易会（"京交会"）和浙江义乌举办的中国国际旅游商品博览会中进行展览和推介。

资料来源：http://www.design.cn/html/97/n-3497-3.html.

第七章　自然遗产资源的开发利用

开发、保护与可持续发展是遗产资源的永恒话题。保护遗产强调保护遗产的真实性与完整性，开发遗产注重遗产的特有的社会价值和经济价值。遗产资源开发最重要的方式就是旅游开发，如何处理好开发建设与资源保护、发展旅游与维护生态环境的关系呢？国内外许多学者都从管理体制、立法、科技手段的应用等方面对自然遗产资源的保护进行了大量研究。本章主要从开发利用角度阐述自然遗产资源的利用状况和创新性开发，目的是为了自然遗产资源的保护和永续利用。

● 第一节　自然遗产资源的开发利用现状

当前，自然遗产资源的开发利用的主要形式为自然遗产旅游和科学研究两大方面。本节将对不同类型的自然遗产资源的开发利用现状进行介绍。

一、世界自然遗产的开发利用现状

（一）国外世界自然遗产的开发利用现状

世界自然遗产是大自然创造的瑰宝，做好其保护与利用工作，有利于实现可持续发展。

美国对世界自然遗产的利用主要体现在两个方面：一方面是利用世界自然遗产的社会功能，另一方面是重视以资源保护为前提的可持续旅游的开发。

世界自然遗产的社会功能的利用主要体现在以下两个方面：

（1）重视对国家公园员工和社会公众的教育。通过当面讲解、讲座、书面咨询、电话问询或电传、电子邮件等方式与全体员工和社会公众保持联系与沟通；采用各种正式或非正式的室内外展示、出版物、多媒体等方式来增进社会公众对公园价值和资源的理解。讲解和教育形式的多种多样，为公众了解公园地质演变、野生动物等提供了有效的教育途径。

（2）重视对国家公园的科学研究。研究内容包括国家公园的考古、植物区系、动物区系、水生态系统等。例如，美国黄石公园从 1871 年就开展了正规的科学调查，近几年公园每年批准 250~300 个科研项目，其中大约 50% 的项目是由大学的教授或与大学密切相联系的研究人员主持或监督完成，近 25% 的项目由私人基金会、企业或个人完成，其余的项目由公园的工作人员或其他的政府机构的科研工作者完成。科学研究成果反过来将丰富、更新公众教育的内容。在美国完善的管理体系和法律法规保障下，其国家公园资源保护与可持续旅游发展相得益彰。以黄石公园为例，黄石公园 2000 年共接待游客 283.82 万人次，到 2012 年接待游客量 344.77 万人次，年均增长 1.79%。近年来，黄石公园的游客接待量呈现缓慢增长趋势。从黄石公园基金会的财政统计数据看，2011 年 7 月 1 日至 2012 年 6 月 30日期间，黄石公园基金会的总收入为 590.21 万美元，收入来源有销售纪念品、公司或个人捐资、政府补贴、活动和投资收入，支出为 587.08 万美元，支出包含野生生物保护、游客体验提升、文物保护、教育、管理等方面。

（二）我国世界自然遗产的开发利用现状

1. 我国世界自然遗产的开发利用存在的问题

我国是名副其实的世界遗产大国，但是在世界自然遗产资源的保护和利用中存在以下问题：

（1）对世界自然遗产的认识存在偏差，将"申遗"当成"生意"做。世界自然遗产是大自然创造的瑰宝，是留给人类的宝贵财富。我国一批世界自然遗产地申报成功后知名度大增，游客蜂拥而至，取得了显著的经济效益。一些地方的领导对自然遗产的认识存在严重的偏差，将自然遗产这种不可再生的资源完全等同于一般的经济资源而且视为无成本的经济资源，以游憩价值完全取代其科学研究价值、环境价值和非使用价值，于是把"申遗"当成"生意"来做。世界自然遗产被当成地方的金字招牌和开发商的摇钱树，市场化的运作、商业化的经营，致使世界自然遗产地遭受不同程度的损失。

（2）多头管理导致权属不清，职责不明。我国在加入《保护世界文化和自然遗产公约》之前就有风景区、名胜古迹、森林公园等自然遗产资源分类方法和保护利用体系，但一直存在政出多门的问题。现在世界自然遗产地范围内，更有遗产和风景名胜区、文物保护单位、森林公园、自然保护区等类型的资源遗产地重叠，造成权属不清、职责不明的问题。

（3）规划制订和执行不力。按照《保护世界文化和自然遗产公约》的要求，尽管我国每个世界自然遗产地都有规划方案，但在利益驱动下，遗产地并没有严格按规划方案执行，同时一些规划设计方案也没有严格按照保护与利用协调发展原则对世界自然遗产地进行科学规划。我国世界自然遗产的开产利用中，在核心地带均存在不同程度的过度城市化和商业化倾向。

2. 我国世界自然遗产的开发利用的主要表现形式

我国世界自然遗产的开发利用的主要表现形式有遗产旅游和科研基地两种。

（1）遗产旅游。我国世界自然遗产资源的最大利用方式为旅游，表7-1列举了世界自然遗产地和双遗产地2012年的游客接待量情况，从表中可以看出绝大多数的遗产地游客接待量都很大，游客量最多的为江西三清山，其次是峨眉山—乐山大佛，而最少的为云南澄江帽天山化石地，约为1.0万人次。遗产旅游体现的是其游憩功能、教育功能和经济功能。

云南澄江帽天山化石地于2012年7月申报世界自然遗产成功，申遗成功后许多游客慕名而来，但景区的各类设施不足限制了遗产地的旅游发展。当前规划要在帽天山化石地进行宏大的旅游开发。云南师范大学的专家组已经编制完成了《澄江帽天山化石地世界自然遗产旅游项目策划方案》，方案里提出以展示地球演化及生物进化过程特别是寒武纪生物大爆发为主线，以场景再现和经历体验为突破口，开发休闲娱乐、科普、科考、科研、修学、会议（科研类）等不同层次的遗产旅游产品。规划建设的大项目如下：

①寒武纪化石遗产公园。以展示帽天山世界自然遗产价值为主题，以科考科普旅游为主要旅游产品，以乡村旅游、山地休闲游憩为辅助性旅游产品。包括帽天山世界自然遗产提名地及缓冲区，以及在啰哩山附近向东的拓展部分，建设用地不进入提名地。

②寒武纪文化娱乐产业园。集寒武纪主题大型现代娱乐业、寒武纪主题工艺品研发中心、寒武纪化石研究中心、寒武纪影视动漫研发中心、旅游房地产及其他休闲度假会议等产业于一体的综合性的大型产业园集群体。两项目投资估算为123.5亿元，建设周期为2~3年。其中，寒武纪化石遗产公园项目投资规模估算为3.5亿元，寒武纪文化娱乐产业园投资规模估算为120亿元。但是，作为澄江帽天山化石地的发现者——云南大学教授、中国科学院南京古生物所原研究员侯先光认为澄江化石地最重要的是维持现状，保护是第一位的，旅游开发一定要小心，不宜在里面动工程，在18平方千米的保护区内，修路、建停车场都要慎重。

表 7-1　　　　我国世界自然遗产地（含双遗产）2012 年游客接待量

编号	名称	旅游人次（万人次）
1	湖南武陵源核心景区	346.0
2	黄龙	231.2
3	九寨沟	363.9
4	云南"三江并流"（福贡县）	19.1
5	四川大熊猫栖息地（四姑娘山）	13.6
6	中国南方喀斯特（云南石林）	335.0
7	江西三清山	611.3
8	中国丹霞（广东丹霞山）	345.0
9	云南澄江帽天山化石地	1.0
10	泰山	492.0
11	黄山	301.0
12	峨眉山—乐山大佛	607.0
13	武夷山	304.0

注：云南澄江帽天山化石地游客接待量为 2012 年 7 月至 2013 年 6 月的统计数据。

（2）科研基地。从世界自然遗产的科研价值体现看，本书从出版的学术论文、科研项目以及出版书籍作为统计指标，初步分析世界自然遗产资源的科研价值。截至 2013 年 9 月 29 日，在中国知网上搜索的结果如表 7-2 所示，全文含有"世界自然遗产"的文献数量为 11 396 条记录，其中期刊论文为 5775 条记录、硕士与博士论文为 1833 条记录、会议论文为 477 条记录、报纸论文为 3311 条记录。国家自然基金关于遗产研究的项目共 71 项，其中旅游类的 13 项都是关于自然遗产地的研究，而遗产类的大多数为文化遗产研究。从出版书籍来看，关于自然遗产的图书有 949 种，电子书有 214 种。

表 7-2　　　　　　　　世界自然遗产的科研价值体现

论文			
检索标准 （中国知网）	期刊论文记录 （条）	博士与硕士 论文记录（条）	会议论文 记录（条）	报纸论文 记录（条）
篇名/题名	239	28	29	133
关键词	897	57	73	2698
全文	5775	1833	477	3311

表7-2(续)

项目				
	旅游类项目数量（项）	金额（万元）	遗产类项目数量（项）	金额（万元）
国家自然基金	13	433	58	2603
出版书籍				
检索标准（读秀）	图书种类（种）		电子书种类（种）	
自然遗产	949		214	
遗产旅游	152		41	

二、风景名胜区的开发利用现状

（一）风景名胜区的功能演变

风景名胜区是具有观赏、文化或科学价值的保护区域，与自然保护区、文物保护单位、历史文化名城等并列为国家法定的遗产保护地。我国从 1982 年开始正式建立风景名胜区制度。我国的风景名胜区与国际上的国家公园相对应，但又有着鲜明的中国特色，凝结了大自然亿万年的神奇造化，承载了华夏文明 5000 年的丰厚积淀，被誉为"天然博物馆"。

在不同的时代，风景名胜区的功能差异性较大。在农耕文明时代，产生了中国名山，名山积淀了深厚的山水精神文化，发展了多种功能，主要功能有：帝王封禅祭祀、游览与审美、宗教活动与宗教文化、创作体验源泉、山水科学考察、隐读名山、施法自然的空间布局与规划理念。在工业文明时代，自 1872 年美国诞生世界上第一个国家公园开始，国家公园运动波及全世界。我国于 1982 年公布了第一批国家级重点风景名胜区。这一时期风景名胜区的功能有：游览、审美、创作体验源泉、科研和教育功能等。截至 2012 年，我国拥有国家级风景名胜区 225处，面积约 10.36 万平方千米；各省级人民政府批准共设立省级风景名胜区 737处，面积约 9.01 万平方千米，两者总面积约 19.37 万平方千米。其中，有 32 处国家级风景名胜区和 8 处省级风景名胜区已被列为世界遗产地。当前风景名胜区的主要功能如下：

（1）保护独特景观资源。风景名胜区在保护具有典型性、稀缺性的自然和人文景观资源，维持景观的丰富性、完整性并保持其科学价值。

（2）提供游憩场所和活动。风景名胜区是以具有科学与美学价值的自然景观为基础，自然与人文融为一体的地域综合体，为人们亲近自然、追溯历史、满足愉悦需求而提供活动空间和吸引物。

（3）成为稳定的科研活动基地。风景名胜区在地质、地貌、水文、生态、历史和工程等学科方面具有重要的科学考察和科学研究价值，成为科教活动的基地。

（二）风景名胜区的开发利用现状

根据《中国风景名胜区事业发展公报（1982—2012）》的统计，风景名胜区的开发利用以旅游业为主要形态，带动了相关产业发展，为社会、经济发展做出了巨大贡献。

1. 拉动旅游经济发展

风景名胜区作为文化和旅游经济的重要资源，在培育国民经济新的增长点、促进旅游经济和现代服务业发展方面，发挥着越来越重要的作用。"十一五"期间，我国国家级风景名胜区共接待游客 21.4 亿人次。其中，2010 年国家级风景名胜区接待游客 4.96 亿人次，比 2009 年增长 10%，占全国国内和入境过夜游客总数的 23%，浙江、江苏均超过 6000 万人次；接待境外游客 1171 万人次，占全国入境过夜旅游人数的 32%；直接旅游收入 397 亿元，增长 11%，占全国国内和入境过夜旅游总收入的 2.5%，安徽、浙江两省均超过 60 亿元。另外，风景名胜区自身开展特许经营的收入也不断增长，"十一五"期间，国家级风景名胜区经营服务收入 1402 亿元，年均增长 9.9%，其中 2010 年达到 328.5 亿元。

2. 开展科学普及和爱国主义教育

风景名胜区丰富的自然和文化资源为开展青少年科普、环境教育和爱国主义教育奠定了基础，是我国社会主义精神文明建设的重要载体。目前，全国设立"全国科普教育基地"和"全国青少年科技教育基地"的风景名胜区达到 107 个，设立各级爱国主义教育基地 286 个。

3. 促进和谐社会建设

风景名胜区事业发展与人民生活紧密相连，惠及民众，服务社会。30 年来，风景名胜区始终坚持走资源保护、旅游发展与民生发展相结合的道路，通过旅游收入反哺居民、门票利益居民共享、生态补偿及搬迁补偿、促进居民就业等多种方式，大大提高了居民收入水平，改善了民生，完善了基础设施，缩小了地区差距，很好地促进了社会和谐发展，很多风景名胜区的所在地区成为脱贫致富的典范。据不完全统计，2010 年，通过带动旅游产业和区域服务业的发展，风景名胜区为 37 万人提供了就业机会，间接为地方创造经济价值 1095.7 亿元。

三、自然保护区的开发利用现状

（一）自然保护区的发展历程与功能

自然保护区是指有代表性的自然生态系统、珍稀濒危野生动植物物种的天然集中分布区、有特殊意义的自然遗迹等保护对象所在的陆地、陆地水体或者海域。国家建立自然保护区，就是要把自然遗产中具有代表性的区域人为地严格保护起来，让子孙后代能永远享用这些自然遗产，为人类社会发展做出贡献。截至2010年10月，全球的保护区数量超过16 100个，保护区面积占全球陆地面积的12.7%。

1956年，我国建立了第一个自然保护区——广东鼎湖山自然保护区，此后自然保护区得到快速发展，截至2012年，全国林业系统自然保护区总量已达2150处（未统计我国台湾、香港和澳门的数据），总面积达到1.25亿公顷，相当于国土面积的13.01%。其中，国家级自然保护区286处（也有说2012年达到363处），面积7713.82万公顷。全国共有自然保护小区4.86万个，其中野生植物就地保护点688个，野生动物物种繁育基地4137个，野生植物物源培育基地976个，野生动物观赏展演单位342个，植物园117个，狩猎场154个。野生动植物保护管理站4383个，野生动植物科研及监测机构626个，鸟类环志中心（站）95个。全国从事野生动植物及自然保护区建设的人员达5.02万人，其中各类专业技术人员1.48万人。当前我国已初步形成了布局较为合理、类型较为齐全、功能较为完备的自然保护区网络，在保护野生动植物和生物多样性、维护生态平衡、改善生态环境中发挥了巨大作用。

（二）自然保护区的开发利用现状

自然保护区为人类提供了良好的环境和资源，我们应该在保护的基础上合理利用资源。

我国的自然保护区的开发利用形式有：

1. 苗木培育与经营

自然保护区一般都是生物物种的宝库，保护区建立后不准砍伐、不得猎杀。但是，在不影响物种自然繁殖的前提下可以在保护区中收集种子。在实验区范围内发展苗木，扩大繁殖，培育优良苗木，并进行经营获利。这一利用形式可以给保护区带来相当大的经济收益，增加自然保护区的自养能力，促进保护区的持续发展。

2. 生态旅游开发

我国自然保护区拥有独特优美的旅游景观，为生态旅游的发展提供了条件。

近年来，随着社会经济的发展和人民群众精神文化需求的日益增长，自然保护区的科普教育和休闲娱乐功能越来越突出。在自然保护区内开展生态旅游应该以不改变生态系统的结构、功能以及保护自然和人文生态资源与环境为目的，以自然保护区和社区在经济上受益并回馈自然保护区保护为原则的特殊旅游活动（产品）形式。

自 20 世纪 90 年代开始，我国的自然保护区开展生态旅游。目前有 70% 的自然保护区均不同程度地开展了生态旅游活动，其形式主要包括观鸟、野生动物旅游、自行车旅游、漂流旅游、沙漠探险、保护环境、自然生态考察、滑雪旅游、登山探险、探秘游等多类专项产品。每年我国自然保护区接待参观考察人数已超过 3000 万人次。生态旅游及相关服务净收入已经占到保护区年创总净收入的 54.24%。自然保护区生态旅游的经营模式以门票经济为主，门票收入占旅游业总收入的 80% 以上。自然保护区在普及科学知识、进行生物多样性保护教育、弘扬生态文明、愉悦公众身心、促进社会进步等方面发挥了积极作用。

3. 科研基地

自然保护区的设立初衷就是要把自然遗产中具有代表性的区域人为地严格保护起来，让子孙后代能永远享用这些自然遗产。科学研究是自然保护区的重要功能之一，包括确定保护对象、保护方法、科学监测、资源调查，设立科研平台、制订科学规划等。

四、森林公园的开发利用现状

《中国森林公园风景资源质量等级评定（国家标准）》对森林公园的定义是：具有一定规模和质量的森林风景资源与环境条件，可以开展森林旅游，并按法定程序申报批准的森林地域。我国森林公园是以森林自然景观为主体，兼容了部分人文景观，并利用森林环境向人们提供旅游服务的特定生态区域，虽然森林公园的管理目标之一是开发旅游，但这种旅游是一种生态旅游，是以保护和持续利用森林自然景观为前提的，在客观上和主观上都有自然保护的性质。

1982 年，我国在湖南张家界成立了第一个国家森林公园。经过 30 年的探索与发展，截至 2011 年年底，全国共建有森林公园 2747 处，森林公园共接待游客 4.68 亿人次，森林公园直接旅游收入达 376.42 亿元。全国森林公园年提供就业岗位 64 万个，社会综合旅游收入测算超过 3000 亿元。

五、地质公园的开发利用现状

地质公园（Geopark）是 21 世纪涌现出的一项新生事物，是以具有特殊地质科学意义、稀有自然属性、较高美学观赏价值，具有一定规模和分布范围的地质遗迹景观为主题，并融合其他自然景观和人文景观而构成的一种独特的自然区域，既为人们提供具有较高科学品位的观光游览、度假休闲、保健疗养、文化娱乐的场所，又是地质遗迹景观和生态环境的重点保护区、地质科学研究与普及的基地。地质公园的主要功能体现在三个方面：第一，保护地质遗迹，保护自然环境；第二，普及地球科学知识，促进公众科学素质提高；第三，开展旅游活动，促进地方经济与社会可持续发展。

自 20 世纪中叶以来，地质遗迹的保护已由各国分散行动变为国际组织发起和推动的全球性行动。但发展十分不平衡，保护工作与合理开发利用彼此脱节，难以成为各地政府参与和居民支持的影响广泛的行动。从 20 世纪中叶到 20 世纪 90 年代前半期，联合国教科文组织开始发挥重要作用，进入地球遗产保护工作的全球协调行动阶段。我国国土资源部在多年地质遗迹调查研究和保护的基础上，正式提出建立国家地质公园的计划，并于 2000 年建立了首批 11 个国家地质公园，使地质遗迹保护工作正式纳入政府行政职能。截至 2011 年年底，我国批准了 219 处国家地质公园，18 处世界地质公园。

在我国，地质公园的开发利用仍然以旅游发展为主。以河南省焦作市的云台山为例，在 20 世纪 80 年代云台山地质公园就开始论证开发，但一直徘徊不前，没有什么名气。随着云台山国家地质公园和世界地质公园的相继建立，云台山名气大振，走上了旅游发展快速通道。现在云台山的主要客源市场由过去半径 300 千米区域扩展到现在的半径 1500 千米区域，省外游客达到 90%。截至 2011 年，焦作市已有旅行社 111 家、星级酒店 32 家、直接从业人数 4.4 万人、间接从业人数 24.2 万人，全年接待游客 2281 万人次，旅游综合收入达到 171.9 亿元。旅游业在当地生产总值中所占的比重已由 1999 年的不足 1% 提升为 11.7%，大大高出当地煤炭业所占 3% 的比重。可以说，云台山晋升为世界地质公园后，为焦作市的转型发展和生态建设做出了不可磨灭的贡献。

六、湿地公园与水利风景区的开发利用现状

(一) 湿地公园的开发利用现状

湿地是水域和陆地交互接壤的独特生态系统，是地球上单位面积生态服务价值最高、固碳能力最强、生物多样性保护意义最大的生态系统。过去，人们错误地认为湿地是荒地，加剧了对湿地的开发和破坏，使其面积不断缩小、功能不断退化。但是，人们逐渐认识到湿地具有巨大的经济、社会和环境价值。当前湿地生态系统的保护和合理利用在国际上受到普遍重视。1987 年，在加拿大召开的第

三届《关于特别是作为水禽栖息地的国际重要湿地公约》非缔约国大会上通过了湿地合理利用的定义，即"为了人类的利益而对湿地资源的可持续利用，并能维持生态系统的自然特征"。

在湿地保护开展较早的国家和地区，其湿地保护和利用的做法是：选择国际上具有重要意义的不同类型的湿地建立保护区或湿地公园，制定和实施科学有效的保护和管理措施，建成样板用于指导其他湿地的保护和合理利用。

我国的国家林业局和住房与城乡建设部分别对湿地公园赋予定义。国家林业局将湿地公园定义为："拥有一定规模和范围、以湿地景观为主体，以湿地生态系统保护为核心，兼顾湿地生态系统服务功能展示、科普宣教和湿地合理利用示范，蕴涵一定文化或美学价值，可供人们进行科学研究和生态旅游，予以特殊保护和管理的湿地区域。"国家住房和城乡建设部将湿地公园定义为："利用纳入城市绿地系统规划的适宜作为公园的天然湿地类型，通过合理的保护利用，形成保护、科普、休闲等功能于一体的公园。"相对而言，住房与城乡建设部的定义相对简略，国家林业局的定义则全面具体，更具有可操作性。两者均提到了湿地公园应具有一定区域和保护、利用、科普、教育、旅游的综合功能。具体来说，湿地公园的功能主要体现在三个方面：一是保护生物多样性，保护水资源的关键地；二是重要的科学研究和教育场所；三是景观多样性带来的休闲旅游功能。

国家林业局发布的《2012年全国林业统计年报分析报告》中指出，2012年全国新建68处国家湿地公园试点，确认了11处国家重要湿地。截至2012年年底，国际重要湿地为41处，面积达到371万公顷，国家湿地公园试点213处，湿地示范区面积达到374万公顷。我国的城市湿地公园已经达到45个。目前，中国已初步形成以湿地保护区为主体，湿地保护小区、湿地公园、海洋功能特别保护区、湿地多用途管制区等多种管理形式相结合的湿地保护网络体系。湿地公园的主要利用形式为生态旅游。

据郑姚闽等（2012）研究发现，30年来中国国家级湿地保护区内湿地面积总体呈现下降趋势，总的净减少量为8152.47平方千米，约占全国湿地总的净减少量（1.01×105 平方千米）的9%。在总净变化中，除河流湿地和人工湿地增加外，沼泽湿地、湖泊湿地和滨海湿地都在减少。从湿地净变化占总的净变化的比例来看，1978—1990年为49%，1990—2000年为27%，2000—2008年为24%，表明中国国家级湿地保护区内的湿地近一半是在1978—1990年减少的，可能是由于改革开放前我国特定的历史环境造成的，为了解决温饱而大力开发湿地，特别是开荒造田和兴修水利。虽然在国家级湿地保护区中湿地大幅减少的势头得到有效控制，但仍然有79%（面积）的保护区保护效果较差，主要分布在长江湿地区、滨海湿地区、三江源湿地区和西南诸河湿地区，保护效果优良的面积只占 15%，主要分布在松花江湿地区。

下面以我国香港米埔湿地保护区为例，介绍湿地公园的保护与利用。米埔湿地保护区位于香港西北部，毗邻深圳，属于河口海岸沼泽湿地。米埔湿地保护区成立于 1983 年，其全名是香港米埔沼泽环境教育中心和自然保护区。1995 年，米埔湿地保护区成为中国第 7 个国际重要湿地，保护区面积为 380 公顷，主要由泥滩、红树林、基围和鱼塘组成，基围是主要的生态环境类型。

米埔湿地保护区的红树林是中国第六大红树林，也是水禽重要的越冬场所和鸟类迁飞路线中重要的中转站（每年有 6 万多只水禽在此越冬，还包括 23 种国际濒危物种）。该保护区利用丰富的红树林和鸟类资源开展旅游活动，在周末或假日组织香港市民参观，但全年人数控制在 2.5 万人（体现了游憩功能和保护目的）；香港教育署每年安排学生团体到保护区参观学习，人数约为 1.5 万人（体现了其教育功能）；此外，保护区每年还为数千名海外学者和观鸟者提供研究、考察的机会，为中国大陆和东南亚湿地管理和保护人员举办湿地管理培训班，体现了其科研功能和管理保护教育功能。米埔湿地保护区的这些开发利用形式每年为保护区带来 1000 万元~2000 万元港币的收入。

基围养虾也是米埔湿地保护区利用滨海湿地进行可持续利用的典范。基围养虾为传统的生态养殖方式，虾苗从后海湾纳入，然后靠潮汐带来的食物和内在的红树林食物链向基围虾提供养分。每年基围养虾和其他生态经营带来约 900~1000 万元港币的经济收入。

（二）水利风景区的开发利用现状

20 世纪 80 年代初，部分水利管理单位开始尝试开展水利景区建设，发展水利旅游。为科学合理地开发、利用和保护水利风景资源，规范水利风景区的建设与管理，1997 年水利部印发了《水利旅游区管理办法（试行）》，明确要求各地建立水利旅游风景区。2001 年，水利部成立水利风景区评审委员会，同年北京十三陵水库等 18 家景区被批准为首批"国家水利风景区"，截至 2011 年年底，水利部审定批准了 11 批 475 家国家水利风景区，各地涌现了千余个省级水利风景区，形成了涵盖全国主要江河湖库、重点灌区、水土流失治理区的类型多样、覆盖城乡的水利风景区群落（见表 7-3）。从空间分布来看，全国 31 个省、市、区（未统计我国港、澳、台数据）均有分布，南北分布、东中西三大区域分布较为平衡，但按省域分布看，山东省居第一位、有 60 处，而西藏只有 1 处，前八位的累计比重达到了 49.67%，表明省级分布不均衡。

表 7-3　　　　　　　　　　　水利风景区的主要类型

类型	资源特色	主题定位	开发要求	数量（处）与比例（%）	代表景区
水库型	水利工程、湖光山色	生态优先，观光、休闲度假旅游，突出水利科技和水文化展示	明确保护和建设范围，绿化、美化工程设施，改善交通等基础设施，加强库区水土保持和生态修复	259 54.5	河南信阳南湾湖、北京十三陵水库
湿地型	湿地景观、生态环境	湿地生态文化，休闲与教育旅游，水生态环境保护	注意水环境治理、湿地生态修复与资源保护，增加水流延长线，丰富物种	30 6.3	江苏姜堰溱湖、杭州西溪
自然河湖型	山水交融、自然与人文辉映	河湖与园林、防洪与生态、亲水与安全的水域型旅游区	维护河湖自然特点，优化河湖山水联系，配置交通、通信设施，改善景区可进入性	87 18.3	山东潍河、云南泸沽湖
城市河湖型	城市区域河流、湖泊，人文生态和社会等城市信息	水清岸绿，水城交融，营造多元特色的城市滨水休闲空间	纳入城市统一规划，综合治理、河湖清淤、生态护岸、美化堤防，排洪除涝、供水、景观、文化、生态的综合功能	56 11.9	浙江绍兴环城河、上海松江公园
灌区型	水渠纵横，阡陌桑园，绿树成荫，鸟啼蛙鸣	融工程、自然、渠网、田园、水文化于一体的灌区风光	结合生态农业、观光农业、现代农业和新农村建设，沟渠田林路和桥涵闸站井的基础和服务设施，注意节水灌溉	23 4.8	安徽六安横排头、新疆坎儿井
水土保持型	蓄水工程、防固沙堤、人工草地、水土保持示范区等	营造生态风景，发展生态旅游，开展节水教育	生态资源转换为旅游资源，生物措施与工程措施相结合，综合治理，产业开发、生态修复和蓄水保土耕作	20 4.2	宁夏沙坡头、甘肃小河沟

资料来源：余凤龙，黄震方，尚正永. 水利风景区的价值内涵，发展历程与运行现状的思考［J］. 经济地理，2012，32（12）：169-175.

纵观水利发展历史，经历了以防洪、供水、水资源保护、景观建设、生态修复等不同发展阶段，其功能也不断发生改变。水利工程的建设初衷并不是为了旅游业的发展，但水利风景区的建设体系则为了旅游业发展，目前的开发的旅游活动有观光、划船、垂钓等。

●第二节　自然遗产资源的创新利用

至今，我国自然遗产资源的价值和功能并未完全发挥出来，并且随着自然因素和人文因素的影响，其原真性和完整性正在消失，因此如何有效和持续利用自然遗产资源是全人类面临的共同难题。下面就自然遗产资源的创新利用进行探讨。

一、遗产数字化

（一）概念

遗产数字化是指将遗产通过技术手段转化为数字化形态，充分利用信息技术对其进行数字勘探、挖掘，使其重现，并利用互联网向世界宣传和传播遗产信息的方式。遗产数字化可以永久保存和实时更新遗产变化动态。遗产数字化的应用主要体现在两个方面：一方面是数字博物馆，另一方面是遗产数字化平台建设。

（二）数字博物馆

数字博物馆属于一种新型的博物馆类型，最早出现在美国。随后快速推广到全世界。目前，全球已经推上网络的数字博物馆总量已经达到 300～400 万之多，但主要用在文化遗产资源领域。

数字博物馆包括以下两种类型：

1. 实体博物馆的数字化

对实体博物馆中的展品进行数字化处理，把实体博物馆的馆藏在网络上进行全方位展示，它是实体博物馆在数字网络空间的再现与补充。美国的实体博物馆类网站如美国自然历史博物馆、芝加哥科学与工业博物馆、旧金山太空科技馆等就是突出的例子。这类数字博物馆还不定期在数字博物馆网站上举行主题活动，吸引网民点击、浏览网站，在普及知识的同时为实体博物馆进行宣传，让更多的观众进入实体博物馆参观，起到自然遗产资源的科普和娱乐功能。

2. 网络虚拟博物馆

网络虚拟博物馆是利用计算机和网络技术建设的博物馆。网络虚拟博物馆以数字化的方式实现博物馆的收藏、陈列、研究、教育和娱乐等功能。网络虚拟博物馆是博物馆未来的发展方向之一，它突破了时间和空间的限制，将在更大范围内服务于社会。表7-4列举了部分国外数字博物馆网站信息及其特点。

表 7-4　　　　　　　　　　　　部分国外数字博物馆网站

数据库名称	国别	所属机构	内容分类	网址	简介
旧金山探索馆网站	美国	旧金山探索馆	科普类	http：www. exploratio-rium.edu/	涉及上百个不同门类的科学内容，已发展成为世界上最成熟的数字科技馆之一
卢浮宫博物馆网站	法国	巴黎卢浮宫	艺术收藏	http：//www. louvre. fr/llv/commun/home	馆内数字化藏品以文化区域或创作形式分类，展示藏品多达 165 000 余件
美国纽约科技馆网站	美国	纽约科技馆	科普类	http：//www. ny-science.org/	针对目标受众年龄小的特点，网站设计简单明了、色彩明快、对比强烈、视觉冲击力强，很容易吸引小孩子的注意力
日本国立历史民俗博物馆网站	日本	日本国立历史民俗博物馆	历史民俗	http：//www. reki-haku.ac	数字馆页面标题下面是一副浮世绘，有典型的日本传统风格
日本国立科学博物馆网站	日本	日本国立科学博物馆	科普类	http：//www. kahaku. go	网站首页用高分辨率照片精选了博物馆中比较有吸引力的场景做成动画，使观众对博物馆充满无限期待
加拿大国家科技馆网站	加拿大	加拿大国家科技馆	科普类	http：//www. science-tech.technomuses.ca	网站设计比较简洁，一目了然
永恒的埃及数字博物馆	埃及	埃及政府	艺术收藏/人文历史	http：//www. eternal-egypt.org	用最新的网页浏览和手持设备计算技术配合 10 种不同语言版本，将埃及具有 5000 年悠久历史的文化艺术遗产展现给全球的观众
新加坡科学馆网站	新加坡	新加坡科学馆	科普类	http：//www. science. edu.	网站有 4 种语言可供选择，是学习、娱乐、参观、提供展览信息的平台
艺术家 Pygoya 的网上虚拟博物馆	美国	Pygoya	艺术类	http：//www. last-place. com/PygoyaMu-seum	三维 Pygoya 博物馆是运用 VRML 技术制作的虚拟展览馆，能够让人体会到沉浸式地参观浏览艺术作品的美感
欧洲虚拟博物馆	欧洲	欧盟	文化类	http：//www. europe-ana.eu	由欧盟文化委员会推动的这个项目收集了古老欧洲大陆上千家图书馆、美术馆、报刊陈列馆和档案馆的藏品，并可以使用 24 种语言进行查询

表7-4(续)

数据库名称	国别	所属机构	内容分类	网址	简介
世界数字图书馆	联合国	联合国教科文组织	文化类	http://www.wdl.org/zh	由联合国教科文组织和32个合作团体合作，向全球读者提供免费使用珍贵图书、地图、手抄本、影片与照片等服务，可用7种语言进行搜寻

资料来源：张浩达，等. 对国外部分数字博物馆现状的研究［J］. 数字图书馆论坛，2010（1-2）：105-113.

（三）遗产数字化平台建设

遗产数字化平台建设包括遗产资源综合性网站、遗产地的网站建设和数字化遗产地建设三个方面。

从遗产资源综合性网站看，应包含我国自然遗产资源数据库、自然遗产资源空间分布图、自然遗产资源保护与开发研究、自然遗产资源教育、自然遗产资源年度报告等相关内容。遗产资源综合性网站的建设有利于人们正确认识其分类、演化发展、保护与开发、教育与研究等各方面的信息，更好地起到宣传自然遗产资源的信息，实现其保护和可持续利用的作用。

从遗产地网站的建设看，目前绝大多数自然遗产地均有自己的网站，但网站的主要功能突显了满足旅游者信息查询和服务的功能，而对遗产地的遗产资源价值介绍、遗产资源保护的行动与行为准则等方面的信息明显不足，需要加以补充和完善。

数字化遗产地建设是指采用计算机技术，将遗产资源保护、景区管理和目的地营销融为一个系统，从三个方面协调管理，实现世界自然遗产景区的综合保护与开发。以九寨沟为例，2004年启动了"数字九寨综合示范工程"，该示范工程在技术层面构建了"2312"运行结构模式，即应用系统层和基础平台层，实现资源保护数字化、运营管理智能化、产业整合网络化以及12个应用子系统。例如，管理系统中的智能监控子系统是集森林防火、植被保护、治安交通监控、门禁监控、票务窗口监控等多功能为一体的景区联网监控系统。该系统依托安装在景区内主要景点、服务区、险要路段、停车场、售票中心、检票口和重点保护控制区域等的电子探头，获得图形并通过光纤同步传输到智能监控中心的电视屏上，为平衡资源保护与遗产旅游精细管理提供了科学依据。

截至目前，"数字九寨综合示范工程"数字化系统已开通网上订票、客流智能监控、智能环境监测、观光车卫星定位等多个数字化工程，而近日启动的二期工程则将为游客提供更多的高科技服务。这一被国家旅游局确定为金旅工程示范项目的工程将依靠更多高科技，实现世界遗产的"精确"保护，同时也为游客提供更多便利。"数字九寨综合示范工程"中旅游电子商务平台自 2002 年 1 月开通以来，100%的旅行社实现了网上订票。此外，已有多家景区和数十家酒店进行网上销售，截至 2011 年 7 月，已实现门禁安全通过游客 1549 万人次，网上门票安全交易 35 亿元，创造了较大的经济效益和社会效益。

二、自然遗产资源展现形式多样化

自然遗产资源的展示可以分为原地展示和异地展示两种形式。

原地展示的类型主要有遗产地景区、遗产地博物馆、影视展示等形式。遗产地的资源、文化元素可在当地的城市建设中广泛应用，也可拓展和创新自然遗产资源展示的场所和形式。例如，自然遗产地珍稀动植物或具有突出价值的景观在城市景观营造、建筑设计中可以加以利用。又如，我国的国家森林公园体系建设延伸出生态文化场馆、生态文化休憩场所、生态文化教育示范基地等新型的自然遗产资源展示场所。2011 年年底，全国共新建生态文化基地 380 处，其中新建生态文化场馆 97 处、新建生态文化休憩场所 216 处、新建各类生态文化（生态文明）教育示范基地 67 处。国内还出现了首家以花卉为主题的专题图书馆——昆明图书馆·斗南花卉分馆开馆。建立自然遗产资源的专题图书馆也是拓展和创新自然遗产资源展示的重要场所和形式。

自然遗产资源的异地展示是指将自然遗产资源以沙盘、微缩景观、声光电等形式在异地举办的旅游博览会、遗产专类展览会等场所进行展示的模式。与文化遗产和非物质文化遗产的文物巡回展示、非遗演艺作品巡回演出的异地展示类似。我国最突出的案例是大熊猫的异地展示和保护。全世界共有野生大熊猫 1600 只左右，其中 80%以上分布在四川境内，全世界圈养大熊猫 333 只，目前已有 24 只成为"留洋大使"，分别在美国、日本、墨西哥、德国、奥地利、泰国 6 国安了家，具体分布情况是美国 9 只、日本 6 只、墨西哥 3 只、德国 2 只、奥地利 2 只、泰国 2 只。

三、自然遗产资源文化价值的挖掘与利用

自然遗产资源突出的美学价值和文化价值，成为文化产品的创作源泉和动力。依托自然遗产资源可创作形式多样、成果丰富的文化产品，用以满足人们的文化娱乐需求。

例如，2011 年，依托森林公园创作出众多的报告文学、诗歌、散文、小说、

文艺评论、摄影、影视、音乐、美术等各种体裁的生态文艺优秀作品，以国际森林年征文大赛、生态美文评选为代表的生态文艺创作活动空前活跃。报告文学《青青的油茶树》、诗歌《春天的柳》、散文《遥远的村庄》、文艺评论《感悟自然沉思生态》、歌曲《我们是中国林业人》、图片《冬日向海》、歌词《梦里水乡》、《林业工人之歌》、电影文学剧本《梦萦张家界》等成为年度生态文艺创作精品。电影《杨善洲》制作完成并在全国院线上映，获得第十四届中国电影华表奖"优秀故事片"和"优秀男演员"两项大奖。

又如，2013年8月13日中国网络电视台专门开设了熊猫频道，该频道以大熊猫这一中国珍稀动物为主体，以多终端、多语种为媒介，向全球互联网用户展现真实、可爱的大熊猫及其保护情况，传递和平、友爱和公益的理念。

 复习思考题

1. 目前我国自然遗产资源的开发利用形式有哪些？

2. 自然遗产资源的创新利用有哪些形式？请提出与教材不一样的创新利用方式。

 参考文献

[1] 云南网. 澄江地质公园建设不力 国土部警告要"摘牌" [EB/OL]. http://yn.yunnan.cn/html/2013-08/16/content_ 2847447.htm.

[2] 冷志明，麻先俊. 我国世界自然遗产的保护与利用 [J]. 经济地理，2009，29 (4).

[3] 郑姚闽，张海英，牛振国，等. 中国国家级湿地自然保护区保护成效初步评估 [J]. 科学通报，2012，57 (4).

[4] 邹统钎，等. 遗产旅游发展与管理 [M]. 北京：中国旅游出版社，2010.

 延伸阅读

大熊猫的文化价值发掘与利用

大熊猫是中国特有珍贵野生动物，有"国宝"和"活化石"之称，被誉为野生动物保护领域的"旗舰物种"。《中华人民共和国野生动物保护法》将大熊猫列为国家一级重点保护野生动物，而《濒危野生动植物种国际贸易公约》（简称 CITES 公约）将大熊猫列为附录 I 物种。就其自然分布而言，大熊猫仅生存于四川省西北部、甘肃省最南部以及陕西省秦岭南麓。目前我国建立了大熊猫自然保护区 67 个，有效保护了超过 57% 的大熊猫栖息地面积和 71% 以上的野生大熊猫种群数量。

国内外对大熊猫文化价值的利用由来已久，如动画影视作品《熊猫京京》讲述熊猫京京历尽艰辛到世界各地寻找熊猫乐园的经历，该片生动曲折、极富传奇和浪漫色彩，主人公熊猫京京充分体现中华民族传统的优良品格，令人难忘。1972 年，日本动画大师宫崎骏也推出了关于熊猫的动画作品《熊猫家族》。国外拍摄的影视大片《功夫熊猫》更是大熊猫文化应用的成功典范。但大熊猫的文化价值内涵是什么？如何合理利用？对这两个问题的研究并不多见。

王均等人对大熊猫的文化价值进行了深入挖掘与分析。研究认为大熊猫的文化价值体现在以下三个方面：

（1）大熊猫文化体现了中国传统文化价值。大熊猫的黑白两色可以说是中国文化的象征，从黑白交融的太极图，到以黑白点线排列的河图洛书，从黑白布阵的围棋，到黑白点染的中国山水画，无不标志着中国文化的简洁与淳朴，无不浸润着中国哲学相反相成、朴中思辨的文化象征意义。而黑与白也是大熊猫的独特标志，浑然天成地秉承了中国文化的特质，成为最具中国文化代表性的动物。据日本《皇家年鉴》记载，公元 658 年 10 月 22 日，为表达大唐对邻国日本和平友好的诚意，唐朝女皇武则天将一对活体白熊（大熊猫）和 70 张皮作为国礼，送给日本天武天皇，宣示了中国热爱和平、与邻友善的大国风范与传统。法国博物学家戴维在中国 14 年的时间，是他传播西方文明、传播生态文明的时间。通过戴维印证的，是中国优秀的传统文化，是大熊猫栖息地的生态环境和中国的生物多样性。1936 年，美国服装设计师露茜带着从四川汶川获得的活体大熊猫"苏琳"漂洋过海，在圣诞节前到了旧金山，随之在全美引起轰动。1961 年，大熊猫的形象被选为世界自然基金会的标志。20 世纪下半叶以来，大熊猫更被看成是中国的象征，在中国与外国的邦交和文化交流中起到重要作用。

（2）大熊猫文化的生态文化价值。大熊猫憨态可掬的外形，犹如大智若愚的智者，迷倒过无数观者。因为是濒危、稀有和古老物种，大熊猫以其神秘的基因密码，忠实地储存了自然史演进的信息，见证了人类、自然、生命的往事。人们可以追随大熊猫的足迹，去领略地球上最纯净的自然之美、动物之美，以及原始状态的活力与和谐。

（3）大熊猫文化折射了四川地域文化价值。从一定意义上讲，大熊猫文化就是四川文化。天府之国的宜人气候为各种野生动植物提供了优良的生存环境。被誉为"国宝"的珍稀动物大熊猫，85%栖息在四川西北的崇山峻岭之中。在大熊猫分布区周边居住着汉族、藏族、羌族、彝族、回族、蒙古族、苗族、壮族等民族，融多民族文化于一大区。其中，属于大熊猫分布区的凉山彝族自治州是中国最大的彝族聚居区；属于大熊猫重点分布区的甘孜藏族自治州和阿坝藏族羌族自治州，是中国藏族的第二大分布区；阿坝藏族羌族自治州的汶川、茂县、理县、松潘和绵阳市的北川县是羌族聚居区。这些民族在与自然界和谐相处的漫长岁月中，培育了具有自身民族特色的民风民俗、歌舞等，风格原始、古朴、热情、奔放，底蕴深厚，与自然联系紧密，地域色彩浓厚。因此，大熊猫文化是分布区内"人"与"大熊猫"和谐共生产生的地域文化。

王均等人还对大熊猫文化价值的开发利用进行了研究，提出大熊猫文化价值的开发利用途径有以下4个方面：

（1）发展大熊猫旅游文化产业。开发大熊猫旅游文化产业，一是要在保护好"大熊猫自然保护区"生态环境的前提下，依托中国大熊猫自然保护区、大熊猫科研机构、博物馆、繁殖基地、大熊猫动物园等资源，开发观赏、考察等生态旅游产品；二是要以通过大熊猫借养出境、赠养出境、活体出访等活动，以国外大熊猫科研机构、生物博物馆以及关爱大熊猫、认养大熊猫的社团机构、单位、友好人士为资源，为国内外游客提供旅游、考察、交流、访问、交友等形式的旅游活动；三是要通过举办世界大熊猫主题文化节、文化论坛等节事活动，提升大熊猫文化品牌知名度和价值，激发全球对大熊猫事业的保护和关注；四是要开发大熊猫品牌旅游纪念品，大熊猫品牌旅游纪念品涉及的行业与品种十分广泛，包括玩具、文具、日用品、服饰、服装、书法、绘画、摄影、图书、食品、饮品、特产等；五是要借力传播大熊猫文化打造四川的世界旅游文化名片。

（2）培育大熊猫文化品牌制造业。积极注册和培育大熊猫品牌产业和企业，研发拥有自主知识产权的大熊猫产品，如以大熊猫为形象的玩具、文具、纪念品、服装、服饰、日常生活用品等；以大熊猫为形象的艺术品、工艺绘画、雕塑、根雕、陶瓷、竹编、草编、刺绣、漆器等；以大熊猫形象为商标的各种产品。定期组织大熊猫品牌产业、企业、产品（精品）展示、展销，在经营方式上，可以尝试创设"大熊猫精品连锁店"。以大熊猫品牌自主创新、自主知识产权的产品为主，在成都开办"大熊猫精品连锁店"旗舰店，作为大熊猫品牌的标准母店，起到示范作用。在国内每个副省级以上（包括副省级）的大都市，开办一个"大熊猫精品连锁店"；在国外经济发达的大都市，开办"大熊猫精品连锁店"。

（3）引导和发展大熊猫文化品牌创意产业。发展大熊猫文化品牌创意产业，一是要组织创作、拍摄以大熊猫为题材和以大熊猫为角色的电影、电视剧，尤其是长篇连续剧的创作。应建立一个由电视台、创意制作公司、受众互动制作—播放—收视—再制作—再播放—收视的运行生产机制。二是要组织创作、拍摄有关大熊猫专题片。三是要组织创作出版以大熊猫为题材、为背景、为主要形象的长短篇小说，科幻、玄幻作品，电影、电视剧，童话剧、歌舞剧、音乐剧，漫画、绘画、摄影作品。四是要举办"大熊猫电影电视文化艺术节"，设"金熊猫奖"，展示、推动大熊猫电影电视艺术不断向前发展，使之成为大熊猫品牌文化产业的一大交流、交易、展示、推广盛会。

（4）发展大熊猫文化品牌演艺娱乐业。一是要开展以大熊猫为题材的舞台话剧、音乐剧、歌舞剧、少儿剧创作。其衍生产品原声音乐、原声歌曲、原声音像、手机彩铃、电影、电视等，都会延伸主题作品的产业链条。二是创建"大熊猫艺术团"，其任务与职能一方面是演艺大熊猫的发展演化历史、人与自然的关系演变，另一方面也是传播大熊猫文化、传承大熊猫保护理念的重要平台。三是建设大熊猫游乐园。学习美国与国内外开发儿童游乐园的经验，以全世界儿童喜爱的大熊猫卡通形象与品牌标识，融入生态环保、高科技、新材料、新理念，把大熊猫的故事、作品及相关人物生动形象地表现出来，设计众多动感、新奇的参与性项目。突出创新性、独特性，建造"大熊猫游乐园"，让儿童、家长都能参与互动、融入娱乐之中。

资料来源：王均，等. 大熊猫文化及其开发利用研究［J］. 天府新论，2010（6）：124-127.

第八章 文化遗产资源的开发利用

　　文化遗产是一个国家或地区文化主权的重要组成部分，是文化认同的决定性依据。近年来，全球化和现代化的加速发展使各国文化遗产的完整性和生存状态受到了严峻的挑战，文化遗产的保护、利用和开发研究渐成学术界的热点。本章就文化遗产资源的开发利用现状和创新性开发进行介绍。

● 第一节　文化遗产资源的开发利用现状

一、国外文化遗产的开发利用现状

　　由于文化遗产具有文化价值、情感价值和使用价值，因而其利用得到世界各国的重视，其保护与开发利用主要有三种模式：日本模式、法国模式和意大利模式，下面分别对三种模式进行简介。

（一）日本模式

　　日本已经形成完善的法定程序对不同类型文化遗产的认定，其文化遗产保护的突出特点是法制健全、体制完备、资金到位和全民参与。根据日本《文化遗产保护法》的规定，对不同类型文化遗产分别采取不同的且适合它们各自具体情况的方法，予以严格的保护和积极的利用。具体而言，日本政府对于文化遗产的利用更倾向于挖掘其文化价值以及对民众的教育功能，经济价值的色彩较淡，出现保护和开发利用发生矛盾时，天平就会倾向于保护。例如，在 20 世纪 50 年代，日本曾就富士山景区是否安装缆车进行讨论，专家和民众普遍认为此举会对环境造成破坏，于是该方案被否决。日本政府十分重视文化遗产的文化价值及文化遗产对民众的教育利用形式。一方面，可培养国民文化遗产保护意识；另一方面，可让国民体验文化遗产的价值。除了在各种宣传日集中举办活动以外，政府更是下大力气重点对青少年进行教育，从小抓起、从学校抓起，将日本历史文化遗产介绍和保护的内容纳入中、小学课程，每年的修学旅行，学校都会组织学生参观文化遗产，让学生们实地感受文化遗产。

（二）法国模式

法国是世界上第一个专门立法保护文化遗产的国家，也是文化遗产保护法最多的国家，从中央到地方都制定了许多保护文化遗产的条例和法规，确定了政府对文化遗产具有绝对的保护权。法国完善的文化遗产保护法律不仅规定了各级文化遗产的地位，并且对不同级别文化遗产的保护、改造和利用等方面的政策也各不相同。1984 年，法国正式设立"文化遗产日"，标志着全民保护文化遗产的开始。当然，法国对文化遗产保护的目的是为了更好的利用。例如，通过对历史建筑功能置换，使文化遗产得到振兴。巴黎的奥赛博物馆就是在废弃的火车站基础上改造而成。奥赛博物馆在保持火车站原有建筑的整体框架、结构和空间不变的情况下，对内部展品进行布设。如今，奥赛博物馆已经成为与卢浮宫、蓬皮杜中心并列的巴黎三大艺术博物馆之一。法国文化遗产利用的另一个成功案例就是"文化遗产日"的设立。在文化遗产日期间，公立博物馆免费开放，私立博物馆减费开放，普通民众能参观的文化遗产地点达 1 万多个。此举的目的是为公民提供一个免费参观文化遗产的机会，引导和动员社会公众广泛参与文化遗产保护。法国"文化遗产日"的设立对于欧洲乃至世界各国对文化遗产的保护和利用都有极为重要的推广作用。

（三）意大利模式

意大利是一个文化遗产资源大国，据估计意大利拥有全世界 60% 的历史、考古及艺术文化遗产资源。其中包括 3 万座古建筑、10 万座古教堂（其中 3 万座具有很高的文物价值）、1500 个古修道院、4 万多个古堡、近 4 万个古庭院、900 个保持较好的古城历史中心区、4000 多个国立博物馆、2500 多处考古遗址、数千个历史图书档案馆，还有大量散布于全国的历史遗迹。意大利政府不仅颁布法律对文化遗产进行严格的保护，而且也将文化遗产作为重要的资源进行文化产业的开发与管理，尽可能使文化产业成为各地区的经济增长点。具体来说，意大利形成了公共部门负责保护文化遗产，私人和企业负责经营管理和利用文化遗产的独特模式。意大利在文化遗产的开发利用方面有以下经验：一是注重世界文化遗产的申报。通过申报世界文化遗产的过程去发现、赋予和传播文化遗产的价值，并发挥其经济价值。二是将文化遗产嵌入旅游休闲产业。由于濒临地中海，意大利的地理、气候条件优越，加上全国遍布的文化遗产，为旅游休闲业的发展提供了坚实的基础。在名目繁多的休闲活动中，传统的文化古迹旅游仍然是最突出的。意大利的文化遗产每年吸引世界各地近 4000 万游客，直接创汇约 300 亿欧元。面对2009 年的全球金融危机，意大利政府提出了文化遗产开发的新战略。意大利成立了由文化遗产部、经济部、交通部、环保部等多部门组成的混合委员会，负责协调全国成千上万的"艺术市镇"和文物古迹所在地的环境规划和基础设施建设，并新成立了"文化遗产价值开发司"，负责协调"混合委员会"的实际工作。其工作主要集中在以下四个方面：一是改变目前的抱残守缺状况，进一步发掘历史遗迹，并完善现有文物古迹、考古场所和其他各类博物馆的保护和服务设施，使之对国内民众和国际游客更具吸引力。二是加强规划，统筹管理。政府文化遗产部将会同旅游管理部门，将全国的文物、古迹、博物馆按照埃特鲁利亚、古罗马、文艺复兴、巴洛克等不同文化风格，纳入精密设计的若干不同旅游或科考路线，组成不同且可相互交叉的观光或科考平台，以满足所有参观者的各类要求。三是组建文化遗产开发联合体，鼓励私人企业参与文化遗产的开发和利用。企业为开发和管理文化遗产的投资可免除税赋。四是扩大国际交流。与外国的企业或事业单位组建合资博物馆，将意大利的馆藏文物和古迹展品运到对象国展出，对方亦可将本国相关展品在意大利展出。

二、我国文化遗产的开发利用现状

（一）我国世界文化遗产的开发利用现状

截至 2013 年 6 月，我国共成功申报世界文化遗产（含双遗产）35 项，涉及的文化遗产地则更多。就世界文化遗产的开发利用方式而言，主要是文化遗产的旅游开发，即文化遗产地以旅游景区的形式进行保护、开发和管理。表 8-1 显示，2012 年绝大多数的世界文化遗产景区游客量都超过了 100 万人次，其中北京故宫的年游客量达到了 1420 万人次，成为最高纪录。我国大多数的世界文化遗产景区都处于旅游超载，在节假日期间尤其突出。

此外，依托世界文化遗产研究成立文化遗产研究院（所）、申请相关研究项目并发表或出版相关研究文献也是世界文化遗产开发利用的重要形式。我国的文化遗产研究院（所）主要有：中国文化遗产研究院、北京大学世界遗产研究中心、南京大学文化与自然遗产研究所、复旦大学文化遗产研究中心、西北大学文化遗产保护规划中心、乐山师范学院世界遗产研究所、中国艺术研究院、中山大学华南文化遗产保护研究与教学中心等。

表 8-1　　　　　　　　　我国世界文化遗产及其游客接待量

世界文化遗产名称	批准时间	2012 年游客量（万人次）
长城	1987. 12	812（八达岭）
明清皇宫（北京故宫、沈阳故宫）	1987. 12	1420（北京故宫）
陕西秦始皇陵及兵马俑	1987. 12	400
甘肃敦煌莫高窟	1987. 12	80
北京周口店北京猿人遗址	1987. 12	
山东泰山	1987. 12	492
安徽黄山	1990. 12	301
西藏布达拉宫	1994. 12	101
河北承德避暑山庄及周围寺庙	1994. 12	
山东曲阜的孔庙、孔府及孔林	1994. 12	439
湖北武当山古建筑群	1994. 12	426
江西庐山风景名胜区	1996. 12	720
四川峨眉山—乐山风景名胜区	1996. 12	607
云南丽江古城	1997. 12	350
山西平遥古城	1997. 12	310
江苏苏州古典园林	1997. 12	641
北京颐和园	1998. 11	990
北京天坛	1998. 11	840
重庆大足石刻	1999. 12	
福建武夷山	1999. 12	304
四川青城山和都江堰	2000. 11	410
河南洛阳龙门石窟	2000. 11	248
明清皇家陵寝：明显陵（湖北钟祥市）、清东陵（河北遵化市）、清西陵（河北易县）、盛京三陵	2000. 11	510
安徽古村落：西递、宏村	2000. 11	
山西大同云冈石窟	2001. 12	
高句丽王城、王陵及贵族墓葬	2004. 7	

表8-1（续）

世界文化遗产名称	批准时间	2012年游客量（万人次）
澳门历史城区	2005.7	
河南安阳殷墟	2006.7	
广东开平碉楼与村落	2007.6	
福建土楼	2008.7	283（永定土楼）
山西五台山	2009.6	406
登封"天地之中"历史建筑群	2010.7	
杭州西湖	2011.6	319（三潭印月）
元上都遗址	2012.6	
红河哈尼梯田	2013.06	

在读秀网上输入关键词"文化遗产"（2014年3月4日），可得到119 408条记录（含非物质文化遗产），其中图书类9943种、期刊含75 929篇文章、报纸含45 356篇文章、学位论文1864篇、会议论文2949篇，由此可见出版与文化遗产相关的文献类型丰富、数量众多。

（二）文物的开发利用现状

从管理的角度，我国把文物分为不可移动文物和可移动文物。不可移动文物包括古遗址、古墓葬、古建筑、石窟寺及石刻、近现代重要史迹、近现代典型建筑等；可移动文物包括历史上各个时期的重要实物、艺术品、文献、手稿、图书资料、代表性实物等。我国将确定为保护对象的不可移动文物称为文物保护单位。我国的第三次文物普查表明，不可移动文物总量达到了76万余处，馆藏文物已经达到3100万余件。

2013年，国务院核定并公布了第七批全国重点文物保护单位达1943处，另有47处项目与现有全国重点文物保护单位合并。截至2013年，我国重点文物保护单位累计达4295处。经过统计分析，全国重点文物保护单位的特征为：从年代看，明代、清代和宋代的较多；从类型看，古建筑、古遗址和近现代类的名列前三位。传统的全国重点文物保护单位开发利用形式主要有两种：一种是分布于风景名胜区内的重点文物保护单位是景区的重要组成部分，主要开展文化旅游活动；另一种是通过博物馆的形式进行展示。可移动文物一般以博物馆、纪念馆、图书馆或展览馆的形式进行展出。表8-2列举了我国文物博览单位的地区分布，其中浙江省、北京市、河南省、四川省等地的文物博览单位较多，而其他省市的文物博览单位相对较少。近年来，我国每年有近 100 个新的博物馆建成开业，年接待观众达 5.6 亿。

表 8-2   我国文物博览单位的地域分布情况

地区	文物博览单位数量	文物博览单位名称
中央及国家文物局直属单位	11	中国国家博物馆、故宫博物院、北京鲁迅博物馆、中国文物信息咨询中心、文物出版社、中国文化遗产研究院、中国文物信息网、中国文物交流中心、北京新文化运动纪念馆、北京文博信息网、中国考古网
北京市	14	首都博物馆、北京人遗址博物馆、北京民俗博物馆、北京皇城艺术馆、中国民族博物馆、北京自然博物馆、中国农业博物馆、中国地质博物馆、中国电信博物馆、中国股票博物馆、中国钱币博物馆、贾文忠工作室、北京中医药博物馆、中国紫檀博物馆
天津市	2	天津博物馆、天津自然博物馆
河北省	4	河北省博物馆、西柏坡网、廊坊市廊坊博物馆、中国·清东陵
山西省	3	山西博物院、中国煤炭博物馆、晋祠博物馆
内蒙古自治区	2	内蒙古博物馆、科尔沁博物馆
辽宁省	3	大连自然博物馆、辽宁省博物馆、大连现代博物馆
吉林省	2	吉林省博物馆、伪满皇宫博物院
黑龙江	2	大庆铁人王进喜纪念馆、黑龙江省博物馆
上海市	4	上海博物馆、上海市历史博物馆、上海孙中山故居、上海公安博物馆
江苏省	11	南京博物院、南京孙中山纪念馆、徐州博物馆、常熟博物馆、南京中国近代史遗址博物馆、徐州圣旨博物馆、张家港博物馆、苏州博物馆、南京太平天国历史博物馆、扬州博物馆、无锡博物院
浙江省	19	浙江省博物馆、宁波博物馆、温州市博物馆、河姆渡遗址博物馆、湖州市博物馆、慈溪市博物馆、丽水处州青瓷博物馆、浙江自然博物馆、中国茶叶博物馆、中国财税博物馆、中国大运河博物馆、平湖莫氏庄园陈列馆、杭州历史博物馆、绍兴鲁迅纪念馆、保国寺古建筑博物馆、德清县博物馆、南湖革命纪念馆、镇海口海防历史纪念馆、中国丝绸博物馆
安徽省	3	安徽省博物馆、中国徽州文化博物馆、安庆市博物馆
福建省	3	福建省博物馆、泉州博物馆、福建省福州市林则徐纪念馆

表8-2(续)

地区	文物博览单位数量	文物博览单位名称
江西省	1	井冈山革命博物馆
山东省	3	山东省博物馆、青岛市博物馆、青州博物馆
河南省	10	河南博物院、洛阳博物馆、虢国博物馆、开封市博物馆、殷墟博物苑、河南文化网、龙门石窟、镇平县彭雪枫纪念馆、郑州博物馆、安阳博物馆
湖北省	5	湖北省博物馆、湖北省文物考古研究所、武汉博物馆、辛亥革命博物馆、鄂州市博物馆
湖南省	4	湖南省博物馆、湖南省文物考古研究所、长沙市博物馆、长沙简牍博物馆
广东省	8	广州西汉南越王博物馆、惠州市博物馆、孙中山大元帅府纪念馆、孙中山故居纪念馆、广东革命历史博物馆、佛山市博物馆、东莞市博物馆 、广东省博物馆
广西壮族自治区	4	广西壮族自治区博物馆、桂林靖江王陵博物馆、广西民族博物馆、广西百色起义纪念馆
海南省	1	海南省博物馆
重庆市	3	重庆市文物考古所、重庆中国三峡博物馆、红岩连线
四川省	10	四川博物院、四川省文物考古研究院、金沙遗址博物馆、杜甫草堂博物馆、中国彩灯博物馆、三星堆博物馆、自贡恐龙博物馆、成都博物院、成都永陵博物馆、成都数字文化文物信息平台
云南省	2	云南省博物馆、云南民族博物馆
陕西省	5	陕西历史博物馆、秦始皇兵马俑博物馆、汉阳陵考古陈列馆、法门寺博物馆、茂陵博物馆
甘肃省	2	甘肃省博物馆、敦煌研究院
新疆维吾尔自治区	1	新疆维吾尔自治区博物馆
港澳台地区	5	香港古物古迹办事处、香港历史博物馆、澳门博物馆、澳门艺术博物馆、台北故宫博物院

资料来源：http://www.sach.gov.cn/col/col65/index.html，虽然该网站的统计并不全面，但能基本反映我国文博单位地域分布的特征。

(三) 历史文化名城（镇、村）的开发利用现状

1. 历史文化名城的开发利用现状

我国是历史悠久的文明古国，在历史进程中，许多城市作为古代全国或区域性的政治、经济、文化中心或军事重地，发生过许多重大的历史事件，有着丰富的历史文化积淀和城市遗址、文物古迹等，国家以"历史文化名城"对其进行命

名和保护。截至 2013 年 11 月 18 日，国务院共公布 123 座城市为中国历史文化名城。我国对历史文化名城的保护和开发利用主要是通过对古城、历史街区的保护和开发利用实现的，其利用的方式主要为城市文化旅游。下面以平遥古城、苏州平江历史街区的保护与开发利用的案例说明历史文化名城的保护与开发利用。

（1）平遥古城案例。平遥古城是目前中国保存完整的一座古代县级城池，保存了 14~20 世纪中国汉民族中原地区县级城市的真实风貌，并于 1997 年列入世界文化遗产名录，也被列入第二批国家历史文化名城名录。平遥古城的文化价值主要体现在三个方面：一是城市格局体现了左文右武、左祖右社、左右对称、排列有序的汉民族传统礼制和城市规划的发展脉络；二是作为晋商的主要发源地之一，在 19~20 世纪初成为全国的金融业中心；三是由古城墙、古街巷、古店铺、古民居、古寺庙等众多文化遗存组成的完整的建筑群体系被完整地保留下来，在很大程度上体现了该城市的社会、经济、文化、艺术、科学、技术和产业等方面的发展状况。

平遥古城的保护规划主要进行了两次，一次是 20 世纪 80 年代初阮仪三教授同山西省城乡规划院编制了《平遥县城市总体规划》，另一次是 2000 年上海同济大学和山西省城乡规划院联合对《平遥县城市总体规划》进行了调整修订。规划的主要内容包括："将旅游业作为核心职能发展，不再支持在县城内（包含新城区）布置一般工业；突出体现县城的文化服务职能。控制古城人口，适当迁移人口并且保持古城有秩序的活力。近、远期以向西、西南发展为主，远景以向西南发展为主。"规划城市结构总体为："功能上分为古城区和新城区两大功能组团，即通过新区的整体开发和建设，缓解古城压力，全面保护古城。通过古城的保护和旅游开发，又促进新区的建设。"目前，平遥古城主要以旅游业为支撑产业，年接待游客量超过 300 万人次。

（2）苏州平江路历史街区案例。1986 年，在苏州城市总体规划中就确定了"全面保护古城风貌，积极建设现代化新区"的指导思想，2003 年苏州市政府又颁布了《苏州市历史文化名城名镇保护办法》，对古城保护范围、建筑风格、体量、高度、色彩以及文化和景观联系都制订了详细规定。苏州历史文化名城保护工作的另一个特点是进行了详细的分区，将老城区分为 54 个街坊，分批保护。苏州的平江历史街区的保护和利用是成功的典范。

苏州城诞生于 2500 多年以前，伍子胥是城市的第一任规划师。平江历史街区是苏州古城的缩影，拥有 2500 多年的历史，是苏州古城目前保存最典型、最完整的历史文化保护区，至今保护着路河并行的双棋盘格局和小桥、流水、人家、小巷的江南水城风貌，与南宋《平江图》格局基本一致，集中体现了苏州古城的城市特色与价值，是古代城市规划与建设的杰出典范。这一古城景观的保存和再现得益于一系列的保护措施与保护工程的开展。2002年12月6日由苏州市城投公司和平江区国资公司共同组建了苏州平江历史街区保护整治有限责任公司，负责工程的具体实施，并请由全国名城保护专家阮仪三教授领衔对平江路风貌保护与环境整治进行总体把关。首先，历史街区的保护基于规划设计。在同济大学编制的《苏州平江路街景保护整治规划》基础上，2003年3月同济大学又编制了《苏州市平江路景观设计》，同年11月苏州市规划设计院对有关规划进行了深化并形成了《平江路风貌保护与环境整治规划》。2004年2月，同济大学又基本完成了《平江历史街区保护整治规划（期末简报）》，2009年7月，在《平江路风貌保护与环境整治规则》的基础上，同济大学编制了《平江历史街区保护整治规划（评审稿）》。其次，注重历史街区的基础设施改造。完成了平江路全线（1090米）的污水、雨水、供电、供水、煤气、电信、有线电视、路灯、自来水远程控制及街景控制10种管线的敷设，完成了平江路"三线入地"。采用小青瓦、黄道砖、弹石片等材料翻建了平江路及其支巷接口的道路，翻建面积超过1万平方米。平江路主路均采用旧石板，翻建后的道路保持了原有尺度和传统风貌。改建了胜利桥、朱马交桥。为了使平江路路面风貌协调，铺设路面的石材必须使用苏州金山石料，并且规定了尺寸、厚度、颜色等，采用传统工艺对石材进行加工，并对这些石材进行做旧处理。此外，按照"修旧如旧"的原则，完成了平江路沿线的近2万平方米房屋的修缮工作。

2009年平江路被批准为首批"中国历史文化名街"，成为国内外历史街区改造中的经典案例。平江路延续了唐宋以来的完整的空间形态与格局，以及古街蓬勃的生命力。平江路这条历史名街从物质空间到氛围意境再到行为活动，都被完整保存下来。平江路成为苏州的特色旅游街区，古城风韵十足，旅游业态丰富，每年吸引了众多的国内外游客。

2. 历史文化名镇的开发利用现状

历史文化名镇是指保存文物特别丰富且具有重大历史价值或纪念意义的、能较完整地反映一些历史时期传统风貌和地方民族特色的古镇。自2003年以来，全国共公布了5批181个历史文化名镇。按照古镇的历史价值与风貌特色可将其分为商贸交通型古镇、传统建筑型古镇、革命历史型古镇、地域民俗民风型古镇等。我国的历史文化名镇以传统建筑型古镇的比例最大，多集中在江苏、浙江、广东和重庆等省市，其次是地域民俗民风型古镇，集中分布在四川、云南、贵州、重庆等省市。从空间分布看，南方历史文化名镇多于北方，东部、西部多而中部少。我国的历史文化名镇有两大集聚分布区：一大集聚分布区是长江中下游的江南水乡古镇集聚区，另一大集聚分布区是长江中上游的重庆、四川古镇集聚区（见表8-3）。大多数古镇拥有世界级或国家级文化遗产、非物质文化遗产、全国重点文物保护单位，因而具有良好的旅游业发展基础和外部环境，旅游开发是古镇开发的主要形式。下文以东部的周庄古镇和西部的黄龙溪古镇为例，介绍历史文化名镇的开发利用状况。

表 8-3   中国历史文化名镇的地域分布

地区	数量（个）	古镇名录（入选批次）
北京市	1	密云县古北口镇（4）
天津市	1	西青区杨柳青镇（4）
河北省	6	蔚县暖泉镇（2）
		永年县广府镇（3）
		邯郸市峰峰矿区大社镇（4）
		井陉县天长镇（4）
		涉县固新镇（5）
		武安市冶陶镇（5）
山西省	7	灵石县静升镇（1）
		临县碛口镇（2）
		襄汾县汾城镇（3）
		平定县娘子关镇（3）
		泽州县大阳镇（4）
		天镇县新平堡镇（5）
		阳城县润城镇（5）
内蒙古自治区	2	喀喇沁旗王爷府镇（4）
		多伦县多伦淖尔镇（4）
辽宁省	2	新宾满族自治县永陵镇（2）
		海城市牛庄镇（4）
吉林省	2	四平市铁东区叶赫镇（4）
		吉林市龙潭区乌拉街镇（4）
黑龙江省	2	海林市横道河子镇（3）
		黑河市爱辉镇（4）

表8-3（续）

地区	数量（个）	古镇名录（入选批次）
上海市	8	金山区枫泾镇（2）
		青浦区朱家角镇（3）
		南汇区新场镇（4）
		嘉定区嘉定镇（4）
		嘉定区南翔镇（5）
		浦东新区高桥镇（5）
		青浦区练塘镇（5）
		金山区张堰镇（5）
江苏省	19	昆山市周庄镇（1）
		苏州市吴江区同里镇（1）
		苏州市吴中区甪直镇（1）
		苏州市吴中区木渎镇（2）
		太仓市沙溪镇（2）
		姜堰市溱潼镇（2）
		泰兴市黄桥镇（2）
		南京市高淳区淳溪镇（3）
		昆山市千灯镇（3）
		东台市安丰镇（3）
		昆山市锦溪镇（4）
		扬州市江都区邵伯镇（4）
		海门市余东镇（4）
		常熟市沙家浜镇（4）
		苏州市吴中区东山镇（5）
		无锡市锡山区荡口镇（5）
		兴化市沙沟镇（5）
		江阴市长泾镇（5）
		张家港市凤凰镇（5）

表8-3(续)

地区	数量（个）	古镇名录（入选批次）
浙江省	16	嘉善县西塘镇（1）
		桐乡市乌镇（1）
		湖州市南浔区南浔镇（2）
		绍兴市柯桥区安昌镇（2）
		宁波市江北区慈城镇（2）
		象山县石浦镇（2）
		绍兴市越城区东浦镇（3）
		宁海县前童镇（3）
		义乌市佛堂镇（3）
		江山市廿八都镇（3）
		仙居县皤滩镇（4）
		永嘉县岩头镇（4）
		富阳市龙门镇（4）
		德清县新市镇（4）
		景宁畲族自治县鹤溪镇（5）
		海宁市盐官镇（5）
安徽省	5	肥西县三河镇（3）
		六安市金安区毛坦厂镇（3）
		歙县许村镇（4）
		休宁县万安镇（4）
		宣城市宣州区水东镇（4）
福建省	7	上杭县古田镇（1）
		邵武市和平镇（2）
		永泰县嵩口镇（4）
		宁德市蕉城区霍童镇（5）
		平和县九峰镇（5）
		武夷山市五夫镇（5）
		顺昌县元坑镇（5）

表8-3(续)

地区	数量（个）	古镇名录（入选批次）
江西省	4	浮梁县瑶里镇（2）
		鹰潭市龙虎山风景区上清镇（3）
		横峰县葛源镇（4）
		吉安市青原区富田镇（5）
山东省	1	桓台县新城镇（4）
河南省	7	禹州市神垕镇（2）
		淅川县荆紫关镇（2）
		社旗县赊店镇（3）
		开封县朱仙镇（4）
		郑州市惠济区古荥镇（4）
		确山县竹沟镇（4）
		郏县冢头镇（5）
湖北省	9	监利县周老嘴镇（2）
		红安县七里坪镇（2）
		洪湖市瞿家湾镇（3）
		监利县程集镇（3）
		郧西县上津镇（3）
		咸宁市汀泗桥镇（4）
		阳新县龙港镇（4）
		宜都市枝城镇（4）
		潜江市熊口镇（5）
湖南省	5	龙山县里耶镇（2）
		望城县靖港镇（4）
		永顺县芙蓉镇（4）
		绥宁县寨市镇（5）
		泸溪县浦市镇（5）

表8-3(续)

地区	数量（个）	古镇名录（入选批次）
广东省	10	广州市番禺区沙湾镇（2）
		吴川市吴阳镇（2）
		开平市赤坎镇（3）
		珠海市唐家湾镇（3）
		陆丰市碣石镇（3）
		东莞市石龙镇（4）
		惠州市惠阳区秋长镇（4）
		普宁市洪阳镇（4）
		中山市黄圃镇（5）
		大埔县百侯镇（5）
广西壮族自治区	3	灵川县大圩镇（2）
		昭平县黄姚镇（3）
		阳朔县兴坪镇（3）
海南省	4	三亚市崖城镇（3）
		儋州市中和镇（4）
		文昌市铺前镇（4）
		定安县定城镇（4）

表8-3(续)

地区	数量（个）	古镇名录（入选批次）
重庆市	16	合川县涞滩镇（1）
		石柱县西沱镇（1）
		潼南县双江镇（1）
		渝北区龙兴镇（2）
		江津市中山镇（2）
		酉阳土家族苗族自治县龙潭镇（2）
		北碚区金刀峡镇（3）
		江津市塘河镇（3）
		綦江区东溪镇（3）
		九龙坡区走马镇（4）
		巴南区丰盛镇（4）
		铜梁县安居镇（4）
		永川区松溉镇（4）
		荣昌县路孔镇（5）
		江津区白沙镇（5）
		巫溪县宁厂镇（5）

表8-3(续)

地区	数量（个）	古镇名录（入选批次）
四川省	17	邛崃市平乐镇（2）
		大邑县安仁镇（2）
		阆中市老观镇（2）
		宜宾市翠屏区李庄镇（2）
		双流县黄龙溪镇（3）
		自贡市沿滩区仙市镇（3）
		合江县尧坝镇（3）
		古蔺县太平镇（3）
		巴中市巴州区恩阳镇（4）
		成都市龙泉驿区洛带镇（4）
		大邑县新场镇（4）
		广元市元坝区昭化镇（4）
		合江县福宝镇（4）
		资中县罗泉镇（4）
		屏山县龙华镇（5）
		富顺县赵化镇（5）
		犍为县清溪镇（5）
贵州省	6	贵阳市花溪区青岩镇（2）
		习水县土城镇（2）
		黄平县旧州镇（3）
		雷山县西江镇（3）
		安顺市西秀区旧州镇（1）
		平坝县天龙镇（4）

表8-3(续)

地区	数量（个）	古镇名录（入选批次）
云南省	7	禄丰县黑井镇（2）
		剑川县沙溪镇（3）
		腾冲县和顺镇（3）
		孟连县娜允镇（4）
		宾川县州城镇（5）
		洱源县凤羽镇（5）
		蒙自县新安所镇（5）
西藏自治区	2	乃东县昌珠镇（3）
		萨迦县萨迦镇（4）
陕西省	3	铜川市印台区陈炉镇（4）
		宁强县青木川镇（5）
		柞水县凤凰镇（5）
甘肃省	7	宕昌县哈达铺镇（2）
		榆中县青城镇（3）
		永登县连城镇（3）
		古浪县大靖镇（3）
		秦安县陇城镇（4）
		临潭县新城镇（4）
		榆中县金崖镇（5）
新疆维吾尔自治区	2	鄯善县鲁克沁镇（2）
		霍城县惠远镇（3）

资料来源：中国最新 181 个历史文化名镇名单 http：//www.360doc.com/content/11/0404/22/1152545_107235417.shtml.

（1）周庄古镇案例。周庄古镇自古有商业重镇、黄金水道之美誉，是典型的江南水乡古镇，2001 年被命名为"中国首批十大历史文化名镇"。1984 年，陈逸飞画作《故乡的回忆》使周庄人萌生了开发旅游的思路。1986 年，同济大学阮仪三教授主持编修的《周庄古镇保护规划》提出"保护古镇，开发新区，发展旅游，振兴经济"的方针，开创了江南水乡古镇保护与开发的先河。1995 年，周庄古镇建立了"周庄古镇保护基金"，将古镇每年旅游门票收入的 10%（2003 年后提升至 15%）用于古镇保护。2000 年，周庄投资 1800 多万元，开创了古镇保护

"三线"（电力、通信、有线电视）地埋的先河。2001 年，周庄古镇投资 3000 万元实施污水处理工程，较好地保护了古镇区域水环境。2003 年，周庄古镇投资 1500 万元实施了古镇区绿化工程。2003 年，周庄古镇获"亚太地区世界文化遗产保护杰出成就奖"，并列入"世界文化遗产预备清单"。周庄古镇多年连续投入巨资，对古镇文化遗产、非物质文化遗产进行全方位保护，有效推进了周庄古镇的开发利用，如打造了《四季周庄》实景演出、兴建画家村、风情小镇、江南人家等休闲旅游配套项目，较好地传承发展江南水乡文化与民俗风情；利用周庄文化遗产兴建文化创意产业园，成为"国家级文化产业示范基地"，形成了古镇保护与开发利用的"周庄模式"。

（2）黄龙溪古镇案例。黄龙溪古镇位于四川盆地西南，距成都市区 36 千米，是一个依山傍水、环境清幽、风貌古朴、文化底蕴深厚的川西乡土古镇。现在的黄龙溪古镇为清初所建，其传统街区的特点是古建筑数量多而集中，保存较为完整。镇内至今保存有典型的明清时代建筑和七条街巷：正街、复兴街、横街、上河街、下河街、背街（现名新兴街）、巷子街（鱼鳅巷）。街巷总长 1146 米，街面宽度 3.5 米，两旁均为一、二层传统民居建筑，或临街廊柱排列，或二楼挑台突出。原来街面全由石板铺成，现在正街和复兴街尚保留。黄龙溪古镇的开发利用原则是"保护优先，在保护下谋发展"。

黄龙溪古镇的保护以规划为先导、以原真性为基准。1993 年，黄龙溪古镇首次编制了《黄龙溪古镇保护规划》。在此基础上，黄龙溪古镇根据历史文化名镇保护要求和《双流县黄龙溪总体规划》，2006 年又邀请西南交通大学建筑勘察设计研究院完成了《双流县黄龙溪历史文化名镇保护规划（2006—2020）》，以规划为保护、持续发展的先导，以分区保护为手段，以原真性为基准，更加科学和有效地实施对黄龙溪古镇的保护。黄龙溪古镇的核心保护区面积为 3.93 公顷，是明清历史街区和川西民居建筑群的核心区，黄龙溪古镇除对现存历史街区民居建筑进行常规性维护和修复，拆除景区范围内不符合历史风貌的建筑以外，还按照"修旧如旧"的原则先后投入资金 1.6 亿元，完成了古街、古桥、古碑、古码头、古寨门、古院落等古迹维护，重现水码头的繁盛景象。2009 年，黄龙溪古镇立足原貌再现、复兴文化，实现历史文化和现实功能的双重价值，按照古镇原有建筑风貌和发展格局，投入 2.2 亿元启动"天府第一名镇"建设，完成了"黄龙见水、溪通古蜀"一期打造工程；2010 年，黄龙溪古镇再次筹集 4.8 亿元资金，启动了"溪水浸滴三千年——水满黄龙溪"名镇打造二期工程。通过名镇打造工程，古镇整体形象和产业发展水平得到大幅提升，并成功进入国内一线旅游市场。2012 年，黄龙溪古镇启动了 34 个重点建设项目，打造"国际文化旅游度假目的地"。

2013年国庆节，黄龙溪古镇接待游客71万人次，成为四川景区接待量的亚军。

3. 历史文化名村的开发利用现状

历史文化名村是指保存文物特别丰富且具有重大历史价值或纪念意义的、能较完整地反映一些历史时期传统风貌和地方民族特色的村落。自2003年起，我国共公布了五批历史文化名村，共169个。从地域分布看，山西省的历史文化名村最多，有23个，其次是江西省，有17个，福建省有16个，广东省有15个，浙江省有14个，贵州省有11个，而其他省市则较少（见图8-1）。按特色可将历史文化名村分为古建筑村落、自然生态村落、民俗风情村落和综合型村落四种类型。事实上，还有许多能反映一些历史时期传统风貌和地方民族特色的村落分散分布在全国各地，但还没有申报成为历史文化名村，但无论是其保护还是开发都存在许多问题。

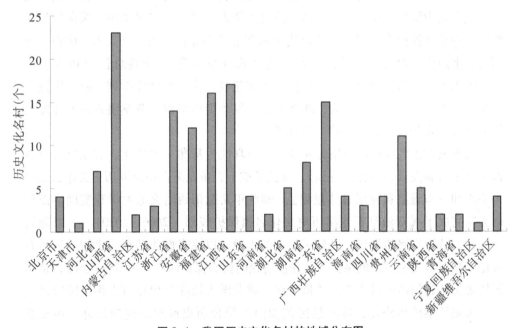

图 8-1 我国历史文化名村的地域分布图

历史文化名村的开发利用与其形成过程密不可分，对历史文化名村的形成和发展过程进行分析，可以得出影响历史文化名村形成的主要因素有以下3个方面：

（1）中国传统的"趋吉避凶"风水观对村落选址的影响。自古以来，人们对村落选址要求要有良好的自然环境条件，适宜人类生存、生活和发展。

（2）对地形的考究，要求耕作便利且居住安全。因此，人们认为河流交汇处、盆地中心、河谷阶地是理想的村落选址位置。

（3）经济发展水平是影响历史文化名村形成的重要保障。历史文化名村较为集中的地方，历史上大多曾经是经济繁华的地带。例如，山西省的历史文化名村数量居全国之冠，在很大程度上与这里是清代全国的金融中心密切相关，商贾富豪们竞相建造豪宅、大院，并成为今天历史文化名村的重要文化遗产。

近年来，各地对历史文化名村的保护和利用越来越重视，将美丽乡村建设和休闲旅游业发展相结合，使历史文化名村焕发出勃勃生机。以山西省的良户历史文化名村为例，该历史文化名村由良户村和寨上村两个自然村落组成。良户村主要街巷有正街、东街、西街、太平街、后街、抱厦底街、圪塔巷等，总长千余米，街道脉络清晰、景观连续，总体保存比较完整。寨上村则由一处保存完整的堡寨聚落组成，主要街道沿堡墙环状分布，颇具特色。如今，良户村的保护和开发得到各方重视，在基础设施改善方面取得初步成效，在不久的将来旅游业也将蓬勃发展。

（四）文化生态保护实验区

文化生态保护实验区是指在一个特定的区域中，通过采取有效的保护措施，修复非物质文化遗产和与之相关的物质文化遗产，以及与人们的生活和生产紧密相关的文化生态环境。文化生态保护区将民族民间文化遗产原状地保存在其所属的区域及环境中，使之成为"活文化"，是我国文化遗产的重要组成部分。

自 2007 年起，我国先后设立了 15 个国家级文化生态保护实验区，分别是闽南文化生态保护实验区（福建省）、徽州文化生态保护实验区（安徽省、江西省）、热贡文化生态保护实验区（青海省）、羌族文化生态保护实验区（四川省、陕西省）、客家文化（梅州）生态保护实验区（广东省）、武陵山区（湘西）土家族苗族文化生态保护实验区（湖南省）、海洋渔文化（象山）生态保护实验区（浙江省）、晋中文化生态保护实验区（山西省）、潍水文化生态保护实验区（山东省）、迪庆民族文化生态保护实验区（云南省）、大理文化生态保护实验区（云南省）、陕北文化生态保护实验区（陕西省）、客家文化（赣南）生态保护实验区（江西省）、铜鼓文化（河池）生态保护实验区（广西壮族自治区）、黔东南民族文化生态保护实验区（贵州省）。

这些国家级文化生态保护实验区设立的目的不仅是物质文化遗产与非物质文化遗产的保护与传承，研究和开发也是其重点。表 8-4 列举了这些实验区的特色和旅游开发现状或前景。

表 8-4   国家级文化生态保护实验区的特色与旅游开发

编号	名称	保护对象与特色	旅游开发状况（或前景）
1	闽南文化生态保护实验区（福建省）	这里比较完整地保留了闽越文化、古代中原文化和海洋文化的遗存，并与近现代工业文明相结合，形成了独具特色的闽南文化体系。	建立多个传习所、非遗博物馆和非遗展示中心。
2	徽州文化生态保护实验区（安徽省、江西省）	徽州文化是指徽州人在其生活的自然环境中，所创造出来的一切社会文明成果。徽州文化的表现形式有城镇规划、村落布局、徽派建筑、商贸习俗、宗法制度、佃扑制度、新安理学、徽州朴学、新安文学、新安画派、徽派篆刻、徽派盆景、徽州戏曲、新安医学、程大位珠算法、歙砚制作、节俗、方言等生产生活方式和社会习俗。这些文化表现形式，有以物质形态存在的物质文化遗产，也有以非物质文化形态存续的非物质文化遗产。	实验区整修扩建、新建中国徽州文化博物馆、休宁县状元文化博物馆、潜口民宅博物馆等一批重点文化项目。游人能欣赏到徽州木雕、砚雕、竹雕、砖雕、制墨、撕纸书法和黄山毛峰制作等。
3	热贡文化生态保护实验区（青海省）	实验区保护建设工作重点以藏族、土族、汉族、回族、蒙古族等世居民族创造和秉承的文化遗产为保护内容，其中热贡艺术是我国艺术园地中的一朵奇葩，产生于公元 13 世纪的青海黄南藏族地区，包括唐卡、壁画、堆绣、雕塑等绘画造型艺术，以藏传佛教中的佛本生故事、藏族历史人物和神话、传说、史诗等为主要表现内容。2009 年 10 月，热贡艺术被列入世界非物质文化遗产代表名录。	目前启动坎布拉景区南宗峰栈道、黄南州非物质文化博物馆及其文化广场、热贡文化园区、同仁历史文化名城传统街区维修保护等 12 个大项目，总投资 8.4 亿多元，预计到 2015 年将基本完成，届时文化产业收入达到 10 亿元，旅游人数达到 260 万人次，旅游总收入达到 20 亿元。

表8-4(续)

编号	名称	保护对象与特色	旅游开发状况（或前景）
4	羌族文化生态保护实验区（四川省、陕西省）	保护对象为划定范围内的自然环境、自然保护区（卧龙自然保护区，省级自然保护区：三江生态区、白羊自然保护区、草坡自然保护区、九顶山自然保护区、宝顶沟自然保护区、米亚罗风景区）、历史遗迹（营盘山文化遗址、姜维城古文化遗址等）、重点文物保护单位（如桃坪羌寨、鹰嘴河寨碉群等国家级重点文物保护单位11处，省级文物保护单位14处，州级文物保护单位23处）以及构成羌族文化生态保护实验区的核心内容——以活态存在并传承的非物质文化遗产，即羌族建筑、羌族民俗、羌族服饰、羌族文学、羌族艺术、羌族语言、羌族传统工艺以及相关实物、文字、图片、音像资料等重要内容。	羌族文化生态保护区范围内的灾后文化恢复重建项目共有429项，规划建设资金21.3亿元，其中大多数遗产资源均已开发成旅游产品。例如，汶川县2009年的游客接待量为85.8万人次，旅游总收入为2.03亿元，2012年接待游客600.08万人次，旅游总收入达25.01亿元。
5	客家文化（梅州）生态保护实验区（广东省）	广东梅州是客家文化主要发源地和客家文化向外传播的核心区之一，传统文化底蕴丰厚，其丰富的非物质文化遗产资源，与自然生态环境、文物古迹、村落相互依存，形成了独具特色的岭南客家文化群落。	以客家文化为重点开发了看围龙屋、听客家山歌、品客家饭菜、体客家文化等多种形式的旅游产品。2009年梅州市接待过夜游客553.5万人次，旅游总收入为54.56亿元；2012年梅州市接待游客1457.98万人次，旅游总收入150.12亿元。
6	武陵山区（湘西）土家族苗族文化生态保护实验区（湖南省）	该区域为土家族、苗族集聚地区，在长期历史发展过程中当地土家族、苗族人民创造了丰富多彩的民族传统文化，包括世代相传的非物质文化遗产，如神话、传说、歌谣、鼓舞、织锦、刺绣、印染等，与当地自然环境，古村镇、古建筑相依相存，形成了较为完整的文化生态区域。	文化旅游已成为湘西发展的最大门路和重要经济增长极，其中凤凰、矮寨、芙蓉镇、里耶等景区成为热点，通过基础设施和服务配套建设，全面提升旅游发展水平，2012年湘西州实现旅游收入105亿元。

表8-4(续)

编号	名称	保护对象与特色	旅游开发状况（或前景）
7	海洋渔文化（象山）生态保护实验区（浙江省）	保护对象为象山县内与渔文化相关的自然生态、历史遗迹，特别是以活态存在并传承的各种非物质文化遗产。象山县已拥有国家级非物质文化遗产名录项目4项，省级10项，市级28项，县级116项；拥有国家级非物质文化遗产项目代表性传承人1人，省级5人，市级6人，县级11人；市级传承基地5个，县级8个。	近年来，象山利用丰厚的渔文化底蕴，推进渔文化与旅游深度融合，打造渔文化体验之旅，探索非物质文化遗产向旅游产品转化的模式。游客到象山除了可以品尝当季海鲜外，还可以亲身体验渔民生活，感受渔文化带来的魅力。
8	晋中文化生态保护实验区（山西省）	该实验区北接草原、南引中原，东西两山环抱，汾河、黄河文明彰显，草原文化与黄土高原的农耕文化、商业文化交相融会，形成了厚重特殊的历史文化遗存。该区域的历史典型性、资源多样性、遗存传承性，在中华民族多元一体文化格局中占有突出地位，是华夏传统文化的典型代表和重要组成部分。	晋中文化旅游核心区的重大规划已经启动，将促进榆太祁平地区文化旅游资源与资本、人才、策划、管理等市场要素更紧密结合，其中涉及文化传承、节庆习俗、特色职业教育、接待和观光4大类15个具体的文化旅游项目，总面积600万平方米，总投资约300亿元。
9	潍水文化生态保护实验区（山东省）	潍水是一个历史地理概念，是我国历史上一条古老的河流（又称潍河）。潍水区域是齐文化形成的核心地带和齐文化传承发展的重要区域，这里逐步孕育形成了以潍坊地区为核心、以民间文化为特色的区域文化体系。自明清以来，潍水流域经济发达、文化繁荣，民间工艺制作形成规模，在我国民艺商贸史上有"南苏州，北潍县"之称。20世纪中后期，潍坊地区的风筝、年画、剪纸、泥塑、核雕、嵌银漆器、仿古铜、布玩具、刺绣、草编、砖雕等传统工艺得到广泛传承、快速发展，受到国内外的广泛关注。	据不完全统计，潍坊市目前有较大规模的风筝厂300多家，从业人员1万多人，年销售风筝2亿只，风筝每年带来的直接销售收入达到20多亿元。对风筝文化的挖掘打造还产生了连带效益，带动了当地交通、旅游、餐饮等行业及城市建设的发展步伐。
10	迪庆民族文化生态保护实验区（云南省）	该区域与迪庆州境内的藏族文化为主体，包括傈僳、纳西、白、彝、普米、回、苗等26个民族民间传统文化在内的集自然遗产、物质文化遗产和非物质文化遗产于一体的整体多样性文化生态保护区。	迪庆州以民族文化生态保护实验区批设为契机，大力推进文化与旅游产业的深入融合发展，以文化旅游业的繁荣发展带动全州社会经济的全面发展。

表8-4（续）

编号	名称	保护对象与特色	旅游开发状况（或前景）
11	大理文化生态保护实验区（云南省）	大理被誉为"亚洲文化十字路口的古都"、"多元文化与自然和谐共荣的精神家园"，在长期历史发展过程中，当地白族、彝族等各族人民创造了丰富多彩的民族传统文化，包括世代相传的非物质文化遗产，如神话、传说、歌谣、鼓舞、织锦、刺绣、印染等，与当地自然环境，古村镇、古建筑相依相存，形成了较为完整的文化生态区域。	大理地区历来是我国的旅游热点区域，2011年全州接待海内外游客1847.28万人次，实现旅游总收入195.36亿元，比上年增长41.15%。
12	陕北文化生态保护实验区（陕西省）	以保护和传承陕北说书、陕北民歌、榆林小曲、洛川剪纸等一批非物质文化遗产为目的。延安、榆林两地有国家级非物质文化遗产项目19项、省级项目66项、市级项目107项、县级项目505项。	
13	客家文化（赣南）生态保护实验区（江西省）	赣南是客家文化的主要发源地和传承地，也是全国最大的客家聚居地。	近年来，赣州把非物质文化遗产保护摆在重要位置，对客家文化资源加快挖掘保护、开发利用，于2010年4月启动申报和建设客家文化（赣南）生态保护实验区工作。
14	铜鼓文化（河池）生态保护实验区（广西壮族自治区）	铜鼓文化（河池）生态保护实验区范围为河池市全境。保护重点是村落文化空间，以铜鼓习俗文化空间、蚂拐节文化空间、民间（山歌）文化空间、表演艺术文化空间、传统技艺文化空间为主要内容。	铜鼓文化生态保护区计划建设非物质文化遗产生态保护村35个、传习（馆）所40个、展示馆6个、铜鼓亭6个。
15	黔东南民族文化生态保护实验区（贵州省）	黔东南不仅是地域名称，也是一种典型的文化形态。黔东南苗族侗族自治州是一个以苗族、侗族为主体民族的多民族区域自治地方，共有33个少数民族和2个待识别民族，其中世居民族10个，他们共同创造、发展了具有鲜明地域特色和民族特色的黔东南文化，也是中华民族文化的重要组成部分，具有不可替代的文化价值。	例如，2013年春节期间，雷山县推出系列独具特色的民族特色文化活动，西江千户苗寨、郎德上寨、县城民广场等景点都吸引了大量游客。雷山县春节期间共接待游客19.53万人次，实现旅游综合收入1.93亿元，与上年同期相比分别增长了29%和96%。

● 第二节　文化遗产资源的创新开发

当前，文化遗产旅游是文化遗产资源开发利用的主要形式，但文化遗产资源的价值更多地体现在文化价值、社会价值和研究价值等方面，本节就文化遗产资源的创新开发利用进行探讨。

一、积极推进文化遗产资源的产业化和创新化开发

（一）文化遗产旅游创新

我国的文化遗产旅游开发大多是从文化遗产资源保护或可持续发展角度出发，而较少地从旅游者角度思考，因此文化遗产旅游创新开发主要是指从游客的感知的角度创新开发思路、运营模式以及产品服务体系。李玺、毛蕾以我国澳门为例提出了文化遗产旅游的创新性开发策略如下：

（1）从发展思路看，澳门可以采取"分区发展，以点带面，精品领先"的发展思路；

（2）从运营模式看，为了更好地管理、运作、开发澳门世界文化遗产，需要积极鼓励社区参与文化遗产旅游开发；

（3）从产品服务体系看，由于游客在澳门文化遗产旅游方面的需求具较大差异性，在世遗景点后续开发时，应针对不同游客，打造出多功能、立体化产品体系。

例如，针对一般观光客，开发和推荐地标性的景点，如大三巴、大炮台、妈祖阁等。针对希望深入了解澳门文化的游客，则应开发深度体验型的产品，如通过文化活动的演绎或游客的参与来帮助其深入体验澳门传统文化。此外，在澳门世界遗产景点中，有许多艺术、民俗以及建筑方面的经典元素，可以将其加以整合以适合专业研究型游客的需求。相信通过多层次和立体化的产品开发能够解决澳门世界遗产景点之间冷热不均的问题。澳门要利用传统媒体不断更新导览图、宣传资料、开放时间等，完善旅游标识系统，利用现代和新兴媒体更好地引导游客游览文化遗产景点。对于单体型文化遗产资源的旅游化开发更需要创新思维，拓展旅游空间、开发旅游产品体系。

（二）智慧博物馆和移动博物馆的建设

传统的实体博物馆大多是以"物—人"的信息交互方式，观众只能在实体博物馆中观赏藏品。但随着现代信息技术的发展，新技术不断应用到博物馆领域，

出现了数字博物馆、虚拟博物馆、网络博物馆、掌上博物馆、新媒体博物馆、泛在博物馆、智慧博物馆等形态多样的数字化博物馆，其突出的特征是数字化、网络化和虚拟化。智慧博物馆将是博物馆发展的趋势，实现了"人—人"、"物—物"的多向信息交换（见图8-2）。2007年8月，国际博物馆协会也修订了博物馆的定义和功能，更加明确提出要充分发挥博物馆的社会作用，创新展示教育传播的内容、形式、手段，强化藏品保护研究和博物馆学术研究，进而提高博物馆公共文化服务水平，更好地满足人们的精神文化需求。2014年3月5日，全国智慧博物馆试点工作在成都召开，标志着我国开启了建设智慧博物馆的步伐，相信在未来智慧博物馆将成为更受公众喜爱和应用更广泛的博物馆形式。

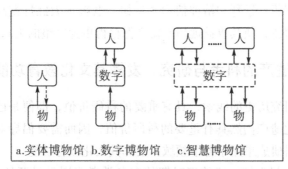

图8-2 不同类型博物馆的交互方式比较

资料来源：陈刚. 智慧博物馆——数字博物馆发展新趋势.

移动博物馆包括两种形式，一种形式是移动博物馆实体，另一种形式是与其他博物馆进行互换的方式。

一般而言，博物馆都是不可移动的建筑物，人们要参观博物馆，必须亲身前往，但许多因素制约了人们无法去博物馆参观，因此人们提出了建设移动博物馆的解决方案。2006年，美国自然与历史博物馆首次用一辆37英尺（约11米）长的大客车改装成车载"移动博物馆"，通过各种模型、实物展示最新发现的恐龙骨骼化石，并在纽约市各中小学进行巡回展示。2009年，莫斯科地铁投入运营的"移动画展—水彩画"号列车，在车上挂满水彩画供乘客欣赏，也是移动博物馆的范例。2010年，北京中国农业博物馆也建成了一个移动博物馆，这个移动博物馆由集装箱和大卡车组成。在集装箱中安放上特制的展柜，就可以办小型展览。如果将2~4个集装箱组合起来，还可办更大规模的展览。在这个"移动博物馆"不大的空间里，包括有文物展示、数字展示，以及有趣的学习游戏等展示手段，都是为"文化下乡、科技下乡"而设计的。可以预见，移动博物馆的建设将是未来的一种趋势。

另外一种创新利用博物馆的方式是不同地域博物馆之间搭建合作平台，定期或不定期地举行博物馆藏品互换展览活动，提高博物馆的利用水平和社会价值。

（三）为文学创作提供创意源泉，为影视作品提供创作基地

在文学和影视作品中，文化遗产不是主体，只是为文学创作提供创意源泉、为影视拍摄提供基地，表现出对文化遗产的间接利用，但往往能够为文化遗产的保护和宣传带来意想不到的效果。例如，我国现代著名作家沈从文先生的故乡在湖南湘西的凤凰古城，凤凰古城的文化遗产十分丰富，成为沈从文先生创作的源泉，其作品体现出厚重的"凤凰情结"：以汉、苗杂居的凤凰故里为核心，在地理上把凤凰放大到湘西地区；在内容上从山川风物扩展到民风民俗；在精神文化上放大到楚文化的图腾、崇拜和精神信仰。又如，电影《大红灯笼高高挂》引爆了山西乔家大院的旅游，使其收益远超于比之保存得更为完整的王家大院。

二、倡导文化遗产的科考与研究，发挥其文化教育功能

文化遗产是研究历史的线索，具有重要的科研价值，即便是已经开发成为旅游热点景区的文化遗产仍然具有重要的科研价值，因而需要倡导对文化遗产的科考与研究，并将科研成果用于各个领域，发挥其文化教育功能。

以重庆大足石刻为例，清乾嘉时期的有名学者张澍最早开始大足石刻研究，其成果有《大足嘉庆志》、《游佛湾记》、《前、后游宝顶记》等，到1945年大足人陈习删与大足石刻考察团将大足石刻研究推入科考领域，如分区、年代鉴定、编号、绘图、摄影等；1956—1984年，大足石刻研究向多学科扩展，但仍然以介绍性文章和从艺术角度研究的文章居多；1985年后，大足石刻研究宣传开拓领域向纵深发展，高潮迭起。截至2000年年底，已发表的论文涉及历史、佛教、道教、儒家及三教合一、考古、图像学、美学、建筑、乐器、文保技术、摄影、电视、宣传教育等方面。运用洞窟考古以及哲学、社会学、宗教学、艺术及美学乃至自然科学的理论方法和成果对石刻艺术进行了多学科综合研究。大足石刻于1980年试行开放，1984年正式对外开放，1999年12月被列入世界文化遗产名录，每年吸引无数国内外游客。2000年以后，大足石刻多次举办国际学术会议，拓展大足石刻的研究、保护领域，不断揭示大足石刻的丰富文化内涵。科考研究成果反过来服务于公众，发挥其文化教育功能。

我国的文化遗产类型多样，分布地域广泛，需要积极倡导社会各界对文化遗产的科考与研究，拓展和深化文化遗产价值的认识，并传播文化遗产的文化价值，丰富公众的相关知识。

三、将文化遗产与城乡建设相结合，构建城乡公共活动空间

从地域分布看，文化遗产分布于城市和乡村两大地域。城市和乡村的文化遗产成为当今城乡生活环境的有机组成部分，将文化遗产与城乡建设相结合，不仅有利于文化遗产的保护，还能展示城乡的历史文化与特色。在此，分别以城市文化遗产与城市建设相结合和乡村文化遗产与乡村建设相结合的案例说明将文化遗产与城乡建设相结合在构建城乡公共活动空间中的地位和作用。

（一）西安曲江新区案例

曲江新区位于西安市东南，区内历史文化积淀深厚，名胜古迹众多，以闻名中外的大雁塔和曲江皇家园林遗址为中心，汇聚了自然风光、人文景观、民俗风情及现代都市文化。曲江新区的近期规划面积为 15.88 平方千米，远期规划面积为 47 平方千米。曲江新区内的历史文化遗产分布见表 8-5。

表 8-5　　　　西安曲江新区的历史文化遗产空间分布及特征

城市空间	文化遗产类型	特征
大雁塔片区	文物建筑 遗址 史籍记载	易感知
大明宫片区	遗址 史籍记载	难以感知
唐芙蓉园片区	史籍记载	无感知

资料来源：张晓明，刘雷，林楚燕. 大遗址周边地区城市开发建设思考 [J]. 西安文理学院学报，2012，15（01）：15-20.

近年来，城市开发建设中的历史文化遗产保护与传承成为规划建筑领域的热点问题。随着文化产业的兴起，以发展旅游业和房地产业为目标，以整体城市设计为手段，对整个城市的历史文化风貌进行恢复和开发成为一种趋势。曲江新区设立于 2003 年，是西安城市发展的新区，在城市建设方面取得了很大成就。一方面，政府主导公共环境建设，利用自然山水格局和文化遗产分布建设了高品质的公共活动空间，如大雁塔北广场、大雁塔南广场、曲江池公园和大唐不夜城（集中布置电影院、图书馆、剧场等文化设施）；另一方面，积极引入市场投资主体，建成了大唐芙蓉园、曲江海洋世界等主题公园，同时建设了一批高品质的房地产项目。

曲江新区城市建设合理保护和开发了文化遗产，形成了文化旅游、会展创意、影视演艺、城市地产四大主导城市产业体系，迅速跃升为西部最为重要的文化、

旅游集散地，陕西文化、旅游产业发展的标志性区域。曲江新区于 2007 年 8 月被国家文化部批准为我国首批"国家级文化产业示范园区"，成为中国的文化遗产与城市建设有机结合的典范。

（二）陕西灵泉村案例

我国的乡村地域广泛，保护和发展乡村文化遗产是社会主义新农村建设的重要任务之一，即将文化遗产与乡村建设发展有机结合是一个难题。其中，乡村的公共空间成为乡村文化遗产保护和利用的重要载体。陕西灵泉村位于合阳县城东15 千米外的黄河西塬上，由老村和新村两个部分组成，村内有福山古建筑群和古寨堡两处历史遗迹，老村现存两个祠堂、两个庙宇和两个四合院较为完整，整个村寨的街巷骨架清晰，但基本处于空废状态。新村为当代普通的兵营式格局，无传统风貌特色。清朝末年，灵泉村的公共生活空间相当完备复杂，有一座总祠堂、三座分祠堂，三义庙、娘娘庙、关帝庙、观音庙、土地庙及马王庙等六座庙宇，两口古井，两座戏楼、一间私塾，林场、马场及晒场三处，村民围绕不同空间开展丰富多彩的公共生活。当代，由于社会经济的冲击和家庭结构的变化导致邻里组织涣散、公共空间退化。随着灵泉村交通区位的改善，该村具有发展旅游业的契机，老村内的公共活动空间被重新设计，确定了"一轴、三心、两环、两片"的空间布局，并赋予了新的活力，不仅成为旅游业发展的重要场所，更为当地村民提供了公共活动空间，延续了地域历史文化与特色。

 复习思考题

1. 请列举我国文化遗产资源的开发利用形式。

2. 文化遗产资源的创新利用有哪些形式？请提出与教材不一样的创新利用方式。

 参考文献

[1] 郑一萍. 第 1~6 批全国重点文物保护单位历史年代数据统计 [J]. 中国文物科学研究, 2011 (2).

[2] 李玺, 毛蕾. 澳门世界文化遗产旅游的创新性开发策略研究——游客感知的视角 [J]. 旅游学刊, 2009 (8).

[3] 陈刚. 智慧博物馆——数字博物馆发展新趋势 [EB/OL]. http://wenku.baidu.com/link? url = YMBdy8R9Cb0F0aJaMyXLRUd6LZLp05kVOtIAq6z87A_

TvxhM4VXB7smg5bKke6M680fAU_ J-uI8EHYLXYPmFCfBjzHY9jA16msWsJf0pg17.

［4］陈灼. 大足石刻百年研究综述［EB/OL］. http：//hk.plm.org.cn/gnews/2011315/2011315226120. html.

［5］张晓明，刘雷，林楚燕. 大遗址周边地区城市开发建设思考［J］. 西安文理学院学报，2012，15（01）.

［6］徐岚. 我国当代乡村设计初探——以陕西灵泉村为例［D］. 西安：西安建筑科技大学，2007.

 **延伸阅读**

黄山市文化遗产的创新利用

近年来，黄山市大力推进文化遗产保护传承和创新利用工作，坚持"保护为主、抢救第一、加强管理、合理利用"的指导方针，紧紧依托国家级徽州文化生态保护实验区和皖南国际文化旅游示范区建设平台，用融合创新"活化"文化遗产并传承发展，尤其是在"活化"古民居、古村落方面取得了显著成效，在创新中传承了徽文化、在利用中保护了古民居。

2009 年，黄山市启动实施"百村千幢"古民居保护利用工程，开创了文化遗产保护利用的新模式。首先，政府建立了以《古村落保护利用暂行办法》等规范性文件为重点的政策体系，让古村落、古民居保护利用工作法制化、规范化、程序化；其次，坚持规划先行、因地制宜、科学保护，"一村一品一幢一策"，原地保护和异地搬迁保护"两条腿"走路，并注重发挥保护中科技的力量，广泛运用木材防腐、古村落污水处理、古民居防火防潮防虫处理、古民居采光通风、古民居外墙保温、古民居异地迁建技术规范等新技术，提升了项目品位，实现了科学保护与永续利用。"百村千幢"保护了古村落、古民居的外延和内涵，更创新和提升了它的使用价值。猪栏酒吧、黄岳画院……一批乡村艺术会所、农家乐、民俗客栈、传统手工作坊等新型业态相继登场，成为旅游市场上的新宠，深受游客喜爱。截至 2012 年年底，工程累计投入资金 44.01 亿元，完成了 101 个古村落的规划编制，实施了 83 个古村落和 1065 幢古民居的保护工作，认租、认领、认购古民居 293 幢，打造了事业、产业方面的新型业态 19 类 600 处，建成了湖边古村落、秀里影视村、黎阳故邸等 13 处集中保护地，真正让古民居、古村落找回昔日光彩。

资料来源：http：//www.huangshan.gov.cn/News/NewsDetails.Aspx？ ArticleId=45391.

第九章 非物质文化遗产资源的开发利用

非物质文化遗产（Intangible Cultural Heritage）是指各族人民世代相承的、与群众生活密切相关的各种传统表现形式（如民俗活动、表演艺术、传统知识和技能以及与之相关的器具、实物、手工制品等）和文化空间。非物质文化遗产是人类的宝贵资源和财富，"活态性"是其最重要的特征。对非物质文化遗产资源的开发利用，一方面能促进当地的社会经济发展，另一方面能促进其保护工作的开展和世代传承。

第一节 非物质文化遗产资源的开发利用现状

对非物质文化遗产资源的开发利用，就是要使这种文化能够在现代生活中延续、繁衍、发挥它的创造力和价值。目前对非物质文化遗产资源的开发主要有旅游产业化开发、文化产业化开发两大形式。

一、旅游产业化开发

旅游产业化开发是我国非物质文化遗产开发利用的主要形式。目前，非物质文化遗产资源的旅游产业开发主要包括旅游景区开发、旅游商品开发和旅游节庆活动开发三大类型。

（一）旅游景区

具体的旅游景区开发利用形式有：建立旅游景区、非物质文化遗产博物馆、主题公园（含民俗村）、融入其他景区四种。

1. 独立的非物质文化遗产旅游景区

从某种意义上说，我国的文化生态保护实验区就是非物质文化遗产旅游景区，它以保护非物质文化遗产为核心，将民族民间文化遗产原状地保存在其所属的区域及环境中，使之成为"活文化"。文化生态保护实验区的旅游开发现状及前景详见第八章。

除文化生态保护实验区外，还有一些以非物质文化遗产资源为核心吸引物的景区，其中中国（泰顺）廊桥文化园就是一个典型。泰顺县境内拥有33座明清时期造型各异的古廊桥，其中15座廊桥被列入全国重点文物保护单位，坐落在泗溪镇的和溪东桥被誉为"世界上最美丽的廊桥"。中国木拱桥传统营造技艺于2009年9月30日成功入选联合国教科文组织公布的"人类急需保护的非物质文化遗产名录"。中国（泰顺）廊桥文化园以泗溪为核心区，辐射周围乡镇，连片景区面积可达136平方千米，主要保护中国木拱桥传统营造技艺。展示内容以中国廊桥博物馆和编梁木拱桥营造技艺展示馆为主，并引入泰顺县内国家级和省级非物质文化遗产项目的展示和展演，如药发木偶戏、提线木偶戏、碇步龙、八宝灯、龙凤狮子灯等。药发木偶戏被列入国务院公布第一批国家级非物质文化遗产名录。碇步龙以碇步为表演平台，龙、桥、水、碇步龙四者融为一体、相互辉映，尽显泰顺独有的非物质文化遗产魅力。按规划，廊桥文化园的旅游功能定位由观光旅游向集观光旅游、休闲度假、旅游地产等于一体的综合性景区发展。

2. 非物质文化遗产博物馆

非物质文化遗产博物馆是将非物质文化遗产的物化载体收集整理保存在一起，以图表、照片、实物、模型等方式，集中展示非物质文化遗产的种类、分布、发掘、保护、传承等概貌的场所。此类博物馆可能是民俗博物馆或某种非物质文化遗产的专题博物馆。

例如，韩国将众多的非物质文化遗产资源以博物馆的形式进行开发，建立了国立民俗博物馆、地球村民俗博物馆、丝绸刺绣博物馆、韩国钱币博物馆、农业博物馆、泡菜博物馆、瓷器博物馆等。这些博物馆主要展示韩国独有的非物质文化遗产，不仅有实物陈列，还有实际演示。在首尔的国立民俗博物馆里，可以看到韩国的衣、食、住、行、农业、手工业、娱乐、婚丧、祭祀等各种民俗场景和实物。

在我国，目前没有专门的实体国家非物质文化博物馆，但各地区建有相应的非物质文化遗产博物馆。例如，东部福建泉州市艺术馆五楼的泉州非物质文化遗产博物馆，汇集了泉州市的国家级、省级、市级非物质文化遗产项目36项。其中，实物展示 22 项，包括泉州花灯、德化瓷雕、惠安石雕、漆线雕、卢山国佛雕、锡雕、大呈布雕、李尧宝刻纸、永春纸织画、江加走木偶头雕刻、林存忠纸扎、晋江泥金线画、惠女服饰、虫寻埔女习俗、金苍绣、泉州彩扎、永春漆篮、泉州竹编、石狮通草画、惠安木雕、戏剧脸谱和泉港福船，共约 400 多件展品。西部四川甘孜建有甘孜藏族自治州非物质文化遗产博物。该博物馆坐落于世纪情歌《康定情歌》发源地——跑马山脚下索道下站处，占地面积为 771 平方米，主楼建筑面积近 3000 平方米，一共有 3 层楼，总投资近 2000 万元。其建筑古朴而雄伟壮观，图案色彩丰富，文化气息浓厚，石墙、木工、雕刻、绘画融会了康藏地区艺术文化和民间工匠独特智慧、精湛的技艺，是民间"崩科"建筑的典范，是非物质文化遗产最直观的体现，也是世界级看点的建筑艺术。馆内展示的是国家级、省级非物质文化遗产，集展览、销售、休闲于一体。一楼展厅基本陈列为藏民族服饰类、藏民族民居生活类、农耕系列、嘛呢石雕石刻类、牛羊绒编织、车模、土陶类陈列室及购物大厅；二楼为格萨尔千幅唐卡展厅、唐卡绘制艺术展厅、经版印刷展厅、藏医药类展厅；三楼为民族歌舞视听大厅、藏传佛教文化展厅以及非物质文化遗产学术研究室，全面反映了甘孜州非物质文化遗产状况，是展示甘孜州民族传统文化的窗口。

3. 主题公园（含民俗村）

非物质文化遗产主题公园是指依托某一个或多个非物质文化遗产资源，设定一个特定的主题，采用现代科学技术和多层次空间活动设置方式，集非物质文化遗产展示、休闲要素、娱乐活动和服务接待设施于一体的场所。四川成都的非物质文化遗产国家公园、安徽合肥的中国非物质文化遗产园、山东济南的非物质文化遗产博览园都是典型代表。其中，山东济南的非物质文化遗产博览园总投资17.6 亿元，规划建设成全国规模最大、档次最高、项目最全的非物质文化遗产主题公园，年接待能力设计为 300 万人次。

此外，宁波利用梁祝传说规划建设梁祝文化主题公园，该公园的规划目标是使梁祝公园成为宁波梁祝爱情旅游的核心产品，并成为全国爱情旅游的核心景区。公园内设计了入口服务接待区、梁祝爱情文化朝圣区、"在水一方"浪漫游憩区和相思河等游憩设施，并设计了梁祝文化游线、浪漫休闲线、休闲旅游线、结婚庆典游四条线路。像这类利用非物质文化遗产资源建设的主题公园广布于全国各地。

民俗村是另一种形式的主题公园，往往集各种民俗于一体，是民俗的集中体现。我国的大多数省区均将区域内的民俗风情以民俗村的形式进行展示，其地域分布见表 9-1。深圳的锦绣中华中国民俗文化村是我国民俗村开发最为成功的典范。中国民俗文化村占地 20 多万平方米，是中国第一个荟萃各民族民间艺术、民俗风情和民居建筑于一园的大型文化旅游景区，内含 22 个民族的 25 个村寨，均按 1：1 的比例建成。通过民族风情表演、民间手工艺展示、定期举办大型民间节庆活动，如华夏民族大庙会、泼水节、火把节、西双版纳风情月、内蒙古风情周等多种方式，多角度、多侧面地展示出我国各民族原汁原味、丰富多彩的民风民情和民俗文化，让游客充分感受中华民族的灵魂和魅力。中国民俗文化村以"二十五个村寨，五十六族风情"的丰厚意蕴赢得了"中国民俗博物馆"的美誉。

表 9-1　　　　　　　　　　中国各地的民俗村分布情况

地区	民俗村数量（个）	地区	民俗村数量（个）
北京	422	湖北	9
天津	8	湖南	1
河北	49	广东	21
山西	1	广西	
内蒙古	13	海南	
辽宁	35	重庆	
吉林	48	四川	3
黑龙江	6	贵州	
上海	3	云南	11
江苏	6	陕西	35
浙江		甘肃	8
安徽	9	青海	2
福建	54	宁夏	2
江西	12	新疆	1
山东	56	西藏	24
河南	3		

4. 融入其他景区

对于地域分布比较分散或级别不高的非物质文化遗产资源，将其融入其他景区进行展示是较为科学的利用方式。将非物质文化遗产融入现有知名景区中，促进文化与旅游的深度融合，不仅可以保护和传承非物质文化遗产，还能提升现有景区的活力和魅力。例如，2012 年 8 月，青海省海南州旅游局联合宣传、文化部门在贵德开展非物质文化遗产进景区活动，在贵德的景区内集中展示了各县具有代表的"尚尤则柔"、"扎念弹唱"、"拉伊"、"格萨尔说唱"等文化特色鲜明、民族风情独特、文化内涵深厚的精彩节目，反响热烈，达到了以文化提升旅游，以旅游弘扬文化的目的。

(二) 旅游商品化开发

旅游商品是地区特色、旅游经历的符号表达，对于旅游者而言具有重要意义，是旅游产品的重要构成部分。将非物质文化遗产资源转化为旅游商品，是非物质文化遗产旅游开发的重要形式。非物质文化遗产旅游商品化开发可以通过以下几个方式实现。

1. 将非物质文化遗产原有的载体形式化，用物质符号进行展现

例如，我国是一个多民族共处的国家，各民族服装在演化过程中无论是款式设计、图案、色彩和制作都体现了该民族的民俗特征，是重要的非物质文化遗产资源。深入挖掘民族服装的文化内涵和精髓，融入现代设计理念，将振兴传统民族服饰产业。北京的"五色土"服装品牌就是突出的例子。"五色土"服饰突出的特点是运用大量的苗族、侗族刺绣图案，设计严谨、整体协调、细节精美。

2. 对于已经有物质符号的非物质文化遗产，进行部分创新设计

对于已经有物质符号的非物质文化遗产，则将其传统物质符号进行旅游商品设计，在商品形态、材料、功能等方面都可以考虑是否全部或者部分按照传统进行设计，这些都可以丰富旅游商品。例如，2013 年 1 月 16 日我国有 4 家单位被授予"国家级非物质文化遗产保护研究基地"，其中苏州市苏绣艺术创新中心的传承人张美芳及其苏绣艺术创新中心创作的苏绣艺术精品，屡获国内、国际各种奖项，或被国内外重要文化机构收藏；禹州市苗家钧窑传承人苗长强不但传承钧窑技艺，并大胆创新，打破钧窑瓷器"钧不过尺"传统理念，其作品《世纪雄风》被昆明世博园中国馆永久珍藏，《长城鼎》陈列八达岭长城，许多作品获得国家级评比金、银奖，一些作品为国际及国内一些重要文化机构所收藏，并被作为国礼赠送外国友人。2012 年 1 月 31 日，国家文化部颁布我国第一批国家级非物质文化遗产生产性保护示范基地，这项工作涉及全国 41 家企业和单位，39 项国家级名录项目（具体见表 9-2），这些企业和单位生产的产品都是我国非物质文化旅游商品的重要组成部分。

表 9-2　　　　第一批国家级非物质文化遗产生产性保护示范基地名单

序号	省份	对象名称	项目类别	国家级名录项目名称
1	北京	北京市珐琅厂有限责任公司	传统技艺	景泰蓝制作技艺
2	北京	北京市内联升鞋业有限公司	传统技艺	内联升千层底布鞋制作技艺

表9-2（续）

序号	省份	对象名称	项目类别	国家级名录 项目名称
3	北京	北京市荣宝斋	传统技艺	木版水印技艺、装裱修复技艺
4	河北	河北省衡水习三内画艺术有限公司	传统美术	衡水内画
5	河北	河北省曲阳宏州石业集团有限公司	传统美术	曲阳石雕
6	山西	山西老陈醋集团有限公司	传统技艺	老陈醋酿制技艺（美和居老陈醋酿制技艺）
7	江苏	江苏省扬州玉器厂	传统美术	扬州玉雕
8	江苏	江苏省宜兴紫砂工艺厂	传统技艺	宜兴紫砂陶制作技艺
9	江苏	江苏省南京云锦研究所有限公司	传统技艺	南京云锦木机妆花手工织造技艺
10	浙江	浙江省东阳市陆光正创作室	传统美术	东阳木雕
11	浙江	浙江省青田县二轻工业总公司	传统美术	青田石雕
12	安徽	安徽省绩溪胡开文墨业有限公司	传统技艺	徽墨制作技艺
13	安徽	中国宣纸集团	传统技艺	宣纸制作技艺
14	福建	福建海峡寿山石文化研究院	传统美术	寿山石雕
15	江西	江西省景德镇佳洋陶瓷有限公司	传统技艺	景德镇手工制瓷技艺
16	江西	江西省景德镇古窑瓷厂	传统技艺	景德镇手工制瓷技艺
17	江西	江西省含珠实业有限公司	传统技艺	铅山连四纸制作技艺
18	山东	山东省东阿阿胶股份有限公司	传统医药	中医传统制剂方法（东阿阿胶制作技艺）
19	河南	河南省禹州市杨志钧窑有限公司	传统技艺	钧瓷烧制技艺
20	河南	河南省禹州市星航钧窑有限公司	传统技艺	钧瓷烧制技艺
21	湖南	湖南省龙山县苗儿滩镇捞车河村土家织锦技艺传习所	传统技艺	土家族织锦技艺
22	湖南	湖南省怀化市通道侗族自治县啰耶侗锦织艺发展有限公司	传统技艺	侗锦织造技艺
23	广东	广东省潮州市艺葩木雕厂	传统美术	潮州木雕

表9-2(续)

序号	省份	对象名称	项目类别	国家级名录 项目名称
24	广东	广东省佛山市新石湾美术陶瓷厂有限公司	传统技艺	石湾陶塑技艺
25	广西	广西壮族自治区靖西县壮锦厂	传统技艺	壮族织锦技艺
26	四川	四川省成都蜀锦织绣有限责任公司	传统技艺	蜀锦织造技艺
27	四川	四川省绵竹年画社	传统美术	绵竹木版年画
28	四川	四川省雅安市友谊茶业有限公司	传统技艺	黑茶制作技艺（南路边茶制作技艺）
29	贵州	贵州省丹寨县石桥黔山古法造纸专业合作社	传统技艺	皮纸制作技艺
30	云南	云南省红河哈尼族彝族自治州建水县贝山陶庄文化产业有限公司	传统技艺	陶器烧制技艺（建水紫陶烧制技艺）
31	云南	云南省普洱市宁洱县困鹿山贡技茶场	传统技艺	普洱茶制作技艺（贡茶制作技艺）
32	西藏	西藏自治区江孜地毯厂	传统技艺	藏族卡垫织造技艺
33	西藏	西藏自治区藏药厂	传统医药	藏医药（藏药七十味珍珠丸配伍技艺）
34	陕西	陕西省凤翔新明民俗文化传承有限公司	传统美术	泥塑（凤翔泥塑）
35	陕西	陕西省西安大唐西市文化发展有限公司	传统美术	民间绣活（西秦刺绣）
36	甘肃	甘肃省环县道情皮影保护中心（皮影雕刻）	传统美术	皮影戏（环县道情皮影戏）
37	甘肃	甘肃省庆阳祁黄文化传播有限公司	传统美术	庆阳香包绣制
38	青海	青海黄南州热贡画院	传统美术	热贡艺术
39	青海	青海省互助土族文化传播有限公司	传统美术	土族盘绣
40	青海	青海省海湖藏毯有限公司	传统技艺	加牙藏族织毯技艺
41	新疆	新疆维吾尔自治区疏附县吾库萨克乡热合曼·阿布都拉传习所	传统技艺	民族乐器制作技艺（维吾尔族乐器制作技艺）

资料来源：http://wenku.baidu.com/view/e5563fc389eb172ded63b784.html

　　将非物质文化遗产商品与其他商品"联姻"也是非物质文化遗产资源利用的重要形式。例如，四川竹叶青茶叶有限公司推出的四川印象款茶叶将四川蜀锦脸谱非物质文化遗产产品与茶叶组合，形成了独具特色的旅游商品，市场认可度高。

（三）节庆活动

1. 庙会

庙会是中国民间广为流传的一种传统民俗活动，是指在寺庙附近聚会，开展祭神、娱乐和购物等活动。庙会是非物质文化遗产重要的展示场所，有些庙会本身就已经被列入非物质文化遗产名录。例如，泰山东岳庙会在历史上不仅为泰山皮影戏、泰山道教音乐、山东快书、泰山民间传说等非物质文化遗产提供展示空间，其本身也已经作为一个整体被列入了国家级非物质文化遗产名录，并为上述传统艺术形式的发展创造有利条件，同时也给当地带来了巨大的经济利益。2012年，泰山东岳庙会期间，不到两天的假期内，泰山共接待游客 128 824 人。又如，春节逛地坛庙会也是北京老百姓沿袭多年的习俗。北京地坛庙会始办于 1985 年，内容包括仿清祭地表演、八蜀风韵、欢天喜地天桥绝活表演、东北风二人转、吉祥歌舞综艺舞台、老北京人家民俗风情展演、综艺舞台、民间花会、百姓大戏节、非物质文化遗产项目现场展览、老北京市井风情，老北京内城九门、永合科技园成果图片展、东城名片图片展等。其以较高的艺术品位和鲜明的民族特色享誉中外，其胜景被誉为现代的《清明上河图》和中国的狂欢节。作为北京恢复最早的庙会，地坛春节文化庙会以其地道的民俗、民间传统特色闻名于也。每届庙会都要吸引游客百万余人次。

2. 非物质文化遗产节庆（含民俗节庆）

非物质文化遗产节庆活动包括已经列入各级非物质文化遗产名录的节庆以及现代以非物质文化遗产保护、开发、传承等为主题的节庆活动，此外未列入非物质文化遗产名录的各民族民俗节庆也是重要的类型。散布在我国各地的传统和民俗节庆，共同展现了各民族的传统文化，也是各地周期性的群众文化活动载体。

2005 年 12 月 31 日，文化部批准春节、清明节、端午节、七夕节、中秋节、重阳节等中国传统节日列入首批国家级非物质文化遗产名录。其中，端午节于2009 年 9 月 30 日入选联合国教科文组织批准的"人类非物质文化遗产代表作名录"。上述传统节日均有悠久的历史、深厚的文化内涵，而且仍然每年都在各地以不同的方式进行庆祝。

自 2007 年起，成都连续举办了四届"中国成都国际非物质文化遗产节"，该节庆活动不仅为非物质文化遗产的保护、国际交流和传承等方面做出重要贡献，而且带来了巨大的旅游经济效应，更是成为成都的城市名片。例如，2011 年的第三届非物质文化遗产节围绕"弘扬人类文明，共建精神家园"的主题，开展了 7大类、286 项活动。直接参与节会活动的人数达 570 万余人，拉动各类消费 61.5

亿元。2013年的第四届非物质文化遗产节共吸引了380多万游客和市民参与，直接拉动各类消费42亿元。此外，国际非物质文化遗产节已经永久落户成都。在我国其他地区也有专门的以非物质文化遗产展示、宣传、保护和传承的节庆活动，如山东青岛崂山非物质文化遗产节。

我国的55个少数民族中，节日之多难以计数，大致可以分为新年节日、生产节日、成年节日、纪念节日、习俗节日和宗教节日六个方面。节日的形成与自然界的季节更替、祈求丰收、崇敬英雄、谈情说爱、传统习俗、宗教信仰等有密切联系，是少数民族历史的活化石，是少数民族生活方式的集中体现和生动展示。例如，凉山州火把节是彝族众多传统节日中规模最大、内容最丰富、场面最壮观、参与人数最多、民族特色最浓郁的盛大节日。自汉唐起，火把节已有1000多年的历史，现代的火把节被赋予新的内涵，其活动包括选美、斗牛、斗羊、摔跤、篝火晚会、商贸洽谈会等。2012年凉山州彝族火把节共接待游客251.67万人次，旅游收入达到4.75亿元，远远高于其他节庆（见表9-3）。

表9-3　　　　　　　　　　　　2012年凉山州节日旅游统计

	元旦	春节	清明节	劳动节	端午节	火把节	中秋节、国庆节	彝族年	合计
游客量（万人次）	36.75	216.93	34.87	73.95	62.03	251.67	161.33	92.54	930.07
旅游总收入（亿元）	0.69	4.26	0.68	1.73	1.06	4.75	4.40	2.21	19.78

资料来源：凉山州旅游政务网。

二、文化创意化开发

非物质文化遗产资源与文化遗产资源都是人类创造的，离开人类的参与，它们既不能产生，也不能长期存在，且两者有重合的地方，但两者的关注点不同，文化遗产主要关注人工的、有形的、物质形态的遗产资源，而非物质文化遗产的关注点是精神的、技艺和创造等非物质形态的因素。因此，非物质文化遗产资源的开发可与文化遗产相结合开发文化创意业。

（一）文化创意业的含义

文化创意业是20世纪90年代欧美发达国家在全球化和消费社会的背景下提出的发展战略和经济实践。1998年，英国"创意产业工作组"在《创意产业专题报告》中首次阐释了文化产业的内涵，即"源于个人创造力和技能、才华，通过知识产权的生成、取用，具有创造财富并增加就业潜力的产业"。在外延上，英国将广告、建筑、艺术、古董市场、工艺品、设计、时装、电影、互动休闲软件、电视广播、音乐、表演艺术、出版和软件13个行业作为文化创意产业的门类。

（二）非物质文化遗产与文化创意产业的相互关系

从非物质文化遗产与文化创意产业的定义出发，不难发现两者在门类上有部分重叠或交叉的内容，如非物质文化遗产中的表演艺术（音乐、舞蹈、歌舞、戏曲、戏剧、木偶戏、皮影戏等）与文化创意产业的音乐、表演艺术重叠；非物质文化遗产中的传统手工技艺技能与文化创意产业中的建筑、设计、工艺品重合；非物质文化遗产中的各种口头表达（语言、民间文学、神话等）与文化创意产业中的电影、互动休闲游戏、电视广播等交叉。

（三）非物质文化遗产资源的文化创意开发

我国历史悠久、地域广阔、民族风情多样，使得非物质文化遗产源远流长。富足的非物质文化遗产资源为文化创意产业的发展提供了取之不尽、用之不竭的创意素材。将中国的传统戏曲搬离舞台，加入实景拍成电视剧、电影，是非物质文化遗产开发利用的重要形式。例如，民间故事《花木兰》是我国的北朝民歌，被多次拍成影视作品，搬上银幕，在1998年被美国迪士尼公司改编搬上了电影舞台，获得高票房收入。又如，"女子十二乐坊"将传统民族器乐在演奏模式上加以改变搬上舞台，二胡演奏由传统的坐着变成站着，哀婉的旋律变成明快的节奏，加入了很多的现代化元素。再如，王菲的"明月几时有"将苏轼的《水调歌头·中秋》唱成流行歌曲，为世人传唱，成为新时代的经典。影音、音像产品及相关产业的开发使非物质文化遗产的经济价值得以体现。

2003年，桂林大型山水实景演出《印象·刘三姐》，以经典传说《刘三姐》为素材，融入广西少数民族文化习俗、服饰、民歌，集漓江山水风情、中国精英艺术家创作于一体。其中的刘三姐歌圩、壮族服饰等是我国国家级的非物质文化遗产。《印象·刘三姐》演出的成功带动了内地旅游演艺业的发展，把旅游者作为主要受众，依托著名景区，综合运用歌舞、杂技、曲艺等非物质文化遗产资源。据统计，截至2011年年底，我国现有旅游演艺项目约230台，实现票房收入27.7亿元，其中剧场表演类旅游演出项目有179台，占总量的77.8%，票房收入11.09亿元，占总收入的41%；主题公园旅游演出项目占总量的8.3%，票房平均收入为3709万元/台；实景演出项目占总量的13.9%。[①]

将非物质文化遗产制作成网络游戏，是非物质文化遗产开发利用的新型文化创意产业形式。例如，我国台湾的"轩辕剑"、美国的"暗黑破坏神"等都是非

---

① 资料来源：马玲兰，刘瑞雪. 旅游演出，一台戏唱出一个产业［EB/OL］. 中国文化产业网，2012. http://www.cnci.gov.cn/content/2012913/news_75440.shtml.

物质文化遗产网络游戏开发利用的成功案例。

三、原有基础上的创新

原有基础上的创新是指保留原有非物质文化遗产资源的精髓，在表现形式、原材料等方面进行适度的创新利用。例如，江苏省昆剧院的柯军用传统的昆曲表演程式融合现代化舞台技术，以象征主义的表现手法发掘传统昆曲未曾涉足的创作主体的主观精神世界，创作了一系列的新概念昆曲，《藏·奔》就是其中之一。这些曲目不仅保留了原汁原味的昆曲之美，在戏曲内容、表现手法和戏剧空间等方面更是大胆突破，为昆曲艺术的继承与发扬开辟了一条新路。

此外，一向有"天下玉，扬州工"美誉的扬州玉器厂由于和田玉资源已近枯竭，遭遇到了原料瓶颈。为解决和田玉料匮乏的问题，扬州将目光投向了海外，多次远赴加拿大、俄罗斯、韩国采购玉石原料，并在扬州建立了玉石料市场。玉石料市场的建立，让扬州玉形成了原料供应、玉石加工、玉器销售的完整产业链。新的玉料已经支撑起"扬州工"大半边天，外来的品种在"扬州工"雕饰下身价倍增。由此可见，传统工艺结合新的原料载体也能发生化学反应，关键在于要拥有创新的思维。

又如，传统的京胡、京二胡、三弦等乐器需用蟒蛇皮制作，不仅价格高且不利于生态保护，在一定程度上限制了京剧艺术的普及与发展。为解决京剧乐器制作中蟒皮原料的匮乏，北京市科委立项支持京剧乐器仿生皮研发及推广工作，以发明专利人造蛇皮的制造方法为基础，研发出可替代天然蛇皮的可用作京胡等乐器前口的仿生皮产品，经专家鉴定其音色、音质与传统蟒蛇皮基本一致，而且耐潮防腐更胜一筹，此举既解决了传统制作工艺上的弊端及野生动物保护的问题，又满足了广大京剧爱好者的需求，实现了文化与科技及绿色环保的结合。

第二节　非物质文化遗产资源的创新开发

我国对非物质文化遗产资源开发利用的主要形式是旅游开发。近年来，非物质文化遗产的开发利用形式也开始有新的变化，出现了一些新的开发形式，下面将对这些新的开发利用方式进行简介。

一、开展多种形式的教育活动，发挥非物质文化遗产的教育价值

将非物质文化遗产与现代教育结合起来，充分发挥非遗的教育功能，可培养

和树立各级人士的爱国主义情怀以及爱家乡、爱民族的自豪感。

2011 年 2 月颁布的《中华人民共和国非物质文化遗产法》第三十四条规定："学校应当按照国务院教育主管部门的规定，开展相关的非物质文化遗产教育。新闻媒体应当开展非物质文化遗产代表性项目的宣传，普及非物质文化遗产知识。"我国将非物质文化遗产引入中小学、大学教育的尝试也在进行中，但这方面的进展还处于探索阶段。由此，我国各地都开始了各种形式的非物质文化遗产进中小学、甚至大学课堂活动。从 2003 年开始，在湖南省湘西土家族苗族自治州吉首市矮寨镇的矮寨中学陆续将州内的民间艺人"湘西苗族民歌"传承人吴腊宝、湘西苗族鼓舞、苗族绝技、苗族刺绣等多个非物质文化遗产项目的 15 位传承人聘为该校特聘教师，不定期为学生传授民族文化，并相继成立了苗鼓队、舞狮队、高脚马队、民间刺绣队等兴趣特长小组，不但丰富了师生非物质文化遗产知识，而且培育了学生的家乡情结。又如，安徽省铜陵县实验小学每个星期五都邀请铜陵的民间艺术家到学校给孩子们开课，传授技艺，传承中华民族优秀的非物质文化遗产。2013 年 2 月，铜陵县实验小学邀请民间艺术家协会会员、剪纸艺术家张玫淑为孩子们传授剪纸技艺。一张普通的纸张，在艺术家的剪刀下，很快就变成美轮美奂的作品，让孩子们着了迷。孩子们纷纷拿起剪刀，用小手剪出心中的愿景。2013 年 5 月，上海黄浦三好中学"家乡日"活动中，学校安排大家领略浙江的非物质文化遗产——越剧。越剧是浙江的一大特色。越剧是中国五大戏曲剧种之一，是全国第二大剧种。为了这次的活动，学校请来了五里社区的越剧票友，这些老人提前两个小时就开始化妆、穿戏服。表演重现了许多名戏，《西厢记》中的"拷红"、《梁山伯与祝英台》中的"楼台会"等。那温软的江南戏剧，那行云流水般的一招一式，在同学们的心中播下美的种子。两个段子中间，学校还设计了有奖知识问答活动，同学们边看越剧，边回答问题，在获得知识的同时也收获了快乐。对于现在的学生来说，看戏可能不算是一件时尚的事，但是在这次的活动中，让大家看到了老一辈人对于戏剧的执著精神，领略到越剧这种非物质文化遗产的独特魅力。

近几年，我国各地高等院校纷纷设立"非遗"及其相关专业。高等院校是人类文化遗产的传习地，汇集了大批青年学生，他们是非物质文化遗产传承与创造发展的主体，他们对非物质文化遗产的关注、传承和参与对于实现一个民族文化的创造力具有举足轻重的作用。因此，在大学开设有关非物质文化遗产方面的专业或选修课程，可以增强大学生对中华民族传统文化的认知和热爱，对于传承和抢救非物质文化遗产、从事非物质文化遗产保护工作以及发展中外文化交流，传播优秀民族文化起着重要的作用。

在传承、保护和传播非物质文化遗产知识方面，电视媒体承担着重要的历史使命和社会责任，且具有得天独厚的优势。大量优秀的非物质文化遗产为电视节目制作提供了天然的素材。近几年来，以非物质文化遗产为主题的电视节目开始多了起来，如中央电视台的《乡土》、天津卫视的《拾遗—保护》等10多个栏目（见表9-4）。非物质文化遗产电视节目在普及公众的非物质文化遗产知识方面起到重要的作用，但目前还存在没有固定播出平台、表现手法相对固定单一等问题。

表9-4 　　　　　　　　我国大陆的主要非物质文化遗产电视节目一览表

序号	栏目名称	创办时间	表现形式	栏目定位	栏目选题
1	中华民族 中央电视台（CCTV-1）	1996年12月	纪录或专题	专门报道中国少数民族的专题类栏目	介绍中国西部的地域、人文环境，反映各民族的传统习俗和文化传承，表现各民族同胞的精神面貌，促进各民族的发展进步
2	乡土 中央电视台（CCTV-7）	2007年1月	纪录	传播乡土文化，建设文化乡土	从文化视角发掘一方水土的民俗和各类民间文化模式，展示民间艺人绝活绝技以及他们鲜为人知的艺术人生
3	民歌中国 中央电视台（CCTV-15）	2004年3月	专题	表演展现中国民歌风采，感受原生态艺术之美	介绍中国民族、民间的原生态民歌艺术
4	曲苑杂坛 中央电视台（CCTV-3）	1991年	专题	表演弘扬中华传统文化，尽显民族艺术瑰宝	相声、小品、魔术、杂技、评书、笑话、马戏、说唱等
5	风华国乐 中央电视台（CCTV-15）		民族音乐欣赏+专题介绍	介绍中华民族传统音乐文化，展示民族音乐艺术家魅力	民族器乐
6	这里是北京（北京电视台）	2004年	专题	立足北京本土文化，挖掘城市变迁背后的历史渊源	文化古迹、历史名人
7	魅力中国（内蒙古卫视）	2005年	真人秀+现场互动	展示56个民族多彩多姿的文化艺术魅力	歌舞为主，展现各民族文化艺术魅力的同时，展示中华文化的博大精深和辉煌灿烂

表9-4(续)

序号	栏目名称	创办时间	表现形式	栏目定位	栏目选题
8	西藏风情 (西藏卫视)		访谈+纪实+ 真人秀	西藏风土人情 展示	名人名家对西藏工作、生活和情感往事的回顾；西藏人文地理、历史文化未知、悬疑事件的探秘；西藏自然、历史、民俗和经济社会发展变迁的情节化、故事化叙述；西藏旅游景点、旅游线路和旅游服务的展示；文化名人、内地人士对西藏文化的深度体验
9	中国西北角 (甘肃卫视)	2003 年	主持人+ 纪录或专题	诠释西部文化，探索丝路历史，展示发展脉络，记录崛起轨迹	历史题材、现实题材、旅游题材组成，历史、地理、民族、人文、时政的综合
10	拾遗保护 (天津卫视)	2007 年	全纪实	保护文化遗产，守护精神家园	致力于展现出一幅气象万千的中国自然与历史的文化长卷

资料来源：陈云. 中国大陆非物质文化遗产电视节目研究［D］. 上海：华中科技大学，2012.

二、将非物质文化遗产资源融入城乡建设中，发挥非物质文化遗产的休闲价值

我国非物质文化遗产中的绝大多数项目都是汉民族和少数民族传统休闲活动的产物。这些传统休闲活动主要由音乐、舞蹈、戏剧、曲艺、体育游艺与杂技、美术、传统手工艺和民俗等组成，休闲活动类非物质文化遗产项目超过我国非物质文化遗产总量的90%。因此，将非物质文化遗产资源融入城乡建设中，发挥非物质文化遗产的休闲功能对实现"国民休闲计划"具有重要意义。具体的开发利用策略主要有如下两个方面：

(一) 将非物质文化遗产融入城市建设中，为市民提供休闲服务

"活"态化是非物质文化遗产的重要特征。将非物质文化遗产融入到城市建设中，营造其生长的氛围，融入到人们的日常生活中，为人们带来愉悦的精神享受。在城市建设中，通过点（社区及社区中的各种非物质文化遗产的代表雕塑、广场舞、下棋等社区休闲项目）、线（历史文化街区、商铺）、面（由历史文化街区、商铺、城市代表景观构成的城市风貌）的方式将非物质文化遗产有机融入到现代城市、社区建设中，使得传统文化在现代城市中继续流传、繁衍和发展，并为城

市居民提供休闲服务。社区博物馆就是非物质文化遗产在城市建设中的点式开发利用。目前我国有多个各种专题的社区非物质文化遗产博物馆，比如北京崇文区花市社区博物馆以"插花"工艺为主、浙江乐清市三科非物质文化博物馆以收藏乐清黄杨木雕和细纹刻纸等精品为主，这些社区非物质文化遗产博物馆不但对非物质文化遗产有搜集保护的作用，同时成为社区居民了解、学习非物质文化遗产知识和休闲的重要场所。

（二）将非物质文化遗产与新农村建设结合，为农村居民提供休闲服务

我国大多数非物质文化遗产根植于广大农村，因此将非物质文化遗产与新农村建设相结合，不仅能延续农村的历史文化脉络，而且还能为广大农村居民提供休闲的载体和场所。例如，浙江省天台县白鹤镇皇都村以非物质文化遗产"皇都南拳"成为该村新农村建设的着力点，组织表演队，投资购置拳术器械、表演服装，提供表演场所，目前表演队有100多人。"皇都南拳"表演队先后参加县、市、镇农民文化节等多种节事活动，获得众多荣誉，还受到文化部、省委、市委、市政府等各级领导关注并莅临该村。村里人增强了自豪感，并促进其他文化娱乐活动的开展，先后成立了腰鼓、书法、舞龙、舞狮、门球、洋鼓、器乐演奏等8支活动队伍，参加活动的人数达400多人，每逢重阳、中秋、元宵等节日，村里自发组织文艺晚会，同时与到邻村进行"文化走亲"。皇都村建设了文化宫、文化广场、文化长廊，内设有南拳陈列室、多功能播放厅、舞蹈室、图书室等，为村民提供了休闲娱乐场所。可以说，皇都村以非物质文化遗产"皇都南拳"为着力点，走出了一条非物质文化遗产保护、利用与新农村建设的特色之路。

三、与现代技术完美结合，发挥非物质文化遗产的科学价值与社会价值

非物质文化遗产是农耕社会的产物，随着现代化的进程以及全球进入资源匮乏期，非物质文化遗产的利用将遭遇原料、技术、传播等方面的发展瓶颈。为了解决这些问题，必须依靠科技创新，提高非物质文化遗产产品转化的信息化、科技化水平。例如，在南京云锦申报非物质文化遗产的8年中，南京云锦始终坚持依靠科技力量挖掘文化、创新工艺、保护品牌特色、质量、工艺及知识产权，多次获得了江苏省南京市科技计划项目的扶持。其中，"云锦四经绞罗技艺抢救性恢复"项目成功发掘出已失传了300年的四经绞罗的工艺装造和织造技术，填补国内古代丝织技艺的空缺，恢复了我国纺织史上著名的品种；地理标志产品云锦国家标准项目的实施，对云锦的术语和定义、产品分类、生产设备、织造工艺、原辅材料、云锦的技术要求、理化指标、外观疵点、试验方法、检验规则制定了准

确定义和统一规范，改变了南京云锦1000多年来全凭历代艺人言传口授，没有任何生产标准的历史，这对于南京云锦进入产业化生产意义重大。同时，南京云锦还通过市场重新定位、"网络营销"等方式建设以"云锦文化"为主题的各种公共空间，如酒店商场、公园、游乐场、广场、步行街等，真正让人们切实感受到云锦文化，从而充分挖掘和发挥南京云锦在现代社会的市场价值，促进南京云锦的发展和保存。

充分利用互联网的优势，将众多的非物质文化遗产信息进行数据化处理，建立非物质文化遗产数据库、在线图书馆、数字博物馆、电子刊物等，可以让数据资源库和网站成为非物质文化遗产传播的平台，改变了非物质文化遗产传统的口口相传的传播、传承模式，使非物质文化遗产传承、传播拥有了更广阔的传播空间、传播受众，以及更加丰富多样的、符合现代接受习惯的传播手段，对于发挥非物质文化遗产的社会价值具有重要意义。以昆曲的信息化建设为例，建立面向知识管理的昆曲资源服务体系为昆曲的传承保存了大量的教学音频、视频，不仅让被传承人拥有学习的素材，也让广大昆曲爱好者更加方便地观赏昆曲；建设昆曲网站为昆曲的创新和宣传提供了重要媒介，环球昆曲在线为用户提供昆曲剧场的直播和转播，即使是海外的昆曲爱好者也可以足不出户地享受昆艺术盛宴；《中国昆曲音像库》、《昆曲六百年》等数字成品的出版和发行也是昆曲信息化建设一个重要组部分，昆曲资源服务体系还包括昆曲反馈和交流平台，如在线交流、信息汇合反馈的昆曲论坛、幽兰稚韵等都为昆曲的传播和传承提供了良好的平台，这些措施都使昆曲信息化成果推广和利用效率大幅提高。

四、建设"精神家园"，发挥非物质文化遗产的精神价值

非物质文化遗产中深深蕴藏了特定民族的文化基因、精神特质，这些维系民族血脉的元素反过来又塑造和延续了该民族一脉相承的生活态度和社会行为，形成民族特有的精神传承。民族精神既有人类文化的共性，又有地域特色。我国拥有丰富多彩、形态多样的非物质文化遗产，是中华民族宝贵的精神财富，也是各民族团结和谐发展的情感纽带。总体来说，中华民族具有大公无私、舍生取义、诚信待人、尊老爱幼、自强不息、与人为善的美德，又有众志成城、万众一心的爱国主义、集体主义的优良传统和崇高精神。通过激发蕴藏在非物质文化遗产中的民族精神，可以建设中华民族的精神家园，发挥非物质文化遗产的精神价值。

例如，中国的龙文化源远流长，龙成了中国的象征，是中华民族的精神象征、文化标志和情感纽带。从最古老的图腾崇拜、节日祭祀、诗歌小说、戏剧曲艺、民风民俗、服装面饰、音乐歌舞、武术健身、工艺美术、游艺竞技等，龙的形象

深入到社会各个角落，其影响波及文化的各个层面。龙文化可以为中华民族精神家园的构建做出贡献，理由如下：

（1）龙文化具有容合，即兼容、包容、综合、化合的功能，可以把儒、道、佛三家结合起来；

（2）造福众生是龙文化最核心的精神，龙文化可以以此为基准、为通则，将古今中外一切文明精华都吸纳在一起，构建出新时代的中华民族的精神体系；

（3）龙的标志已得到全世界华人极为广泛的认同，也被世界各国、各民族所认知。

 复习思考题

1. 我国非物质文化遗产最常见的开发形式有哪些？
2. 我国非物质文化遗产资源的创新利用有哪些形式？

 参考文献

［1］陈云. 中国大陆非物质文化遗产电视节目研究［D］. 上海：华中科技大学，2012.

［2］周三，非物质文化遗产在城市发展中的保护和利用——以福州为例［D］. 福州：福建师范大学，2009.

［3］中国文化传媒网. 非物质文化遗产是新农村建设的着力点——天台县皇都村新农村建设实践［EB/OL］. http：//www.gdsqyg.com/wzwh/show.php？itemid＝412&page＝5.

 延伸阅读

"皇都南拳"与新农村建设的融合

一、独具特色的"皇都南拳"

皇都村地处浙江省天台县西北，距县城 10 千米，隶属白鹤镇。目前，该村有1500多人，外出人口约占总人数60%。村里有水田818亩，旱地65亩，村民以养殖、种植为主。村民以陈姓为主，是陈氏族人聚居之地，有陈氏宗祠1座，通村公路8条，该村每逢农历四、九为集市之日。

元朝末年，为抗击元兵，皇都村陈氏先人陈庚将学得的南拳传授给村民，并融入了天台民间拳术，形成了别具风格的"皇都南拳"，并世代相传。兴盛时，曾出现"家家习武、人人会武"的喜人景象。在历史长河中，皇都南拳时兴时衰。20世纪40年代，拳师陈远常、陈绍钱、陈贤森、陈德水在村里传授南拳，村里的青年纷纷拜师习拳。由于受社会政治的影响，传统节日习俗的易变，"皇都南拳"传承之风趋于冷落。21世纪初，在村"两委"的重视下，皇都村组织深谙拳路的老人挖掘、整理"皇都南拳"，并积极做好传承，成立表演队伍、举办学习班，习拳者踊跃参加，"皇都南拳"重振雄风。2008年，"皇都南拳"被列入浙江省第三批非物质文化遗产名录。2010年，皇都村被列为天台县"非遗"保护传承基地。

"皇都南拳"主要包括徒手拳和武械拳两个部分，现整理的徒手拳有13种，武械拳有8种。"皇都南拳"刚柔相济，步法稳固，进退自如，拳法多变；既有南拳的刚劲，又有民间的灵性。在传承中，"皇都南拳"还将百姓生活、劳动内容融入拳术之中，创造出扁担、凳花等充满浓厚乡土气息的拳术套路，使"皇都南拳"成为独树一帜的民间拳术。

二、皇都村"非遗"保护、开发与新农村建设的融合

1. 把"皇都南拳"作为新农村建设的着力点

早些年，皇都村一直是白鹤镇的后进村，村民只顾自己赚钱，很少有人关心村里集体事业，带来的负面影响是村民人心涣散，各项事业都上不去。垃圾在村道边堆成了小山，附近居住的村民怨声载道；从省道到皇都村是一条6.7千米的泥沙路，路面坑坑洼洼，县城的出租车都不愿意跑皇都村，村里的没有一条村道硬化。

2005年，皇都村村民选出新一届村"两委"。新"两委"上任后的第一件事就是统一思想，凝聚民心。他们认为，要使村里的各项工作有起色，跟上新农村建设的步伐，首先要凝聚民心，而要凝聚民心就要找一个"着力点"，他们决定先从"皇都南拳"着手。

皇都村是以"陈"姓为主，在这样一个宗族而聚的村子里，"皇都南拳"又是陈氏先人世代相传的宝贵遗产。宗族的力量，对于一个以氏族聚居的村子来说，在某种程度上，是凝聚村民人心的手段，振兴"皇都南拳"，也就是振奋村民的精神。

于是，村"两委"积极支持"皇都南拳"恢复整理，组织表演队，投资购置拳术器械、表演服装。2007年12月，"皇都南拳"在台州市基层文化俱乐部优秀健身团队展示中一举夺得金奖，还参加了天台县首届农民文化节闭幕式的表演，名声大振。如今"皇都南拳"表演队有100多人，年龄最大的已82岁，年龄最小

的仅 5 岁。

2. 做好传承，打造文化品牌

要做好"皇都南拳"的传承与保护，首先就必须培养新的传承人，村里采取了一系列手段。

（1）抓培训。每年的寒、暑假，村里都要举办"皇都南拳"培训班，招收 5 周岁以上的孩子学习南拳，无论男女，随报随学，学费一律全免。

（2）扩大传承范围。过去，"皇都南拳"只限于本村的传承，可是由于本村出门的人多，学拳的人少，不利于传承。自 2005 年开始，每期的培训对象扩大到周边各村的孩子，并与附近的鹤楼中心小学达成共识，将南拳作为该校特色体育项目，对于外乡、外村的人来邀请授拳，皇都村也会派人去上门传授。

（3）加强交流，扩大宣传。皇都村"皇都南拳"表演队自 2007 年在台州市基层文化俱乐部优秀健身团队展示中拿得金奖之后，"皇都南拳"名声大振，近年来，已经成为该村的文化品牌。"皇都南拳"表演队先后参加了市农民文化节闭幕式，浙江台"流动大舞台"，县、镇的民间艺术展演等交流演出活动。

（4）整理史料，加强传承基地建设。"皇都南拳"是皇都村历代相传的文化遗产，村里的陈绍魁老人还写下了 3 万多字的《皇都南拳史话》，并积极筹建"皇都南拳"纪念馆，在网站上开辟"皇都网络文化俱乐部"，宣传"皇都南拳"。"皇都南拳"已经成为皇都村最响亮的文化品牌。

3. 以"皇都南拳"带动村里文化队伍建设

近年来，"皇都南拳"先后在县、市农民文化节，镇民间艺术展演，老人体育运动会开幕式，县国庆 60 周年大型晚会，新昌、宁海、磐安、天台文化交流演出，在天台县"天大舞台"对外文化宣传推介活动，浙江省公共新农村频道千镇万村文化"流动大舞台"上频频亮相，名噪一时，文化部、省委、市委、市政府等各级领导莅临皇都村，使村里人增强了自豪感，参与的热情高涨，先后成立了腰鼓、书法、舞龙、舞狮、门球、洋鼓、器乐演奏等 8 支活动队伍，参加活动的人数达 400 多人，每逢重阳、中秋、元宵等节日，村里自发组织文艺晚会，同时还到邻村进行"文化走亲"活动。2008 年，皇都村还举办了"白鹤镇民间艺术展演"，受到到场观看的文化部、省文化厅的领导高度赞赏。

三、"非遗"传承、开发与新农村建设互为推动

由"皇都南拳"带来的良好声誉，使皇都村民倍感自豪，过去的赌博、吵架、邻里纠纷等不良现象少了，村里集体的事大家关心了，对于有损于村子声誉的事，大家会制止。由于文化活动的经常开展，村民们相互在一起打拳、跳舞交流多了，互相隔之间的阂少了，交心的机会多了，邻里矛盾也少了，人人心情舒畅，一种

积极向上、平等友爱、融洽和谐的文明新风正在村里兴起。

皇都村集体经济一向薄弱，只有几个养鱼塘承包给别人，一年只有区区的几万元收入，要办实事，只有靠村里人集资。村干部首先从整顿村容村貌着手，他们从2006年开始，通村的公路全部硬化，村道全部安装了路灯，多年堆积的垃圾也清除了，并修建了垃圾处理池，铺设了上万米的污水管，建了污水净化池，整修了四口"烟火塘"（防火塘），修建了四座公共厕所，修建了三个文化广场，一个篮球场，安装了宣传窗，布置了活动室，社会治安、计划生育等工作也大有起色

村里启动文化宫建设，村民们纷纷捐资，一下子就捐了80万元，捐款最多的达10万元，连平日一天打棕线只赚10多元钱的老人，也慷慨地捐出几百元。文化宫于2009年落成，建筑面积达500多平方米，文化广场面积近2000平方米，文化长廊面积达300平方米，内设有南拳陈列室、多功能播放厅、舞蹈室、图书室、阅览室等10个活动室，拥有各类图书5000多册。每天晚上，文化广场不仅吸引本村的老老少少，也吸引了外村的村民前来活动。暑期，文化宫还为村里的孩子举办南拳、书法、唱歌培训班，被县里命名为"留守儿童乐园"。

皇都村先后荣获"浙江省文化示范村"、浙江省"农村基层组织先锋工程'五好村'党组织"、"浙江省级民主法治村"、"市级文明村"等荣誉称号。

资料来源：http://zj.ccdy.cn/xinwen/yaowen/201210/t20121016_ 427265.htm.

第十章 国内外遗产资源
开发利用经典案例

通过对国内外遗产资源开发利用经典案例的分析，可以展示遗产开发的多样性和经营、管理与保护之间的复杂关系，并能总结出遗产保护与利用的经验，可为其他遗产资源保护和开发利用借鉴。

●第一节 国外遗产资源开发利用的经典案例

本节介绍了国外自然遗产资源、文化遗产资源和非物质文化遗产资源的开发利用案例，其共同特点是在严格保护、创新保护基础上的创新利用。

一、自然遗产资源开发利用案例

（一）美国黄石国家公园

1. 遗产价值简介

美国黄石国家公园（Yellowstone National Park）简称黄石公园，是世界第一座国家公园，成立于1872年。黄石公园位于美国中西部怀俄明州的西北角，并向西北方向延伸到爱达荷州和蒙大拿州，面积达8956平方千米。区域内高山和高原连片，高海拔山峰云集。由岩浆凝成的黄色岩石绚丽多姿，众多的高山、峻岭、湖泊、深邃的峡谷激流和地表的喷泉地热奇景等，构成了黄石公园地域的自然特色景观。黄石公园也是天然的野生动物乐园，生活着400多种野生动物。在丰饶的森林草地上、湖泊溪流边，栖息着北美野牛、灰狼、棕熊、驼鹿、麋鹿、巨角岩羊、羚羊、羚牛等野生动物。黄石公园以熊为其象征。园内有 200 多只黑熊、100 多只灰熊、250 多只狼，组成了黄石公园生态景观的自然元素。黄石公司因其独特美丽的自然景观、丰富多样的生物种类和原始自然的保护状态，1978 年被列入世界自然遗产名录。

黄石国家公园开发利用的形式主要有两种：一种是旅游开发，另一种是科学研究及其他。

2. 旅游开发

（1）黄石国家公园的分区。黄石国家公园分为五个区域，每个区域各具特色。

①西北区是以马默斯温泉、石灰石台阶为主，也称热台阶区。

②东北区为罗斯福区，仍保留着老西部景观。罗斯福区以其圆浑的山区而知名，它保留了老西部的自然景观以及古印第安人所开凿的班芮克步道（Bannack Trail）。罗斯福区最适合骑马或参加驿马车之旅，到处可见美洲大角鹿群及野牛群，清澈的溪流中群集的鳟鱼，浑圆的山丘上遍地的山艾树、道格拉斯枞等，是穿越草丛覆盖的山丘和森林之路。

③中间区为峡谷区，可观赏黄石大峡谷和瀑布。

④东南区为黄石湖区，主要是湖光山色。

⑤西及西南区为间歇喷泉区，遍布间歇喷泉、温泉、蒸气、热水潭、泥地和喷气孔。

（2）旅游经典景点及简介。黄石国家公园的经典旅游景点有：老忠实间歇泉（Old Faithful Geyser）、上喷泉盆地（Upper Geyser Basin）、黄石大峡谷（Grand Canyon of the Yellowstone）、海登山谷（Hayden Valley）、马默斯温泉区（Mammoth Hot Springs）、黄石湖（Yellowstone Lake）、诺里斯间歇泉盆地（Norris Geyser Basin）、拉马尔山谷（Lamar Valley）、高塔瀑布（Tower Fall）、彩色锅喷泉（Lower Geyser Basin / Fountain Paint Pots）、西拇指间歇泉盆地（West Thumb Geyser Basin）、大棱镜泉（Grand Prismatic Spring）、染缸（Fountain Paint Pot）、七彩池（Grand Prismatic Spring）、艺术家景点区（Artist Point）等。

①黄石河：创造了黄石大峡谷及其瀑布，其发源于杨特（Yount）峰山坡，全长 671 英里（约 1080 千米），在北达科他州注入密苏里河，经密西西比河，最终在墨西哥湾流入大西洋，是美国大陆上最长的没有水坝的河流。黄石河在萨勒费尔（Thorofare）流入黄石湖，在钓鱼桥流出，缓缓流过海登（Hayden）谷地。此后，河水变得湍急，形成上下瀑布。在接纳了最大支流拉马尔（Lamar）河后，黄石河经过黑峡谷，流入蒙大拿州。春天的黄石河和其支流水系为灰熊提供了主要食物来源，在地区生态上起到重要作用。

②黄石大峡谷：峡谷区的主要景点从上瀑布到高塔瀑布长 32 千米，深 244～366 米，宽 457～1219 米。黄石大峡谷在地质上是非常年轻的，形成于 10 000～14 000 年前，此前这里可能还有另一个峡谷。由于缺少野外勘测，峡谷的成因目前还不清楚，我们只知道峡谷是由河水侵蚀而不是冰川作用形成的。黄石大峡谷因以下因素而著名：峡谷的地质成因，古人征服峡谷的历史遗迹，今天游客向往的景点，印第安人美丽传说，早期探险者的记录。对游客而言，黄石大峡谷的意义可以很简单，即美丽，壮阔，人们建立了国家公园，保护黄石大峡谷，将其留给子孙后代。

③黄石湖：被称为"无以比拟的高山湖泊"，是黄石公园内最大的湖。黄石湖可能于 1807—1808 年间在约翰·科特尔（John Colter）的著名冬季探险中被发现。湖边发现的很多箭头、矛头和人造工具则证明了更早以前印第安人夏天会在这里扎营。1806—1811 的地图上把黄石湖标记为尤斯蒂湖（Eustis Lake）；1814 年地图上出现的谜湖（Riddle Lake）可能是黄石湖或附近的杰克逊（Jackson）湖。1826 年，一些猎人把黄石湖叫做 Sublette Lake，如猎人波茨（Potts）在给家人信中提到"她是山顶上巨大的淡水湖，直径约 140 英里（约 225 千米），水晶般清澈"。1831 年，费里斯（Ferris）命名此湖为黄石湖并标注在 1836 年的地图上。19 世纪 60 年代，黄石湖在猎人、军人和西部探险家中变得有名了。1871 年，海登（Hayden）成为有记录的在湖上航行的第一人，不过猎人或印第安人的小船很可能更早。早期在黄石湖上航行过的船只还有 1874 年顶级（Topping）号，1874 年的政府考察船，1880 年的探险者号，1885 年被闪电击毁的国家地质局的船只。

黄石湖是一个面积 342 平方千米，海拔 2357 米的自然湖，是北美最大的 7000 英尺（约 2134 米）以上高海拔湖，也是世界上最大的高海拔湖之一。黄石湖长 32 千米，宽 23 千米，周长 227 千米，平均深度 43 米，年平均水温 5 摄氏度。整个黄石湖容纳了 34 万吨湖水，年流出量为 3 万吨，湖水大概每 8～10 年就彻底更换一次。从 1952 年开始的观测表明，黄石湖水面高度年波动不超过 1.8 米。每年 12 月底 1 月初到次年 5 月底 6 月初黄石湖有半年封冻期，冰层会有 0.08～0.61 米厚。受湖的大小、深度和当地季风等因素决定，黄石湖有时就像汹涌的内陆海。夏末的黄石湖因水温不同而分层，湖水表层水温很少超过 19 度，底下几层水温则要低得多，因此不适于游泳，人类在此水温下只能存活 20～30 分钟。

黄石湖拥有北美最多的山鳟鱼，专家曾为这种太平洋山鳟鱼在流入大西洋的湖水中生活的问题困惑多年。最新的观点是黄石湖过去曾经通过峡谷和蛇河与太平洋相连，因此山鳟鱼在两洋山口（Two Ocean Pass）跨过了北美大陆分水岭（Continental Divide）。现在黄石湖中发现了外来入侵物种——湖鳟，威胁到了土著山鳟的生存。

④间歇泉盆地（Upper Geyser Basin）：世界上近60%的间歇泉在黄石公园，黄石公园内最多的间歇泉在老忠实区的上间歇泉盆地，在其1平方英里（约2.6平方千米）的面积内，有150余处这种脆弱的地热奇观。在这个巨大的数字内，人们只掌握了5个主要的间歇泉的喷发规律，即城堡间歇泉（Castle）、大间歇泉（Grand）、河边间歇泉（Riverside）、雏菊间歇泉（Daisy）和老忠实间歇泉（Old Faithful）。间歇泉盆地还有些奇异的常喷发的小间歇泉、大量的温泉和一个新近出现的热泥泉。

（3）多样化的旅游活动项目。黄石国家公园内除了传统观光旅游项目外，还开展了如下一些有特色的旅游活动项目：

①初级护林员（Junior Ranger Program）。黄石公园针对5~12岁的孩子开展了一项名为初级护林员的官方项目，其目的是向孩子们介绍大自然赋予黄石公园的神奇以及孩子们在保护这一人类宝贵财富时所应扮演的角色。要成为一名初级护林员，每个家庭只需要为长达12天的活动支付3美元，这样孩子们就可以参观公园的任何一个游览中心。孩子们的主要活动包括：参加由公园护林员引领的一些活动，如在公园的小道上徒步旅行、完成一系列的关于公园的资源和热点问题的活动以及了解诸如地热学、生态学的相关概念。然后，在核实了孩子们确实出色地完成上述活动后，参与者将被授予官方的"初级护林员"荣誉称号。无论是孩子还是他们的父母都共同分享了成为初级护林员的乐趣。

②探险：黄石（Expedition：Yellowstone）。这项活动是针对4~8年级学生的旅游项目。黄石公园为学生提供4~5天的野外课程，由多种知识背景的护林员作为老师为学生教授公园的自然、文化历史，指导学生进行野外调查、讨论问题、编排戏剧、撰写旅行日记等。学生可以通过与护林员及父母一起参与活动获得各种野外知识及体验。

③野生动物教育—探险（Wildlife-Venture）。黄石国家公园是全美观察悠闲漫步的大型野生哺乳动物的最佳地区之一。该活动在黄石国家公园协会的一名有经验的生物学家的带领下，探寻黄石国家公园内珍稀的野生动物。通过该活动，参与者将会了解在何处、何时以及怎样观察野生动物，并且从它们的行为、生态学以及保护状况中得到知识的提升。

④寄宿和学习。该项目对于那些想通过游历世界上最早成立的国家公园而获得乐趣、恢复精力的游客而言，真正是集教育和休闲于一体。借助黄石国家公园住宿条件，该项活动为游客提供了最为美好的两个不同的世界。白天，在黄石公园研究会的自然学家的带领下参与者饶有兴趣地探寻黄石公园的有趣之处；夜晚，

参与者返回住处享受美味佳肴和舒适的住宿设施，并且在有历史性的公园饭店内体验丰富多彩的夜生活。该项目针对滑雪爱好者、野生动物爱好者、徒步旅游者、家庭成员以及打算带走一些标本的游客提供全年的服务。

⑤现场研讨会。该活动为游客提供一段相对比较集中的近距离的教育经历，主要涉及一些专门领域，如野生动物、地质学、生态学、历史、植物、艺术以及户外活动的技巧。近年来的现场研讨会还包括了野狼的世界、关于冬天的写作、黄石公园的火山活动、荒野紧急救援、高山地区的野生花卉等。

研讨会的指导者一般是对黄石公园充满感情的、并且愿意与他人共享其专业知识的知名学者、艺术家和作家。无论是青年人和老人，男人和女人，长期从事科研工作的学者还是初来黄石公园的游人，凡是具有某一方面好奇心的游客，都可成为该活动的积极参与者。

大多数的研讨会都会在黄石公园内的骆驼谷（Lamar Valley）、野牛牧场（Buffalo Ranch）或是公园的饭店举行。活动一般会持续 1~4 天，人员限制在 13 人以内，费用为 55~65 美元/天。

⑥徒步探险（Hiking）。黄石国家公园是全美国最原始的荒原地区。在这里，有 1600 多千米的小道适合徒步行走，在公园守护者的带领下，游客花半天的时间，参观鲜为人知的地热区，探寻野生动物的栖息地，经历黄石公园的一段荒凉地带。总体来说，黄石公园的徒步探险旅游可选择的活动线路有很多，由于海拔、距离和险峻程度不同，徒步旅行的难度也从轻松到艰险各异。

⑦野营和野餐（Camping & Picnicking）。黄石国家公园内共有 12 个指定的野营地点，不同地点收费也不尽相同，其中大部分野营地遵循谁先到就先为谁服务的原则。在野营地点，游客可以既欣赏黄石公园的美景，又可以远离喧嚣的都市，体验悠闲自得的恬静的乡野生活，同时，还可以通过与公园守护者、其他游客的交谈举行的一些活动加深对黄石公园的美好经历。

⑧钓鱼和划船（Fishing & Boating）。黄石国家公园内允许有偿的钓鱼和划船活动，公园内有专门的商店出售钓鱼用具和出租船只（有非机动船和机动船之分）。国家公园对钓鱼活动的时间以及地点都有详细的规定，并且在公园进行钓鱼和划船活动前，必须办理许可证。

⑨骑自行车和骑马。美丽广阔的黄石国家公园是自行车迷们的天堂，每年有大量的游客在公园内进行自行车骑行运动，公园内规定自行车可在除徒步小道和木制栈道外的所有道路上行使，同时自行车的露营地也被限制在一定的区域内。骑马是很多游客喜欢的游览方式，骑马欣赏公园内的各种美景，更能增加游客体验，公园内规定骑马必须有导游陪同游览。

由于具有异常丰富的旅游资源、长达 100 多年的旅游历史以及众多特许经营商的加盟，如今黄石公园已成为旅游者的天堂，其旅游活动可以说是包罗万象、丰富多彩，适合不同品位的形形色色的旅游者。

　　（4）旅游开发的效益评价。近年来，黄石国家公园的游客量持续增长，2000年共接待游客 2 838 233 人次，到 2012 年增长到 3 447 729 人次，其中 2010 年达到最高值 3 640 205 人次，游客量年均增长 1.79%（见图 10-1）。自 1872 年成立国家公园以来，黄石公园共接待游客 160 143 922 人次。

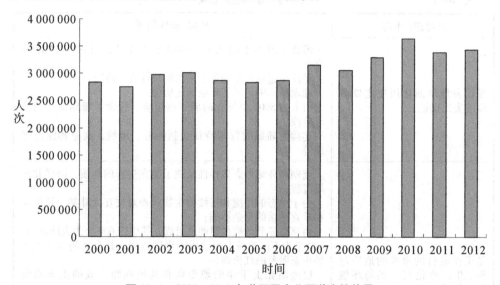

图 10-1　2000—2012 年黄石国家公园游客接待量

　　每年约有 300 万游客到黄石国家公园内旅游，约有 1/3 的美国人一生中至少到黄石国家公园一次。目前，黄石公园门票为：自驾车游客每人 25 美元，每辆车20 美元；如果是步行、滑雪和骑自行车等进入公园的 16 岁以上游客门票只有 12美元。

　　3. 科学研究

　　2013 年 12 月 27 日在谷歌学术搜索中输入"黄石国家公园"（"Yellowstone National Park"）得到 70 500 条结果，2013 年的研究有 3430 条结果，2012 年有3810 条结果，2011 年有 2940 条结果，2010 年有 2840 条结果。显示出随着时间的推进，对黄石国家公园的研究呈现增长趋势。研究内容涉及公园的方方面面。

（二）大堡礁

　　1. 遗产价值简介

　　大堡礁（Great Barrier Reef）位于南太平洋的澳大利亚东北海岸，北起托雷斯海峡，南到南回归线以南，南北绵延伸展 2600 千米左右，由 2900 个独立礁石以及 900 个大小岛屿组成，是世界最大最长的珊瑚礁群。大堡礁的面积约为 344 400 平方千米，是由数十亿只微小的珊瑚虫所构建成的，是生物所建造的最大物体，就算从外太空也能看到。

1981 年，大堡礁被列入世界自然遗产名录，也曾被美国有线电视新闻网（CNN）选为世界七大自然奇观。其突出的普遍遗产价值体现在以下四个方面，详见表 10-1。

表 10-1　　　　　　　　　　大堡礁的世界遗产价值

世界遗产标准	价值/属性例证
是代表地球演化历史主要阶段的突出例证	·形成了世界上最大的珊瑚礁生态系统，跨越了 14 度维度带； ·是演化超过千年的生态系统的全球突出例证； ·珊瑚结构中记录了环境演化历史； ·由大约 3000 个独立的珊瑚礁组成，包含了珊瑚成长的所有阶段； ·连接大陆架的深水特征包括峡谷、海峡、高原和深海平原等
是正在进行的重要的地质过程、生物进化与人类与环境相互作用的突出例证	·珊瑚和岛屿形态多样性反映了正在进行的地质、海洋和环境过程； ·由于动态的洋流和持续的生物过程对交互大陆架、长海滩和垂直链接的复杂影响； ·由 900 多个岛屿和珊瑚礁组成，其中约 600 个为大陆岛屿，300 个为不同地貌发育阶段的珊瑚礁岩，其余岛屿为提供重要生态服务的红树林岛； ·已经演化上千年的硬珊瑚和其他动物形成的生态系统证据； ·全球显著的海洋动物区系群体，有 4000 多种软体动物、1500 多种鱼类以及海绵、海葵、海蠕虫、甲壳类动物和其他动物的多样性； ·正在发生的土著和托雷斯海峡岛民之间的以及他们的海域反映了人类与自然环境的相互作用，如大量的贝壳沉积物、捕鱼陷阱、传说故事和海图腾应用
包含独特、稀有或绝妙的自然现象、自然结构、特征或特殊的自然风景区，如对人类最为重要的生态系统	·大多数珊瑚岛提供了无与伦比的空中全景式海洋和陆地景观； ·从太空中见到的为数不多的生命结构； ·海面下有各式各样和色彩纷呈的珊瑚组合体和鱼类； ·全球重要的海鸟、海龟繁殖地，也是全球最大的绿龟繁殖区域； ·拥有绝妙的自然现象，如每年的珊瑚产卵、迁徙的鲸鱼和许多鱼类产卵集聚区

表10-1(续)

世界遗产标准	价值/属性例证
是珍稀或濒危动植物种群的生存的栖息地	·是地球上最丰富、最复杂的自然生态系统,也是最重要的生物多样性保护区之一; ·惊人的生物多样性支持着数以万计的海洋和陆地生物物种生存,其中许多物种具有全球保护意义; ·有39种红树林物种,占全球红树林种类的54%; ·在浅水和深水区有43 000平方千米的海草草场,拥有已知全球生物多样性的23%的物种; ·是全球最重要的儒艮种群和七大海龟中的六大类的栖息地之一; ·是座头鲸及其他30余种鲸鱼和海豚的繁殖区域; ·确定了70个生物区,包含30个珊瑚生物区、40个非礁生物区,一个藻类和海绵花园、泥沙底质区、大陆坡和深海槽; ·珊瑚礁生物区拥有世界三分之一的软珊瑚和海笔物种(80种); ·拥有2000种海绵,相当于澳大利亚海绵物种多样性的30%的物种; ·拥有630种棘皮动物(如海星),相当于全球已知种类多样性的13%的物种

资料来源:http://www.gbrmpa.gov.au/.

2. 遗产资源的商业化旅游开发

大堡礁是全球闻名的海洋生物多样性天堂,旅游开发是其利用最为广泛的形式,已经开发的旅游活动有度假、潜水、观光、休闲等。2012年大堡礁海洋公园每天共接待了199万游客。

(1)度假。目前大堡礁开辟了多个度假岛,分别是:

哈密顿岛(Hamilton Island)——大堡礁最大的度假岛;

海马恩岛(Hyman Island)——格调优雅高贵顶级的度假岛;

苍鹭岛(Heron Island)——大堡礁的缩影;

当克岛(Dunk Island)——最自然原始的度假岛;

林德曼岛(Lineman Island)——澳大利业历史上最多英国皇室足迹的度假岛,于2012年被中国商人购得。

(2)潜水。潜水分为浮潜(Snorkeling)、深潜(Scuba Diving)、俗称海底漫步(Helmet Diving)三大类。大堡礁是世界上最好的潜水地。在大堡礁的海中畅游,观赏绚丽多彩的水下世界。这神秘的水晶宫里居住着许多罕见的动物,有奇光异彩、姿态万千的各种软、硬珊瑚群,有令人眼花缭乱的热带鱼,有体形庞大但性格温顺的福寿鱼,有从容不迫的大海龟,有肉色为青紫色的巨型海蚌,还有蓝色的海星和肥胖的黑、红、白色的海参等。旅游公司会提供相应的服务和设备,让不会游泳的游客也能充分和安全地体验水下观光活动的精彩和刺激，实现海底漫步。

（3）水下观光。水下观光分为两种类型：一种类型是深潜观光，另一种类型是乘船观光（玻璃底船或半潜水艇）。

①深潜观光。游客背上氧气瓶，穿上潜水服和脚蹼，腰围增重的铅块腰带，戴上目镜和深潜呼吸管，在潜水教练的带领下在水深 8~10 米处进行深潜观光，所花时间大约为 30 分钟。此时游客可以在珊瑚礁之间游动，近距离观赏各色珊瑚，海星和鱼类、巨型海蚌、大海参等。大堡礁上的旅游公司一般都有潜水摄影师，在游泳、浮潜或深潜过程中，游客还经常有机会和珊瑚、巨型福寿鱼、大海龟等海洋动物一起摄影留念。

②乘玻璃底船或半潜水艇水下观光。走旱路一般是到达大堡礁海上浮动平台后，游客分组分时间乘玻璃底船和半潜水艇出海观光。这两种船走的路线不一样，观赏的东西也有不同，所花的时间大约为 20 分钟。玻璃底船一般在珊瑚礁顶部巡游，游客可以在距离珊瑚 20~50 厘米观赏到各色珊瑚和鱼类。半潜水艇一般巡游在珊瑚礁之间，游客观赏到数米距离之内的珊瑚的奇异生长形态和状况以及鱼类在珊瑚上采食的姿态。

（4）海上浮动平台上观光。游客还可以在海上浮动平台上的水下观赏厅欣赏珊瑚和鱼类和喂鱼表演和前往海洋生物水箱触摸海星、海参等海洋生物，聆听海洋生物学家介绍有关大堡礁的自然生态环境以及珊瑚和鱼类的生活状况的介绍。

（5）直升机高空鸟瞰（Helicopter Flights）。游客还可以乘坐直升机从高空观赏翡翠般珊瑚海的美丽景色，如心形珊瑚礁、灯塔等。有 5 分钟的，10 分钟的，25 分钟的，50 分钟的，价格分别是 89 澳元、148 澳元、399 澳元、679 澳元。每家旅游团价格都差不多。

（6）休闲。此外，在大堡礁海边沙滩上还可以选择散步、疗养、观鲸（Whale Watching）、观鸟（Bird Watching）、冲浪、游泳、钓鱼等休闲活动。2006—2007 年，休闲娱乐业创造的价值为 1.53 亿美元。

3. 大堡礁的防御功能

大堡礁是澳大利亚军事防御训练计划的关键组成部分，在一些指定区域进行常规的精细化培训活动，包括海军潜水训练、划船、航行演习以及两栖登录，直接为澳大利亚的培训与操作防御服务做出贡献。

4. 大堡礁的渔业

大堡礁的渔业开发形式有商业性质的、娱乐性质的以及土著人捕鱼和租船捕鱼等，捕捞对象包括鱼类、鲨鱼、螃蟹和虾。大堡礁区域对商业捕鱼具有准入制度，要求严格，目前有 10 家商业性渔业公司，对澳大利亚国内和国际渔业市场有非常重要的作用。例如，我国香港的活鳟鱼贸易相当大部分来自于大堡礁。

5. 港口服务与航运

大堡礁区域一共有 12 个港口，2 个位于海洋公园内部。工业、采矿业和航运业在不断增长。目前从大堡礁区域出口的煤矿为 156 mtpa（1mtpa＝100 万吨/年），2010 年在该区域航行的船只为 5000 趟。当然，港口服务与航运业的发展正在威胁大堡礁的生态系统。

6. 科学研究

大堡礁为世界各地的科学家提供了研究的机会。19 世纪末，大堡礁正式开始了第一次科学调查，其科学调查历史悠久，可能是世界上研究最多的热带海洋生态系统，也是热带海洋生态系统研究的国际中心区。科学研究成果对于理解其生态功能、保持大堡礁的健康和提升管理水平至关重要。

7. 传统利用

原住民和托雷斯海峡岛民在昆士兰州东海岸区域生活了 6 万多年，并且大堡礁就是他们的"海国"。大堡礁是他们文化、精神和生活的核心，他们从事传统的狩猎和捕鱼、举行传统仪式、流传传说故事，世代看护着"海国"家园。

二、国外文化遗产资源利用案例

（一）意大利威尼斯及泻湖

威尼斯（Venice）位于意大利东北部亚得里亚海滨的威纳托省（Veneto），四周环海。威尼斯始建于 5 世纪，主建于离岸 4 千米的海边浅水滩上，平均水深 1.5 米，由 118 个小岛组成，并以 177 条水道、428 座桥梁连成一体，以舟相通，由铁路、公路、桥与陆地相连，有"水上都市"、"百岛城"、"桥城"之称。

1. 遗产价值简介

威尼斯以水出名，水是威尼斯的灵魂。威尼斯由 118 个大小岛屿、177 条水道组成，被称为"水城"。威尼斯的老城区的交通除依靠形态各异的 428 座桥梁外，便是著名的"贡多拉"小船。密如蛛网的水道将"水上高速公路"送到居民的门前屋后，成为威尼斯最具特色的景观。威尼斯 60% 的建筑年龄在 500 年以上，如圣马可教堂（从公元 11 世纪开始，修造持续了 500 多年）、著名的圣母玛利亚萨卢特教堂、欧洲乃至世界最美的广场圣·马可广场，还有 120 座教堂、120 座钟楼、64 座修道院、40 座宫殿及多处博物馆、剧院。威尼斯的主要旅游景点有圣·马可教堂、圣·马可广场、安康圣母教堂、雷雅托桥、雷佐尼科宫、佩姬·古根汉美术馆、泻湖、佩沙罗宫、叹息桥、学院美术馆、总督府、海洋历史博物馆、黄金宫、卡米尼信众会、科雷尔博物馆、雷登托雷教堂、圣保罗教堂等。1987年，根据文化遗产遴选标准 C（Ⅰ）（Ⅱ）（Ⅲ）（Ⅳ）（Ⅴ）（Ⅵ），威尼斯被列入《世界遗产目录》（编号为546-004）。

2. 威尼斯的旅游开发

威尼斯的众多古建筑和水城风光吸引了大量的外来游客，目前外来游客已经远远超过当地的常住居民。2009年威尼斯本地居民为27万，2007年游客数量为2100万，年总营业额达到90亿英镑左右。威尼斯的旅游业兴旺发达也带来了很多弊端，使得威尼斯的生活成本是距其20千米外的莫利亚诺的两倍，而且生活变得很不方便、交通汽艇拥挤不堪等。从1951年开始，岛上居民不断减少，而且这一状况每年都还在继续。

为解决旅游业发展带来的问题，保存威尼斯的整体风貌，威尼斯提出了一些方式：发放"威尼斯旅游智能卡"通过该卡向游客传递威尼斯旅游动态信息，让游客根据旅游数量自行调整旅行，从而达到对旅游淡旺季的调整；征收住宿税；乘坐交通汽艇的智能卡售卖昂贵，以此减少游客使用这些交通工具。具体的旅游活动如下：

（1）古建筑巡游。威尼斯文物古迹众多，以圣·马可广场、120座教堂、120座钟楼、64座修道院、40座宫殿及多处博物馆、剧院组成威尼斯城市标志建筑和城市形象。参与古建筑巡游可感受不同建筑风格的魅力。

（2）感受"水城"。威尼斯四面环海，地理位置十分独特，市区建在新月形的拉古纳泻湖中，故被称为"水城"。威尼斯全城由118个岛屿组成，177条大小河流纵横交错于2300条水巷之间，连接全城桥梁有428座，每座桥都承载着历史的沧桑。威尼斯的交通工具为船，全城现有轮船、汽艇5000余艘，最令人难忘的是穿行于 S 形水巷间的凤尾船，又称"贡多拉"（Gondola）。贡多拉是威尼斯不可或缺的华丽风景线。威尼斯政府曾对贡多拉进行了规定：必须漆成黑色，用榆木、酸橙木、橡木、冷杉木、樱桃木、胡桃木、落叶松木、桃花心木8种不同质地的木头制造，船桨长10.87米，宽1.42米，是用山毛榉制成，桨架则雕刻成 U 形。

（3）娱乐活动。威尼斯颇具盛名的娱乐活动主要是威尼斯狂欢节和威尼斯歌剧。

①威尼斯狂欢节：威尼斯狂欢节是当今世界上历史最久、规模最大的狂欢节之一。从1296年始，威尼斯狂欢节开始于每年的2月初到3月初之间延续大约两周时间。该狂欢节上男女老幼、贫富贵贱都可以戴上面具、变换身份，成为其他人。面具和华丽服饰是威尼斯狂欢节的特点。每年的狂欢节都以一个主题贯穿始终。

②威尼斯歌剧：费尼切剧场（Teatro La Fenice），曾初演过小仲马的《里戈雷托》和《茶花女》等著名歌剧。

（二）日本古京都遗址

1. 遗产价值简介

日本古京都遗址，位于日本列岛中心的关西地区，是日本京都府南部的城市，面积 827.90 平方千米，总人口 1 469 472 人（2005 年 9 月 1 日），也是京都府府厅所在地。

古京都仿效古代中国首都（一般认为是仿中国隋唐时期的洛阳城，也有说法是仿中国唐朝的大都长安）形式，建于公元 794 年，从建立起直到 19 世纪中叶一直是日本的首都，距今已有 1000 多年的历史。自建城以来，京都就作为日本的经济、文化中心，京都有数百间有名的神社、神阁和古寺名刹，拥有日本 20% 以上的国宝。京都经历了日本木式建筑、精致的宗教建筑和日本花园艺术的发展时期，同时还影响了世界园艺艺术的发展。京都具有浓郁的日本风情，是日本人心灵的故乡。京都是日本纺织物、陶瓷器、漆器、染织物等传统工艺品的产地。同时，京都又是日本花道、茶道的繁盛之地，被称为"真正的日本"。京都也是接受文化熏陶的好地方，无论是艺术、佛教还是民间手工艺，游客可以通过 TIC（国际观光振兴会旅游情报中心）学习日本烹调技术、传统工艺、日本戏剧、茶道和插花。京都几乎每天都有庆祝活动和例行节日，富有浓郁的地方乡土风情。最为热闹的是祇园节（7 月 1 日至 29 日）和时代节（10 月 22 日）。时代节是平安神宫的祭礼，将京都成为首都后1000 多年来的风俗习惯按各个不同年代的风貌列队展现。1994 年古京都遗址被列入《世界遗产目录》（编号为 313-005）。

2. 古京都遗址的旅游开发

（1）观光。古京都遗址的主要观光景点由寺院、博物馆和文物组成。寺院包括东福寺、东寺、金阁寺、龙安寺、曼殊院、妙心寺、清水寺、仁和寺、三十三间堂、醍醐寺等。博物馆有包括京都府京都文化博物馆、京都国立近代美术馆、京都国立博物馆、京都国际漫画博物馆、月桂冠大仓纪念馆、时雨殿、京都传统产业交流馆、风俗博物馆等。京都有很多登录到联合国世界遗产的"古都京都的文物"，如贺茂别雷神社（上贺茂神社）、贺茂御祖神社（下鸭神社）、教王护国寺（东寺）、清水寺、醍醐寺、宇治上神社、高山寺等。

（2）民俗体验。

①舞伎变身：通过京都舞伎扮相的老字号影楼，体验舞伎、艺伎、武士的形象，优雅地漫步或乘坐人力车徜徉于清水寺、高台寺等名胜古迹中。

②住河床：在河上或在室外看得见河的位置上铺上休闲床，提供饭菜服务。

河床是京都的夏天特有的风景，有名的河床有鸭川河床、贵船河床和高雄河床。每个河床都有不同的特色。鸭川河床位于贯通京都南北的鸭川沿岸，可以品尝到京都料理、韩国料理等多国料理。

③文化节：京都有无数传统活动，几乎每月都有一个。例如，2 月 25 日梅花节，在开满梅花的庭院里举行的茶话会；3 月 12 日至 3 月 21 日的东山花灯路，街道两旁用美丽的方形纸罩灯照亮，把人引向玄奥的世界；4 月 1 日至 4 月 30 日的春舞，舞伎为人展示平日练习的成果，是让人感受到春天的华丽的演出；5 月 15 日的葵节，是京都三大节日之一，身着华丽的平安王朝时代的服装的人们的巡游是点睛之笔；6 月中旬到 7 月的八仙花节，在三千院里开满了 3000 朵以上五颜六色的八仙花；7 月 1 日至 7 月 31 日的祇园节，是京都三大节日之一，是持续整整一个月的很长的节日，有 5 层楼高的神轿巡游为其高潮；8 月 7 日至 10 日的陶器市场，五条坂一体共有 400 家陶器店出展，热闹非凡，是日本国内最大的陶器市场；8 月 16 日的五山送火节，用火把在山里描绘出的文字和图画，用美丽点缀了夏天的夜空；10 月 22 日的时代节，是京都三大节日之一，到明治时代为止的 8 个朝代的代表将巡礼，京都的历史、文化一目了然……

（3）泡汤（温泉）。京都地区最有名的温泉要数有马温泉和岚山温泉，此外桃山温泉、竹之乡温泉、天之桥立温泉也是很有魅力的温泉。

（4）影视演艺体验。主题公园东映太秦映画村是一个开放给民众体验、参观的影城。各种表演活动、挑战、美食、纪念品等，挑战游人的各个感官。东映太秦映画村附近有东映京都摄影所，进入之后，游人可能会发现，这个地方好像在电影、电视里见过。游人不仅可以参观玻璃屋摄影棚，还可以观看电影、电视的实际拍摄过程。置身于江户时代的街头，换上时代剧的服装，游人可以过一把古装戏演员的瘾。

三、国外非物质文化遗产资源的利用案例

（一）韩国宫廷宗庙祭祀礼乐

1. 简介

韩国宫廷宗庙祭祀礼乐是韩国宗庙大祭过程中由身着红色盛装的乐师们演奏的礼乐，由器乐、歌曲、舞蹈组成。宗庙祭礼乐源于朝鲜世宗时宫中宴会，所用《保太平》和《定大业》为世宗 10 年（1428 年）补充祭礼所需乐曲，并正式被定为宗庙祭礼乐，500 年前的旋律传唱至今。当时的祭礼乐用编钟、编磬等打击乐器演奏主旋律，长笛、竹笛、奚琴、雅筝等管弦乐器的演奏装饰性旋律，节奏庄重和曲调典雅。宗庙祭礼乐已被韩国政府定为第 1 号国家级重要的无形文化财产；祭祀典礼被

定为第 55 号国家级重要的无形文化财产。有关部门还适时对祭祀仪式表演艺术家进行培训。韩国国家传统戏剧中心和国家音乐学院也通过合作，开展对与祭祖活动相关的传统服饰、用品、曲谱和乐器的研究。自 1462 年祭祖仪式定型以后几乎原封不动地传承了 500 多年，成为世界罕见的礼仪文化之一。1910 年，日本吞并朝鲜后，随着朝鲜王国的灭亡，祭祖仪式被迫终止。1945 年后，虽然君主制的朝鲜王朝已不复存在，但宗庙祭祖活动又渐渐恢复起来，并逐步演化成为韩国的一种民俗。

2. 开发形式与现状

如今韩国宫廷宗庙被录入世界文化遗产，是韩国重要的旅游景点，祭祀礼乐、祭祀典礼被列为世界非物质文化遗产，是宗庙的重要组成部分，也是韩国宫廷祭祀文化精华。现在宗庙祭祖于每年公历 5 月的第一个星期日举行一次，由当年末代王朝的后代——李氏王室的后裔主祭，他们人人身着古代礼服，扮演陪祭的人员有数百名经过化妆的艺术家和学生参加，祭祀形式仍沿用 15 世纪的典籍所记载的程序，包括御驾出行、宗庙祭礼程序、八佾舞和祭后事宜。其中，宗庙祭礼程序又由迎神程序、进馔程序和送神程序构成。肃穆的祭祀仪式，在国内外公众的自由围观下，通常要持续进行数小时才能完成。

（二）玻利维亚奥鲁罗狂欢节

1. 简介

奥鲁罗狂欢节是玻利维亚民间盛大的庆祝活动，淋漓尽致地展现了安第斯民间艺术和传统文化。2001 年联合国教科文组织将奥鲁罗狂欢节列为"人类口头和非物质文化遗产"。

奥鲁罗城位于玻利维亚西部安第斯山区，奥鲁罗城的狂欢节最初与 2 月 2 日圣烛节的这一天开展庆祝活动（一说 2 月 8 日起，持续 3 天），传统的舞蹈"拉马拉马"或"迪亚布拉达"是奥鲁罗狂欢节的主要舞蹈。现在，奥鲁罗狂欢节每年在四旬斋前举行一次，持续 10 天。奥鲁罗狂欢节是民间艺术的荟萃，包括面具、纺织品和刺绣等工艺。狂欢节的主要活动是"安特拉达"大游行，融合了基督教元素和从中世纪而来的神秘剧元素。参加狂欢节的各具特色的舞蹈、音乐队伍组成，表演队伍长达 4 千米，每天持续近 20 个小时，而且每天主题都可能不同。比如在每年的奥鲁罗狂欢节上第一天最重要的欢庆队伍是农民祈福丰收队伍。农民从四面八方赶来，以农作物和其他花果等农礼品感恩欢庆的仪式，身穿节日盛装，用当地特色的民俗配饰和鲜花等来装扮自己。此外还有民俗音乐和烟花表演、戴面具的鬼神舞表演、摘下面具的鬼神舞表演等。

2. 旅游开发现状

现在，每年奥鲁罗狂欢节都会吸引数十万游客前往。狂欢的队伍开始于玻拉西（Potosi）街和五罗埃尔（Villarroel）大道的交叉路口，沿着长达 4 千米的大街，在费布雷罗（Febrero）广场兜一个圈子，继续沿着玻利瓦尔（Bolivar）大街，结束在 Santuario Socavon 圣殿，狂欢队伍穿过整个城市。其中，费布雷罗广场和 Santuario Socavon 圣殿的两个主会场，购买了不同价格的门票，才能入内观看。除了两个封闭的主会场，狂欢队伍沿途经过的大街都是开放式，可等候在旁，主动邀请表演者合影。

费布雷罗广场是以外国游客观看为主的主会场之一，门票价格分别是 120 美元/人（座位在低处）和 150 美元/人（座位在高处）。

Santuario Socavon 圣殿是以本地人为主的又一主会场，门票价格在 30 美元/人（座位在低处）~80 美元/人（座位在高处）。

第二节　国内遗产资源开发利用的经典案例

本节对国内自然遗产资源、文化遗产资源和非物质文化遗产资源开发利用的经典案例进行简介，有利于认识我国对遗产资源的开发利用水平与经验。

一、国内自然遗产资源的开发利用案例

（一）泰山（双遗产）

1. 遗产价值简介

泰山，古称岱宗，位于山东省东部，横跨泰安、济南两市，面积 426 平方千米，海拔 1545 米。泰山雄伟壮观，景色秀丽，享有"五岳独尊"的盛名，拥有非常丰厚的自然旅游资源和人文旅游资源，是世界自然与文化遗产、世界地质公园、全国文明风景旅游区、国家 5A 级旅游区。1987 年，泰山风景区被联合国教科文组织列为世界自然与文化双重遗产，是世界首例。泰山的自然遗产价值和文化遗产价值详见表 10-2。

表 10-2　　　　　　　　　　　泰山的遗产价值

自然遗产价值	文化遗产价值
地层地貌：泰山的形成，历经了自太古代至新生代各个地质时代的演变过程。泰山运动形成了巨大的山系，燕山运动奠定了泰山的基础，喜马拉雅山运动造就了泰山的雄伟和今日泰山的总体轮廓。泰山有丰富的地壳运动遗迹，具有世界意义的地质科学研究价值。泰山地区的寒武纪片麻岩群是华北台地的基底，地层剖面出露齐全，化石丰富，保存完好。泰山杂岩有 20 亿年的历史，是世界最古老的岩石之一，对研究中国东部太古代地层的划分、对比，以及太古代历史的恢复，均具重要意义。泰山西北麓张夏、崮山、炒米店一带的灰岩和砂页岩发育典型，已确定为我国寒武系中、上统的标准剖面，是古生物许多种属的命名地或模式标本原产地。泰山南部在太古界岩层上裂隙泉分布甚广，从岱顶至山麓，泉溪争流，山高水长。泰山北部，中上寒武系和奥陶系石灰岩岩层向北倾斜，地下水在地形受切割处出露成泉，使古城济南成为"家家泉水，户户杨柳"的泉城。泰山地貌分为冲洪积台地、剥蚀堆积丘陵、构造剥蚀低山和侵蚀构造中低山四大类型，在空间形象上，由低而高，造成层峦叠嶂、凌空高耸的巍峨之势，形成多种地形群体组合的地貌景观。泰山位于华北大平原的南北通道与黄河中下游的东西通道交叉枢纽之侧，这一独特的地理位置对泰山影响的扩大及其文化的弘扬，起了极为重要的作用。	悠久的历史。泰山是黄河流域古代文化的发祥地之一。很早以前，泰山周围就被我们祖先所开发，泰山南麓的大坟口文化，北麓的龙山文化遗存，便是佐证。再早还有 5 万年前的新泰人化石遗存和 40 万年前的沂源人化石遗存。战国时期，沿泰山山脉直达黄海边修筑了长约 500 千米的长城，今遗址犹存。泰山与孔子活动有关的景点有孔子登临处坊、望吴圣迹坊、孔子小天下处、孔子庙、瞻鲁台、猛虎沟等。神山、文化宝库 泰山有"五岳之首"、"五岳独尊"的称誉。它是政权的象征，成为一座神圣的山。古代帝王登基之初，太平之岁，多来泰山举行封禅大典，祭告天地。先秦时期有 72 代君主到泰山封禅；自秦汉至明清，历代皇帝到泰山封禅 27 次。皇帝的封禅活动和雄伟多姿的壮丽景色，历代文化名人纷至泰山进行诗文著述，留下了数以千计的诗文刻石。例如，孔子的《邱陵歌》、司马迁的《封禅书》、曹植的《飞龙篇》、李白的《泰山吟》、杜甫的《望岳》等诗文，成为中国的传世名篇；天贶殿的宋代壁画、灵岩寺的宋代彩塑罗汉像是稀世珍品；泰山的石刻、碑碣，集中国书法艺术之大成，真草隶篆各体俱全，颜柳、欧赵各派毕至，是中国历代书法及石刻艺术的博览馆。泰山文化遗产极为丰富，现存古遗址 97 处，古建筑群 22 处，为研究中国古代建筑史提供了实物资料。
泰山有丰富的生物资源，植被覆盖率达 80%，从山麓拾级而上，可依次见到落叶林、阔叶针叶叶混交林、针叶林、高山灌木草丛，林带垂直界线分明，植被景观各异。现有种子植物 144 科，989 种，其中木本植物 72 科 433 种，草本植物 72 科 556 种，药用植物 111 科 462 种。泰山的古树名木，源于自然，历史悠久，据《史记》记载："茂林满山，合围高木不知有几。"现有 34 个树种，总计万余株。泰山丰富的生物资源与泰山历史文化的发展紧密相连，是古老文明的象征，其中著名的有汉柏凌寒、挂印封侯、唐槐抱子、青檀千岁、六朝遗相、一品大夫、五大夫松、望人松、宋朝银杏、百年紫藤等，每一株都是历史的见证，历经风霜，成为珍贵的遗产。	泰山宗教发祥久远，佛教于公元 4 世纪中期传入泰山。公元 351 年高僧朗公首先到泰山岱阴创建了朗公寺和灵岩寺。魏晋南北朝时期，泰山较大的寺院有谷山玉皇寺、神宝寺、普照寺等。著名的泰山经石峪是北齐人所刻的佛教经典《金刚经》。唐宋时，灵岩寺极为鼎盛，唐宰相李吉甫反把泰山灵岩寺称为天下"四绝"之一。泰山道教早在战国时就有方士隐居岱阴岩洞；秦汉后祠庙林立，保留至今的有王母池（群王庵）、老君堂、斗母宫（龙泉观）、碧霞祠、后石坞庙、元始天尊庙等。其中，以王母池为最早，创建于公元 220 年以前；以碧霞祠影响最大。泰山是王母娘娘神话传说的发祥地。早在魏晋时期就建有王母池道观。王母池位于泰山南麓环山路东首，古称"群玉庵"，又名"瑶池"。曹植有"东过王母庐"的诗句，李白有"朝饮王母池"的吟咏。
泰山的四季更是别具风味。	

2. 泰山的旅游开发

（1）旅游产品类型。泰山遗产地的旅游资源种类丰富，已经开发了观光旅游、生态旅游、宗教旅游、民俗旅游、休闲旅游、节庆旅游、摄影旅游等多种旅游产品类型，见表10-3。

表 10-3　　　　　　　　　　　　泰山风的旅游产品表

旅游产品类型	旅游产品
观光旅游	登山御道旅游线、西线、中线、东线
生态旅游	天柱峰—后石坞—桃花峪 周边地区
宗教旅游	佛教寺院、道教道观、孔子遗迹
民俗旅游	泰山神祇、山石崇拜、民间朝山、游艺竞技、泰山特产和工艺品、泰山民俗旅游区
休闲旅游	泰山森林国家公园、扇子崖、桃花峪风景区 周边四处国家森林公园
节庆旅游	东岳庙会、泰山国际登山节、泰山诗歌节、泰山国际音乐节、泰山石敢当文化节
摄影旅游	中华泰山风光摄影大赛、彩石溪手机摄影大赛

（2）旅游开发效益及影响。从1987年的泰山国际登山节开始，泰山的旅游业进入快速发展时期，无论在游客接待量和门票收入上都逐年增长（见表10-4）。2005年，泰山的游客量为160.61万人次，门票收入为1.53亿元；2012年，游客量增长到371.54万人次，门票收入为3.70亿元。泰山游客量连续7年创历史最高纪录，领先于国内其他山岳型景区，尤其是2008年，受自然灾害、全球经济危机等不利环境的影响，国内国际旅游市场具有不可预测性，同类型的山岳型旅游目的地的游客量都出现不同程度的下滑，而泰山旅游保持了良好的增长势头。近年来，泰山的购票进山游客量年均增长率在10%以上，但是门票收入增长率却呈现下降趋势。

泰山每年游客主要集中在4~10月，高峰月为5月、8月和10月，高峰月游客人数占全年的44.74%。游客在空间分布上主要集中于泰山东路和岱顶，而生态环境优良、自然风景秀丽的西部和北部岱阴地区则游人稀少。

表 10-4　　　　　2005—2012 年泰山进山旅游人数及门票收入表

年份	购票游客量（万人次）	年增长率（%）	门票收入（亿元）	年增长率（%）
2005	160.61	—	1.53	—
2006	186.39	16.05	1.77	15.90
2007	200.27	7.44	2.27	28.15
2008	210.28	5.00	2.52	11.12
2009	273.60	30.11	2.71	7.54
2010	301.50	10.20	2.87	5.70
2011	346.39	14.90	3.47	20.91
2012	371.54	7.26	3.70	6.10

资料来源：泰安旅游政务网。

　　泰山遗产地旅游开发的经济效益是十分显著的，但旅游开发也给泰山遗产地的保护和可持续发展带来巨大压力。例如，2012 年 9 月 30 日至 10 月 5 日 14 时，泰山景区接待中外游客共计 317 893 人，远远超出其合理环境容量，导致安全隐患巨大，停车难、上山难、就餐难、上厕所难，旅游服务质量大打折扣，旅游变成折磨，严重影响了泰山游客的旅游满意度，也降低了旅游重游率。同时，大量的游客以及为满足游客需求而设置、修建的大量服务场所，也给景区的环境带来很大压力。目前，泰山在科考、社会文化传播等社会效益发挥方面与美国的黄石国家公园有较大差距。

（二）九寨沟

1. 遗产价值简介

　　九寨沟位于四川省西北部岷山山脉南段的阿坝藏族羌族自治州九寨沟县漳扎镇境内，因沟内有树正、荷叶、则查洼等九个藏族村寨而得名。奇特的水体景观、类型多样的地貌景观、保存完好的冰川遗迹、生物物种资源的基因库，铸就了九寨沟优美的综合环境。水色使山林更加青葱，山林使水色更加娇艳。梯湖水从树丛中层层跌落，形成林中瀑布，湖下有瀑，瀑泻入湖，湖瀑孪生，层层叠叠，相衔相依。宁静翠蓝的湖泊和洁白飞泻的瀑布构成了静中有动，动中有静，动静结合，蓝白相间的奇景。1992 年，九寨沟与黄龙一起被列入世界自然遗产名录；1997 年，九寨沟被纳入世界人与生物圈保护区；2000 年，九寨沟被评为中国首批 5A 级景区；2001 年 2 月，九寨沟取得"绿色环球 21"证书。

2. 九寨沟的旅游开发效益及影响

　　九寨沟从 1984 年开始正式对外开放，当年旅游观光人数是 27 529 人次。1997 年以前，九寨沟的游客量增长不大。1997 年以后，随着九寨沟的基础设施和服务接待设施的改善，游客量和旅游收入都呈现加速增长态势。2005 年，九寨沟的游客量为 201.05 万人次，门票收入达到 3.18 亿元。2008 年，受到"5·12"地震的影响，九寨沟的年游客量下滑到 64.28 万人次，门票收入下降到 1.15 亿元，但此后旅游业快速恢复，2012 年的游客量达到 363.86 万人次，门票收入增长到 6.54 亿元，表明九寨沟旅游业的快速增长（见表 10-5）。

表 10-5　　　　　　　2005—2012 年九寨沟旅游人数及门票收入统计表

年份	2005	2006	2007	2008	2009	2010	2011	2012
游客量（万人）	201.05	218.70	252.18	64.28	142.05	169.41	282.71	363.86
年增长率（%）	5.17	8.78	15.31	-74.51	121.00	19.26	66.88	27.17
门票收入（亿元）	3.18	4.20	4.55	1.15	2.20	3.10	5.39	6.54
年增长率（%）	25.20	32.07	8.33	-74.72	90.74	41.06	73.76	21.22

资料来源：四川旅游政务网。

尽管九寨沟自然遗产地的旅游开发取得了很大成绩，但其背后仍有隐忧，主要内容如下：

（1）景区超负荷运转，部分景区出现游客拥堵现象。九寨沟最高生态承载量是 1.8 万人/天，最佳生态承载量是 1.2 万人/天，但目前的旅游容量达到 2.8 万人/天，严重超出景区的合理容量。

（2）旅游配套设施缺乏。九寨沟的核心吸引力就是其自然景观，而与高质量自然景观配套的休闲娱乐设施和活动极度匮乏。

（3）游客的季节性明显，冬季游客量不足全年的 10%。

今后，要加快三州山水旅游资源的开发，特别是通过相关景区建设，引导到九寨沟的游客实现线路分流，切实实施限制游客进入措施，使每天进入景区的人数控制在 1.2 万人次。就旅游配套设施而言，需要加强以下几个方面的工作：

（1）改善环境，吸引投资建设基础设施和服务配套设施。川主寺九寨沟黄龙机场和川主寺至九寨沟景区的生态公路建设、绵阳至九寨沟的高速公路建设使九寨沟的通达性大大增强，但新景区与九寨沟的道路连接需要贯通。

（2）吸引外来投资修建一些较高档次的旅游配套项目，如喜来登九寨沟国际大酒店、九寨天堂会议度假中心、梦幻九寨综合购物中心、九寨边边街休闲购物一条街等。

（3）加强文化旅游产品、冬季旅游产品的开发。文化旅游产品（如博物馆、演艺大厅、特色小镇等）开发可分流游客，把游客吸引在景区外；冬季旅游产品的开发可调节旅游淡旺季，减少旅游设施在淡季的闲置。

二、文化遗产资源的开发利用案例

（一）丽江古城

1. 遗产价值简介

丽江古城位于云南省的丽江市（又名大研镇），始建于宋末元初（公元13世纪后期），自古就是远近闻名的集市和重镇，是茶马古道的重要组成部分，在元朝时，丽江的商铺就达到了1200个。古城的原住居民为纳西族人，东巴文化是纳西族本族文化。丽江古城把经济和战略重地与崎岖的地势巧妙地融合在一起，古城建筑融汇了各民族的文化特色，历经无数朝代洗礼仍真实、完美地保存和再现了古朴的风貌，丽江古老的供水系统设计精妙独特，至今仍然发挥着作用。1997年，丽江古城被列入联合国世界文化遗产名录，丽江古城的遗产价值见表10-6。2011年，丽江古城被评定为我国5A级旅游景区。2012年，世界遗产论坛组织委员会（南京）将丽江古城评为"中国最受关注的世界遗产旅游胜地"。

表 10-6　　　　　　　　　　丽江古城遗产价值

丽江遗产价值
丽江古城在中国名城中的地位。丽江古城历史悠久，古朴自然，兼有水乡之容、山城之貌。丽江古城作为有悠久历史的少数民族城市，从城市总体布局到工程、建筑融汉、白、彝、藏各民族精华，并独具纳西族独特风采。1986年，中国政府将丽江古城列为国家历史文化名城，确定了丽江古城在中国名城中的地位。
丽江古城充分体现了中国古代城市建设的成就。丽江古城未受中原建城规制的影响。城中无规矩的道路网，无森严的城墙，古城布局中的三山为屏、一川相连；建筑物的依山就水、错落有致的设计艺术在中国现存古城中是极为罕见的，是纳西族先民根据民族传统和环境再创造的结果。
丽江古城民居是中国民居中具有鲜明特色和风格的类型之一。丽江古城民居在布局、结构和造型方面按自身的具体条件和传统生活习惯，有机地结合了中原古建筑以及白族、藏族民居的优秀传统，在房屋抗震、遮阳、防雨、通风、装饰等方面进行了大胆创新发展，形成了独特的风格，在相当长的时间和特定的区域里对纳西族的发展也产生了巨大的影响。丽江民居是研究中国建筑史、文化史不可多得的重要遗产。
丽江古城是自然美与人工美，艺术与经济的有机统一体。丽江古城是古城风貌整体保存完好的典范。依托三山而建的古城，与大自然产生了有机而完整的统一，古城瓦屋，鳞次栉比，四周苍翠的青山，把紧连成片的古城紧紧环抱。城中民居朴实生动的造型、精美雅致的装饰是纳西族文化与技术的结晶。古城所包涵的艺术来源于纳西人民对生活的深刻理解，体现人民群众的聪明智慧，是地方民族文化技术交流融汇的产物，是中华民族宝贵建筑遗产的重要组成部分。
丽江古城包容着丰富的民族传统文化，集中体现纳西民族的兴旺与发展，是研究人类文化发展的重要史料。丽江古城的繁荣已有800多年的历史，丽江古城已逐渐成为滇西北经济文化中心，为民族文化的发展提供了良好的环境条件，聚居在这里的纳西族与其他少数民族一道创造了光辉灿烂的民族文化。尤其是具有丰富内涵的东巴文化、白沙壁画等传统文化艺术更是为人类文明史留下了灿烂的篇章。

表10-6（续）

丽江遗产价值
关于丽江古城的真实性。丽江古城从城镇的整体布局到民居的形式，以及建筑用材料、工艺装饰、施工工艺、环境等方面，均完好地保存古代风貌。首先是道路和水系维持原状，五花石路面、石拱桥、木板桥、四方街商贸广场一直得到保留。民居仍是采用传统工艺和材料在修复和建造，古城的风貌已得到地方政府最大限度的保护，所有的营造活动均受到严格的控制和指导。

　　2. 丽江古城的旅游开发

　　（1）丽江古城的旅游吸引物。丽江古城以街道、商铺、古代建筑为主，文化、民族风情是丽江古城的主要吸引物。

　　①古镇风貌。

　　古街：丽江古城的街道有四方街、东大街、新华街双石段、新华街翠文段、新华街黄山下段、新义街密士巷、新义街、五一街兴仁上段、七一街关门口、光义街现文巷、光义街新院巷。街道依山势而建，顺水流而设，以红色角砾岩（五花石）铺就，雨季不泥泞、旱季不飞灰，石上花纹图案自然雅致，质感细腻，与整个城市环境相得益彰，四方街是丽江古街的代表。利用街道的自然坡度实施水洗街道是丽江古城的一大特色。

　　古桥：在丽江古城区内的玉河水系上，飞架有354座桥梁，其密度为平均每平方千米93座。形式有廊桥（风雨桥）、石拱桥、石板桥、木板桥等。较著名的有锁翠桥、大石桥、万千桥、南门桥、马鞍桥、仁寿桥，均建于明清时期。大石桥为古城众桥之首。

　　木府：原系丽江世袭土司木氏衙署，"略备于元，盛于明"。历经战乱动荡，1998年春重建，并在府内设立了古城博物院。

　　此外还有福国寺五凤楼、白沙民居建筑群、束河民居建筑群等是纳西民居建筑的典型代表，也是纳西文化的重要载体。

　　②民族文化。纳西族是丽江古城的原住民族，纳西族文化铸就了丽江古城的城镇风貌。丽江古城纳西族文化主要特色在悠然、休闲，东巴文化、民间歌舞、民间工艺技术散落期间，纳西文字被称为"世界上唯一活着的象形文字"。丽江古城之所以能成为世界文化遗产，之所以能吸引大量游客，一个重要的原因是丽江古城是一座"活着的古城"。纳西人常年开花的庭院、从容优雅的日常起居、淡泊名利的生活态度以及有着多元文化特点的社区民俗活动等都是古城独特的魅力之处。丽江古城的灵魂是古城的民众生活和独特的地方人文精神。

　　③新兴旅游吸引物。古城酒吧是丽江古城现代发展的产物。如今，琳琅满目的古城酒吧已经成为丽江古城的重要组成部分。

（2）旅游开发的经济效益及负面影响。

①经济效益。1995 年以前，旅游业在丽江古镇的地方财政中只占很小比重。丽江古城成功"申遗"之后，古城内的旅游业和商业得到了迅猛的发展，主要包括住宿（特色客栈）、餐饮（主题餐馆、特色餐厅）、购物（特色购物商店）和休闲娱乐（酒吧、咖啡馆、书吧等）四大类，旅游业日渐成为支柱产业并带动相关产业的发展。目前，住宿业所占比重较大，达到了 37%，其次是购物和餐饮，分别占 25% 和 23%，最后是各种休闲娱乐类场所。商铺主要集中在四方街、东大街、新华街双石段、新华街翠文段、新华街黄山下段、新义街密士巷、新义街、五一街兴仁上段、七一街关门口、光义街现文巷、光义街新院巷这些"旅游街道"。

旅游业的发展给丽江古镇带来了巨大的经济效益。2005 年，丽江接待游客404.23 万人次，实现旅游综合收入 38.58 亿元，旅游直接从业人员 3.6 万人，间接从业人员 8 万人，旅游总收入相当于当年全市生产总值的 63.95%；2012 年丽江共接待海内外游客 1599.10 万人次，同比增长 35.05%，旅游业总收入 211.75 亿元，同比增长 38.75%，相当于当年全市生产总值的 99.76%（见表 10-7）。显然，古城旅游的开发已经在当地的社会、经济、文化和生活中产生了重大影响。

表 10-7　2005—2012 年丽江市旅游业发展的经济效益以及相当于地区生产总值的比重

年份	旅游接待人数（万人次）	增长率（%）	旅游总收入（亿元）	增长率（%）	生产总值（亿元）	增长率（%）	旅游总收入相当于地区生产总值的比重（%）
2005	404.23		38.58		60.33		63.95
2006	460.00	13.81	46.30	20.01	70.17	16.31	65.98
2007	530.90	15.41	58.20	25.70	84.80	20.85	68.63
2008	625.50	17.82	69.50	19.42	101.15	19.28	68.71
2009	758.14	21.21	88.66	27.57	117.44	16.10	75.49
2010	910.00	20.03	112.50	26.89	143.60	22.28	78.34
2011	1184.05	30.12	152.22	35.31	178.50	24.30	85.28
2012	1599.10	35.05	211.75	38.75	212.24	18.90	99.76

数据来源：http://www.lijiang.gov.cn/.

②旅游开发的负面影响。旅游开发的负面影响主要表现在以下 3 个方面：

第一，文化的变迁。丽江古城原住民逐渐搬离，"原真性"部分遗失。1986 年至 1999 年年底，有 1527 户 5001 人迁出古城，1350 户 4051 人迁入古城。迁走的大部分是纳西族原住居民，迁入的则大部分是城市化过程中的外迁居民，他们的民族成分和地域来源比较复杂，古城居民的置换使古城居民呈现出"非本地化"、"非民族化"现象，这对保存古城的原有特色是极其不利的。伴随着古城人口置换的必然是古城文化的置换。目前在丽江古城从事各种商业活动的商户，也有大部分是外来人员。

第二，旅游产品同质化、粗制化。目前在丽江古城商铺中售卖旅游纪念品大多为从大理、昆明进货的藏族饰品和由广州等地进货的现代休闲饰物，包括各种小挂件饰物、仿古工艺品、石工艺品、西双版纳风格木雕、茶叶、药材、布质提包、民族布服饰、蜡染扎染制品、苗绣制品等。本地旅游纪念品主要为东巴文化工艺品、银铜器、丽江土布及制品、纳西族服饰、皮包等，但这些物品或者直接从外地进货，或者购进半成品，再进行加工，添加纳西族的相关文化符号而成，缺乏特色、个性。甚至各种印有东巴文化的文化衫、壁挂等饰物谬误百出，在商业利益的驱使下，丽江古城几乎成了一个巨大的旅游纪念品批发市场，来自各地的商品汇聚到这里转卖给游客，纳西族的传统文化正在慢慢弱化，传统的手工业生产方式和民族土特产品贸易也逐渐消失。

第三，巨大的环境压力。环境压力主要来源与游客过多带来的接待压力，以及由此而产生的各种废弃物、排泄物、生活污水等。此外，为发展旅游而新修的各种房地产项目和旅游景点项目、过多需水量和环境变化带来玉河断流等问题。

（二）杭州西湖文化景观

1. 遗产价值简介

西湖景观是由西湖山水及形成于13～19世纪的系列著名景观和历史文化遗存共同组成。西湖拥有"两堤三岛"的整体格局和"三面云山一面城"的空间特征，四季景观分明，并形成了著名的"西湖十景"（平湖秋月、苏堤春晓、断桥残雪、雷峰夕照、南屏晚钟、曲院风荷、花港观鱼、柳浪闻莺、三潭印月和两峰插云）。西湖景观对中国、日本等地的造园设计、山水绘画艺术、文学创作等都产生了深远影响。

西湖景观的遗产价值主要体现在如下5个方面：

（1）创造性价值。"西湖十景"的形成以及创造出的具有代表性的系列"四字景目"体现出了创造性价值。

（2）传播与影响价值。由西湖景观所代表的"题名景观"是文人士大夫对自然山水和园林组景赋予一定的欣赏主题和性情寄托的景观命名方式演化成为一种传统的文化行为，于13世纪后广泛运用到中国的风景名胜和园林景观，并沿用至今。该方式还对日本、韩国等国的造园艺术和风景名胜的命名产生了广泛的影响，成为中国传统造园艺术中极富文化特色和创意的设计模式，反映了东亚景观审美的艺术风格与特征。

（3）典范价值。"西湖十景"自南宋兴起、元明传承、清代鼎盛，始终呈现出园艺、绘画、诗词三位一体的关联性文化行为特征，表现出东方审美情趣以及追求人与自然"情景交融"的和谐互动意境。题名景观是最具突出审美价值的代表作。

（4）人地关系价值。西湖景观与杭州城市发展密切相关。尤其历代对西湖水域的治理逐渐形成了"两堤三岛"的整体格局和始终保持的"三面云山一面城"的湖城空间关系，充分体现了人与自然的互动过程。

（5）精神家园价值。西湖景观的发展过程还表现在与中国绘画、诗词等文学艺术存在密切的关联作用。自宋以来，记录西湖历史、地理、风物等各种西湖志书相继出现。历代西湖史志、笔记、散文、小说仅收入《西湖文献集成》的作品达 400 余种，总计 1800 余万字。历代西湖诗词约 2 万余首。纵观历代西湖诗词、书画的作者，几乎囊括了 13 世纪以来的历代名家，其数量之大、影响之广，是中国其他文化景观所不能比拟的，体现了西湖景观在与人的精神因素互动方面具有极其显著的作用，是中国传统文人士大夫的精神家园。

2. 西湖景观的旅游开发与效益

由于西湖景观在中国的历史文化和风景名胜中的重要地位，西湖被评选为首批国家重点风景名胜区（1982 年）、中国十大风景名胜（1985 年）和首批国家 5A 级旅游景区（2006 年）。2002 年 10 月 1 日起，西湖和环湖公园实施免费，其中老年公园、柳浪闻莺公园、少儿公园和长桥公园是第一批，在其后的 10 多年时间里相继取消了 130 多个景点的门票，占景点总数的 70% 以上，免费开放的景区面积有 2000 多公顷。西湖开辟了国内遗产资源开发利用的崭新模式，并可将其旅游管理和经营模式概括为"一免四不"，即西湖免费开放、其他景区门票不涨价、风景区不出让土地、不破坏文物、不侵占公共资源。世界遗产地西湖景观的免费开放，颠覆了我国改革开放以来在遗产地旅游中一直执行的以高门票为特征的营利性经营模式。

2002 年，杭州市的旅游总人数为 2757.98 万人次，旅游总收入为 294 亿元，到了 2012 年，旅游总人数达到 8568.00 万人次，旅游总收入为 1392.25 亿元，是 2002 年的 4.73 倍。对杭州城市旅游的研究发现，免费开放模式下旅游经济收益不降反升，主要原因是在门票主导的经营模式下，大多数游客为一日游游客，其费用主要包括门票和食宿；在免费开放模式下，游客数量增加了，在杭州的人均停留时间平均增加了 0.8 天，游客的其他花费增长了，近几年景区财税年收入以两位数递增，对杭州市财政的年贡献约 100 多亿元。

三、非物质文化遗产的开发利用案例——昆曲

(一) 遗产价值简介

昆曲（Kunqu Opera）发源于元末明初苏州昆山的曲唱艺术体系，糅合了唱念做表、舞蹈及武术的表演艺术，素有"百戏之母"的雅称。昆曲以鼓、板控制演唱节奏，以曲笛、三弦等为主要伴奏乐器，其唱念语音为"中州韵"，北曲遵"北中州"，南曲遵"南中州"。昆曲是中国汉族传统戏曲中最古老的剧种之一。2001 年 5 月 18 日，昆曲被联合国教科文组织列为"人类口述和非物质遗产代表作"。昆曲的代表作有浣纱记、牡丹亭（又名还魂记）、长生殿、十五贯、琵琶记、绣襦记、玉簪记、西楼记、南西厢记、宝剑记、凤凰山、红梨记、艳云亭、金雀记、桃花扇、烂柯山、墙头马上。

昆曲的遗产价值主要体现在以下 3 个方面：

（1）昆曲具有突出的文学艺术价值。昆曲是一种高品位的富有雅趣的精美艺术，是中国民族戏曲具有代表性的高雅艺术。昆曲的曲词极其优美，其描写手法具有高度的艺术色彩，文学性很强。和其他的地方戏曲不同，昆曲有固定的剧本，而且文学水平甚高，是优秀剧作家的作品。昆曲的剧本包括元代杂剧、宋元南戏、明清传奇以及近代的改编和创作，这些作品在中国文学史上占有非常重要的地位，其中绝大部分都是因为在昆曲舞台上得到演绎而意义非凡，昆曲同时也蕴涵着中国传统音乐和文学的典雅之美。昆曲是最能表现中国传统美学抒情、写意、象征、诗化的一种艺术。昆曲是世界性的、打破语言藩篱的民族艺术。

（2）昆曲具有厚重的历史文化价值。中国文艺史发展经历了诗经、楚辞、汉乐府、唐诗、宋词、元曲、明传奇、清小说、地方戏等，一脉相承又各具艺术特色。其中，明传奇的主要演出样式就是昆曲，它既是元杂剧与南戏的直接继承与发展者，又是清代地方戏和京剧的先祖或母体。一部 800 年的中国戏曲史，昆曲就有 600 年，是中国戏曲承前启后的中坚者。昆曲至今还保有元杂剧与南戏的遗响，如《单刀会》、《张协状元》等，京剧和许多地方戏中至今仍演唱着昆曲剧目。昆曲文学反映了一个时代、数百年的社会状态、人生历程，《牡丹亭》、《长生殿》、《桃花扇》等名著是我国一代文学之高峰，也是世界文坛的璀璨明珠。

（3）昆曲是"百戏之祖，百戏之师"。昆曲是我国戏曲舞台艺术的集大成者，被誉为"百戏之师"。明代以来，昆曲把声、色、舞及各种文学形式乃至各种技艺高度综合统一到一起，成为最完备的剧艺，并且进而达到了相当精致的程度。昆曲的唱腔轻柔婉转、优美动听，各门角色的表演艺术精美绝伦。昆曲融合唱、做、念、打为一体，运用手、眼、身、法、步等高超的表演技能来塑造舞台形象，载

歌载舞，雅致精湛。昆曲又于近 300 余年来影响推动了数以百计的剧种的成长与发展，被誉为"百戏之祖"。近代京剧、川剧和越剧、梆子等地方戏都向昆曲吸取营养，遵照昆曲的美学原则来规范自己的表演体系，昆曲的美学体系至今仍是中国戏曲美学的典范。

（二）开发利用现状

（1）昆曲博物馆。2003 年，在原苏州戏曲博物馆的基础上，利用全晋会馆古建筑，中国昆曲博物馆得以筹建。昆曲博物馆从静态展示、动态展示对昆曲进行诠释。静态展区方式分为昆曲江湖角色行当行头展示、昆曲场面展、古戏台寻踪、兰苑书香、昆曲艺品展、戏文木雕石刻展等展馆，从不同艺术特质角度让人体会昆曲之美。动态展示方式主要是昆曲表演，通过各传统优秀昆曲剧目的表演，让观众身临其境地感受昆曲之美。

（2）剧团与旅游景区合作，旅游演艺散发活力。中国大陆现有江苏省苏昆剧团（成立于 1956 年，原名苏州苏昆剧团，2001 年改名为江苏省苏州昆剧院）、江苏昆剧院、上海昆剧团、杭州浙江昆剧团（现与浙江京剧团合组浙江京昆艺术剧院）、北京北方昆曲剧院、郴州湖南省昆剧团 6 家昆剧专业艺术团体，以及浙江永嘉昆曲传习所，被称为"六团（院）一所"。除了常规的演出外，剧团与旅游景区合作，旅游演艺使昆曲发展充满了新的活力。

昆曲与苏州城市、园林和周庄古镇的完美结合给昆曲注入了新的活力。自明代中叶以来，苏州一直是正宗的昆曲艺术中心，为保护弘扬昆曲，每年在苏州都会举办虎丘曲会并逐渐形成品牌，此外还搭建了昆曲网站，利用昆曲包装苏州旅游，出版昆曲邮戳，推出昆剧电视剧星期专场、新版传统剧目《牡丹亭》，让昆曲与苏州市民、到苏州的游客更加亲密地接触，让昆曲成为苏州的代表。2003 年，苏州昆剧团在苏州拙政园内利用园林实景演出，为中外游客展现融合在古典园林之中的昆曲之美。目前，苏州 9 个被联合国命名的物质文化遗产园林中均设有昆剧戏台。昆曲与苏州园林的结合，使得两者相得益彰。2005 年 10 月，苏州昆剧团进驻"中国第一水乡"周庄，在周庄古戏台开始了昆曲演出。从此，昆曲成为周庄一个重大特色，如今到苏州必到周庄，到周庄必听昆曲。昆曲与周庄的结合不但给昆曲职业团体注入了资金，使昆曲能够继续发展，同时也使得周庄更添神韵。

 复习思考题

1. 从遗产开发的角度看，大堡礁给我们的启示是什么？

2. 有人说丽江现在已经成为"空壳之城"，你怎么看这个问题？

参考文献

［1］张一鸿.韩国宫廷宗庙祭礼及其礼乐［J］.世界文化，2009（7）.

［2］金绍芝.九寨沟旅游可持续发展问题研究［J］.旅游管理研究，2011（6）.

［3］胡卫华.古城镇旅游开发的问题与对策——以云南丽江古城和湖南凤凰古城为例［J］.小城镇建设，2007（4）.

附录 1 《保护世界文化和自然遗产公约》

保护世界文化和自然遗产公约

联合国教育、科学及文化组织大会于 1972 年 10 月 17 日至 11 月 21 日在巴黎举行的第十七届会议，注意到文化遗产和自然遗产越来越受到破坏的威胁，一方面因年久腐变所致，同时变化中的社会和经济条件使情况恶化，造成更加难以对付的损害或破坏现象，考虑到任何文化或自然遗产的坏变或丢失都有使全世界遗产枯竭的有害影响，考虑到国家一级保护这类遗产的工作往往不很完善，原因在于这项工作需要大量手段而列为保护对象的财产的所在国却不具备充足的经济、科学和技术力量，回顾本组织《组织法》规定，本组织将通过保存和维护世界遗产和建议有关国家订立必要的国际公约来维护、增进和传播知识，考虑到现有关于文化和自然遗产的国际公约、建议和决议表明，保护不论属于哪国人民的这类罕见且无法替代的财产，对全世界人民都很重要，考虑到部分文化或自然遗产具有突出的重要性，因而需作为全人类世界遗产的一部分加以保护，考虑到鉴于威胁这类遗产的新危险的规模和严重性，整个国际社会有责任通过提供集体性援助来参与保护具有突出的普遍价值的文化和自然遗产；这种援助尽管不能代替有关国家采取的行动，但将成为它的有效补充，考虑到为此有必要通过采用公约形式的新规定，以便为集体保护具有突出的普遍价值的文化和自然遗产建立一个根据现代科学方法制定的永久性的有效制度，在大会第十六届会议上，曾决定应就此问题制定一项国际公约，于 1972 年 11 月 16 日通过本公约。

Ⅰ. 文化和自然遗产的定义

第1条　在本公约中，以下各项为"文化遗产"：文物：从历史、艺术或科学角度看具有突出的普遍价值的建筑物、碑雕和碑画、具有考古性质成分或结构、铭文、窟洞以及联合体；建筑群：从历史、艺术或科学角度看在建筑式样、分布均匀或与环境景色结合方面具有突出的普遍价值的单立或连接的建筑群；遗址：从历史、审美、人种学或人类学角度看具有突出的普遍价值的人类工程或自然与人联合工程以及考古地址等地方。

第2条　在本公约中，以下各项为"自然遗产"：从审美或科学角度看具有突出的普遍价值的由物质和生物结构或这类结构群组成的自然面貌；从科学或保护角度看具有突出的普遍价值的地质和自然地理结构以及明确划为受威胁的动物和植物生境区；从科学、保护或自然美角度看具有突出的普遍价值的天然名胜或明确划分的自然区域。

第3条　本公约缔约国均可自行确定和划分上面第1条和第2条中提及的、本国领土内的文化和自然财产。

Ⅱ. 文化和自然遗产的国家保护和国际保护

第4条　本公约缔约国均承认，保证第1条和第2条中提及的、本国领土内的文化和自然遗产的确定、保护、保存、展出和遗传后代，主要是有关国家的责任。该国将为此目的竭尽全力，最大限度地利用本国资源，必要时利用所能获得的国际援助和合作，特别是财政、艺术、科学及技术方面的援助和合作。

第5条　为保证为保护、保存和展出本国领土内的文化和自然遗产采取积极有效的措施，本公约各缔约国应视本国具体情况尽力做到以下几点：

（a）通过一项旨在使文化和自然遗产在社会生活中起一定作用并把遗产保护工作纳入全面规划计划的总政策；

（b）如本国内尚未建立负责文化和自然遗产的保护、保存和展出的机构，则建立一个或几个此类机构，配备适当的工作人员和为履行其职能所需的手段；

（c）发展科学和技术研究，并制定出能够抵抗威胁本国文化或自然遗产的危险的实际方法；

（d）采取为确定、保护、保存、展出和恢复这类遗产所需的适当的法律、科学、技术、行政和财政措施；

（e）促进建立或发展有关保护、保存和展出文化和自然遗产的国家或地区培训中心，并鼓励这方面的科学研究。

第6条

1. 本公约缔约国，在充分尊重第1条和第2条中提及的文化和自然遗产的所在国的主权，并不使国家立法规定的财产权受到损害的同时，承认这类遗产是世界遗产的一部分，因此整个国际社会有责任合作予以保护。

2. 缔约国根据本公约的规定，应有关国家的要求帮助该国确定、保护、保存和展出第 11 条第 2 段和第 4 段中提及的文化和自然遗产。

3. 本公约各缔约国不得故意采取任何可能直接或间接损害本公约其他缔约国领土的、第 1 条和第 2 条中提及的文化和自然遗产的措施。

第 7 条　在本公约中，世界文化和自然遗产的国际保护应被理解为建立一个旨在支持本公约缔约国保存和确定这类遗产的努力的国际合作和援助系统。

Ⅲ. 保护世界文化和自然遗产政府间委员会

第 8 条

1. 在联合因教育、科学及文化组织内，要建立一个保护具有突出的普遍价值的文化和自然遗产政府间委员会，称为"世界遗产委员会"。委员会由联合国教育、科学及文化组织大会常会期间召集的本公约缔约国大会选出的 15 个缔约国组成。委员会成员国的数目将在至少 40 个缔约国实施本公约之后的大会常会之日起增至 21 个。

2. 委员会委员的选举须保证均衡地代表世界的不同地区和不同文化。

3. 国际文物保护与修复研究中心（罗马中心）的一名代表、国际古迹遗址理事会的一名代表以及国际自然及资源保护联盟的一名代表可以咨询者身份出席委员会的会议，此外，应联合国教育、科学及文化组织大会常会期间举行大会的本公约缔约国提出的要求，其他具有类似目标的政府间或非政府组织的代表亦可以咨询者身份出席委员会的会议。

第 9 条

1. 世界遗产委员会成员国的任期自当选之应届大会常会结束时起至应届大会后第三次常会闭幕时止。

2. 但是，第一次选举时指定的委员中，有三分之一的委员的任期应当当选应届大会后第一次常会闭幕时截止；同时指定的委员中，另有三分之一的委员的任期应于当选之应届大会后第二次常会闭幕时截止。这些委员由联合国教育、科学及文化组织大会主席在第一次选举后抽签决定。

3. 委员会成员国应选派在文化或自然遗产方面有资历的人员担任代表。

第 10 条

1. 世界遗产委员会应通过其议事规则。

2. 委员会可随时邀请公共或私立组织或个人参加其会议，以就具体问题进行磋商。

3. 委员会可设立它认为为履行其职能所需的咨询机构。

第 11 条

1. 本公约各缔约国应尽力向世界遗产委员会递交一份关于本国领土内适于列入本条第 2 段所述《世界遗产目录》的、组成文化和自然遗产的财产的清单。这份清单不应看作是齐全的，它应包括有关财产的所在地及其意义的文献资料。

2. 根据缔约国按照第 1 段规定递交的清单，委员会应制定、更新和出版一份《世界遗产目录》，其中所列的均为本公约第 1 条和第 2 条确定的文化遗产和自然遗产的组成部分，也是委员会按照自己制定的标准认为是具有突出的普遍价值的财产。一份最新目录应至少每两年分发一次。

3. 把一项财产列入《世界遗产目录》需征得有关国家同意。当几个国家对某一领土的主权或管辖权均提出要求时，将该领土内的一项财产列入《世界遗产目录》不得损害争端各方的权利。

4. 委员会应在必要时制定、更新和出版一份《处于危险的世界遗产目录》，其中所列财产均为载于《世界遗产目录》之中、需要采取重大活动加以保护并为根据本公约要求给予援助的财产。《处于危险的世界遗产目录》应载有这类活动的费用概算，并只可包括文化和自然遗产中受到下述严重的特殊危险威胁的财产，这些危险是：蜕变加剧、大规模公共或私人工程、城市或旅游业迅速发展计划造成的消失威胁；土地的使用变动或易主造成的破坏；未知原因造成的重大变化；随意摈弃；武装冲突的爆发或威胁；灾害和灾变；严重火灾、地震、山崩；火山爆发；水位变动、洪水和海啸等。委员会在紧急需要时可随时在《处于危险的世界遗产目录》中增列新的条目并立即予以发表。

5. 委员会应确定属于文化或自然遗产的财产可被列入本条第 2 段和第 4 段中提及的目录所依据的标准。

6. 委员会在拒绝一项要求列入本条第 2 段和第 4 段中提及的目录之一的申请之前，应与有关文化或自然财产所在缔约国磋商。

7. 委员会经与有关国家商定，应协调和鼓励为拟订本条第 2 段和第 4 段中提及的目录所需进行的研究。

第 12 条　未被列入第 11 条第 2 段和第 4 段提及的两个目录的属于文化或自然遗产的财产，决非意味着在列入这些目录的目的之外的其他领域不具有突出的普遍价值。

第 13 条

1. 世界遗产委员会应接收并研究本公约缔约国就已经列入或可能适于列入第 11 条第 2 段和第 4 段中提及的目录的本国领土内成为文化或自然遗产的财产要求

国际援助而递交的申请。这种申请的目的可能是保证这类财产得到保护、保存、展出或恢复。

2. 本条第 1 段中提及的国际援助申请还可能涉及鉴定哪些财产属于第 1 条和第 2 条所确定的文化或自然遗产，当初步调查表明此项调查值得进行下去。

3. 委员会应就对这些申请所需采取的行动作出决定，必要时应确定其援助的性质和程度，并授权以它的名义与有关政府作出必要的安排。

4. 委员会应制定其活动的优先顺序并在进行这项工作时应考虑到需予以保护的财产对世界文化和自然遗产各具的重要性，对最能代表一种自然环境或世界各国人民的才华和历史的财产给予国际援助的必要性，所需开展工作的迫切性，拥有受到威胁的财产的国家现有的资源，特别是这些国家利用本国资源保护这类财产的能力大小。

5. 委员会应制定、更新和发表已给予国际援助的财产目录。

6. 委员会应就本公约第 15 条下设立的基金的资金使用问题作出决定。委员会应设法增加这类资金，并为此目的采取一切有益的措施。

7. 委员会应与拥有与本公约目标相似的目标的国际和国家级政府组织和非政府组织合作。委员会为实施其计划和项目，可约请这类组织；特别是国际文物保护与修复研究中心（罗马中心）、国际古迹遗址理事会和国际自然及自然资源保护联盟并可约请公共和私立机构与个人。

8. 委员会的决定应经出席及参加表决的委员的三分之二多数通过。委员会委员的多数构成法定人数。

第 14 条

1. 世界遗产委员会应由联合国教育、科学及文化组织总干事任命组成的一个秘书处协助工作。

2. 联合国教育、科学及文化组织总干事应尽可能充分利用国际文物保护与修复研究中心（罗马中心）、国际古迹遗址理事会和国际自然及自然资源保护联盟在各自职权范围内提供的服务，以为委员会准备文件资料，制定委员会会议议程，并负责执行委员会的决定。

IV. 保护世界文化和自然基金

第 15 条

1. 现设立一项保护具有突出的普遍价值的世界文化和自然遗产基金，称为"世界遗产基金"。

2. 根据联合国教育、科学及文化组织《财务条例》的规定，此项基金应构成一项信托基金。

3. 基金的资金来源应包括：

（a）本公约缔约国义务捐款和自愿捐款。

（b）下列方面可能提供的捐款、赠款或遗赠。

（i）其他国家；

（ii）联合国教育、科学及文化组织，联合国系统的其他组织（特别是联合国开发计划署）或其他政府间组织；

（iii）公共或私立机构或个人。

（c）基金款项所得利息。

（d）募捐的资金和为本基金组织的活动的所得收入。

（e）世界遗产委员会拟订的基金条例所认可的所有其他资金。

4. 对基金的捐款和向委员会提供的其他形式的援助只能用于委员会限定的目的。委员会可接受仅用于某个计划或项目的捐款，但以委员会业已决定实施该计划或项目为条件，对基金的捐款不得带有政治条件。

第 16 条

1. 在不影响任何自愿补充捐款的情况下，本公约缔约国每两年定期向世界遗产基金纳款，本公约缔约国大会应在联合国教育、科学及文化组织大会期间开会确定适用于所有缔约国的一个统一的纳款额百分比，缔约国大会关于此问题的决定，需由未进行本条第 2 段中所述声明的、出席及参加表决的缔约国的多数通过。本公约缔约国的义务纳款在任何情况下都不得超过对联合国教育、科学及文化组织正常预算纳款的百分之一。

2. 然而，本公约经第 31 条或第 32 条中提及的国家均可在交存批准书、接受书或加入书时声明不受本条第 1 段的约束。

3. 已进行本条第 2 段中所述声明的本公约缔约国可随时通过通知联合国教育、科学及文化组织总干事收回声明。然而，收回声明之举在紧接的一届本公约缔约国大会之日以前不得影响该国的义务纳款。

4. 为使委员会得以有效地规划其活动，已进行本条第 2 段中所述声明的本公约缔约国应至少每两年定期纳款，纳款不得少于它们如受本条第 1 段规定约束所须交纳的款额。

5. 凡拖延交付当年和前一日历年的义务纳款或自愿捐款的本公约缔约国不能当选为世界遗产委员会成员，但此项规定不适用于第一次选举。属于上述情况但已当选委员会成员的缔约国的任期应在本公约第 8 条第 1 段规定的选举之时截止。

第 17 条　本公约缔约国应考虑或鼓励设立旨在为保护本公约第 1 条和第 2 条中所确定的文化和自然遗产募捐的国家、公共及私立基金会或协会。

第 18 条　本公约缔约国应对在联合国教育、科学及文化组织赞助下为世界遗产基金所组织的国际募捐运动给予援助。它们应为第 15 条第 3 段中提及的机构为此目的进行的募款活动提供便利。

Ⅴ. 国际援助的条件和安排

第 19 条　凡本公约缔约国均可要求对本国领土内组成具有突出的普遍价值的文化或自然遗产之财产给予国际援助。它在递交申请时还应按照第 21 条规定所拥有的有助于委员会作出决定的文件资料。

第 20 条　除第 13 条第 2 段、第 22 条（c）分段和第 23 条所述情况外，本公约规定提供的国际援助仅限于世界遗产委员会业已决定或可能决定列入第 11 条第 2 段和第 4 段中所述目录的文化和自然遗产的财产。

第 21 条

1. 世界遗产委员会应制定对向它提交的国际援助申请的审议程序，并应确定申请应包括的内容，即打算开展的活动、必要的工程、工程的预计费用和紧急程度以及申请国的资源不能满足所有开支的原因所在。这类申请须尽可能附有专家报告。

2. 对因遭受灾难或自然灾害而提出的申请，由于可能需要开展紧急工作，委员会应立即给予优先审议，委员会应掌握一笔应急储备金。

3. 委员会在作出决定之前，应进行它认为必要的研究和磋商。

第 22 条　世界遗产委员会提供的援助可采取下述形式：

（a）研究在保护、保存、展出和恢复本公约第 11 条第 2 段和第 4 段所确定的文化和自然遗产方面所产生的艺术、科学和技术性问题；

（b）提供专家、技术人员和熟练工人，以保证正确地进行已批准的工作；

（c）在各级培训文化和自然遗产的鉴定、保护、保存、展出和恢复方面的工作人员和专家；

（d）提供有关国家不具备或无法获得的设备；

（e）提供可长期偿还的低息或无息贷款；

（f）在例外和特殊情况下提供无偿补助金。

第 23 条　世界遗产委员会还可向培训文化和自然遗产的鉴定、保护、保存、展出和恢复方面的各级工作人员和专家的国家或地区中心提供国际援助。

第 24 条　在提供大规模的国际援助之前，应先进行周密的科学、经济和技术研究。这些研究应考虑采用保护、保存、展出和恢复自然和文化遗产方面最先进的技术，并应与本公约的目标相一致。这些研究还应探讨合理利用有关国家现有资源的手段。

第 25 条　原则上，国际社会只担负必要工程的部分费用。除非本国资源不许可，受益于国际援助的国家承担的费用应构成用于各项计划或项目的资金的主要份额。

第 26 条　世界遗产委员会和受援国应在他们签订的协定中确定享有根据本公约规定提供的国际援助的计划或项目的实施条件。应由接受这类国际援助的国家负责按照协定制定的条件对如此卫护的财产继续加以保护、保存和展出。

Ⅵ. 教育计划

第 27 条

1. 本公约缔约国应通过一切适当手段，特别是教育和宣传计划，努力增强本国人民对本公约第 1 条和第 2 条中确定的文化和自然遗产的赞赏和尊重。

2. 缔约国应使公众广泛了解对这类遗产造成威胁的危险和根据本公约进行的活动。

第 28 条　接受根据本公约提供的国际援助的缔约国应采取适当措施，使人们了解接受援助的财产的重要性和国际援助所发挥的作用。

Ⅶ. 报告

第 29 条

1. 本公约缔约国在按照联合国教育、科学及文化组织大会确定的日期和方式向该组织大会递交的报告中，应提供有关它们为实行本公约所通过的法律和行政规定和采取的其他行动的情况，并详述在这方面获得的经验。

2. 应提请世界遗产委员会注意这些报告。

3. 委员会应在联合国教育、科学及文化组织大会的每届常会上递交 7 份关于其活动的报告。

Ⅷ. 最后条款

第 30 条　本公约以阿拉伯文、英文、法文、俄文和西班牙文拟订，五种文本同一作准。

第 31 条

1. 本公约应由联合国教育、科学及文化组织会员国根据各自的宪法程序予以批准或接受。

2. 批准书或接受书应交存联合国教育、科学及文化组织总干事。

第 32 条

1. 所有非联合国教育、科学及文化组织会员的国家，经该组织大会邀请均可加入本公约。

2. 向联合国教育、科学及文化组织总干事交存一份加入书后，加入方才有效。

第 33 条　本公约须在第二十份批准书、接受书或加入书交存之日的三个月之后生效，但这仅涉及在该日或之首交存各自批准书、接受书或加入书的国家。就任何其他国家而言，本公约应在这些国家交存其批准书、接受书或加入书的三个月之后生效。

第 34 条　下述规定须应用于拥有联邦制或非单一立宪制的本公约缔约国：

（a）关于在联邦或中央立法机构的法律管辖下实施的本公约规定，联邦或中央政府的义务应与非联邦国家的缔约国的义务相同；

（b）关于在无须按照联邦立宪制采取立法措施的联邦各个国家、地区、省或州法律管辖下实施的本公约规定，联邦政府应将这些规定连同其关于予以通过的建议一并通告各个国家、地区、省或州的主管当局。

第 35 条

1. 本公约缔约国均可通告废除本公约。

2. 废约通告应以一份书面文件交存联合国教育、科学及文化组织的总干事。

3. 公约的废除应在接到废约通告书一年后生效，废约在生效日之前不得影响退约国承担的财政义务。

第 36 条　联合国教育、科学及文化组织总干事应将第 31 条和第 32 条规定交存的所有批准书、接受书和加入书和第 35 条规定的废约等事通告本组织会员国、第 32 条中提及的非本组织会员的国家以及联合国。

第 37 条

1. 本公约可由联合国教育、科学及文化组织的大会修订，但任何修订只对成为修订的公约缔约国具有约束力。

2. 如大会通过一项全部或部分修订本公约的新公约，除非新公约另有规定，本公约应从新的修订公约生效之日起停止批准、接受或加入。

第 38 条　按照《联合国宪章》第 102 条，本公约须应联合国教育、科学及文化组织总干事的要求在联合国秘书处登记。

附录2 《中华人民共和国
文物保护法》

中华人民共和国文物保护法

（1982 年 11 月 19 日第五届全国人民代表大会常务委员会第二十五次会议通过；根据 1991 年 6 月 29 日第七届全国人民代表大会常务委员会第二十次会议《关于修改〈中华人民共和国文物保护法〉第三十条、第三十一条的决定》第一次修正；2002 年 10 月 28 日第九届全国人民代表大会常务委员会第三十次会议修订；根据 2007 年 12 月 29 日第十届全国人民代表大会常务委员会第三十一次会议《关于修改〈中华人民共和国文物保护法〉的决定》第二次修正；根据 2013 年 6 月 29 日第十二届全国人民代表大会常务委员会第三次会议《关于修改〈中华人民共和国文物保护法〉等十二部法律的决定》第三次修正。）

第一章 总则

第一条 为了加强对文物的保护，继承中华民族优秀的历史文化遗产，促进科学研究工作，进行爱国主义和革命传统教育，建设社会主义精神文明和物质文明，根据《宪法》，制定本法。

第二条 在中华人民共和国境内，下列文物受国家保护：

（一）具有历史、艺术、科学价值的古文化遗址、古墓葬、古建筑、石窟寺和石刻、壁画；

（二）与重大历史事件、革命运动或者著名人物有关的以及具有重要纪念意义、教育意义或者史料价值的近代现代重要史迹、实物、代表性建筑；

（三）历史上各时代珍贵的艺术品、工艺美术品；

（四）历史上各时代重要的文献资料以及具有历史、艺术、科学价值的手稿和图书资料等；

（五）反映历史上各时代、各民族社会制度、社会生产、社会生活的代表性实物。

文物认定的标准和办法由国务院文物行政部门制定，并报国务院批准。具有科学价值的古脊椎动物化石和古人类化石同文物一样受国家保护。

第三条　古文化遗址、古墓葬、古建筑、石窟寺、石刻、壁画、近代现代重要史迹和代表性建筑等不可移动文物，根据它们的历史、艺术、科学价值，可以分别确定为全国重点文物保护单位，省级文物保护单位，市、县级文物保护单位。

历史上各时代重要实物、艺术品、文献、手稿、图书资料、代表性实物等可移动文物，分为珍贵文物和一般文物；珍贵文物分为一级文物、二级文物、三级文物。

第四条　文物工作贯彻保护为主、抢救第一、合理利用、加强管理的方针。

第五条　中华人民共和国境内地下、内水和领海中遗存的一切文物，属于国家所有。

古文化遗址、古墓葬、石窟寺属于国家所有。国家指定保护的纪念建筑物、古建筑、石刻、壁画、近代现代代表性建筑等不可移动文物，除国家另有规定的以外，属于国家所有。

国有不可移动文物的所有权不因其所依附的土地所有权或者使用权的改变而改变。

下列可移动文物，属于国家所有：

（一）中国境内出土的文物，国家另有规定的除外；

（二）国有文物收藏单位以及其他国家机关、部队和国有企业、事业组织等收藏、保管的文物；

（三）国家征集、购买的文物；

（四）公民、法人和其他组织捐赠给国家的文物；

（五）法律规定属于国家所有的其他文物。

属于国家所有的可移动文物的所有权不因其保管、收藏单位的终止或者变更而改变。

国有文物所有权受法律保护，不容侵犯。

第六条　属于集体所有和私人所有的纪念建筑物、古建筑和祖传文物以及依法取得的其他文物，其所有权受法律保护。文物的所有者必须遵守国家有关文物保护的法律、法规的规定。

第七条　一切机关、组织和个人都有依法保护文物的义务。

第八条　国务院文物行政部门主管全国文物保护工作。

地方各级人民政府负责本行政区域内的文物保护工作。县级以上地方人民政府承担文物保护工作的部门对本行政区域内的文物保护实施监督管理。

县级以上人民政府有关行政部门在各自的职责范围内，负责有关的文物保护工作。

第九条　各级人民政府应当重视文物保护，正确处理经济建设、社会发展与文物保护的关系，确保文物安全。

基本建设、旅游发展必须遵守文物保护工作的方针，其活动不得对文物造成损害。

公安机关、工商行政管理部门、海关、城乡建设规划部门和其他有关国家机关，应当依法认真履行所承担的保护文物的职责，维护文物管理秩序。

第十条　国家发展文物保护事业。县级以上人民政府应当将文物保护事业纳入本级国民经济和社会发展规划，所需经费列入本级财政预算。

国家用于文物保护的财政拨款随着财政收入增长而增加。

国有博物馆、纪念馆、文物保护单位等的事业性收入，专门用于文物保护，任何单位或者个人不得侵占、挪用。

国家鼓励通过捐赠等方式设立文物保护社会基金，专门用于文物保护，任何单位或者个人不得侵占、挪用。

第十一条　文物是不可再生的文化资源。国家加强文物保护的宣传教育，增强全民文物保护的意识，鼓励文物保护的科学研究，提高文物保护的科学技术水平。

第十二条　有下列事迹的单位或者个人，由国家给予精神鼓励或者物质奖励：

（一）认真执行文物保护法律、法规，保护文物成绩显著的；

（二）为保护文物与违法犯罪行为作坚决斗争的；

（三）将个人收藏的重要文物捐献给国家或者为文物保护事业作出捐赠的；

（四）发现文物及时上报或者上交，使文物得到保护的；

（五）在考古发掘工作中作出重大贡献的；

（六）在文物保护科学技术方面有重要发明创造或者其他重要贡献的；

（七）在文物面临破坏危险时，抢救文物有功的；

（八）长期从事文物工作，作出显著成绩的。

第二章　不可移动文物

第十三条　国务院文物行政部门在省级、市、县级文物保护单位中，选择具有重大历史、艺术、科学价值的确定为全国重点文物保护单位，或者直接确定为全国重点文物保护单位，报国务院核定公布。

省级文物保护单位，由省、自治区、直辖市人民政府核定公布，并报国务院备案。

市级和县级文物保护单位，分别由设区的市、自治州和县级人民政府核定公布，并报省、自治区、直辖市人民政府备案。

尚未核定公布为文物保护单位的不可移动文物，由县级人民政府文物行政部门予以登记并公布。

第十四条　保存文物特别丰富并且具有重大历史价值或者革命纪念意义的城市，由国务院核定公布为历史文化名城。

保存文物特别丰富并且具有重大历史价值或者革命纪念意义的城镇、街道、村庄，由省、自治区、直辖市人民政府核定公布为历史文化街区、村镇，并报国务院备案。

历史文化名城和历史文化街区、村镇所在地的县级以上地方人民政府应当组织编制专门的历史文化名城和历史文化街区、村镇保护规划，并纳入城市总体规划。

历史文化名城和历史文化街区、村镇的保护办法，由国务院制定。

第十五条　各级文物保护单位，分别由省、自治区、直辖市人民政府和市、县级人民政府划定必要的保护范围，作出标志说明，建立记录档案，并区别情况分别设置专门机构或者专人负责管理。全国重点文物保护单位的保护范围和记录档案，由省、自治区、直辖市人民政府文物行政部门报国务院文物行政部门备案。

县级以上地方人民政府文物行政部门应当根据不同文物的保护需要，制定文物保护单位和未核定为文物保护单位的不可移动文物的具体保护措施，并公告施行。

第十六条　各级人民政府制定城乡建设规划，应当根据文物保护的需要，事先由城乡建设规划部门会同文物行政部门商定对本行政区域内各级文物保护单位的保护措施，并纳入规划。

第十七条　文物保护单位的保护范围内不得进行其他建设工程或者爆破、钻探、挖掘等作业。但是，因特殊情况需要在文物保护单位的保护范围内进行其他建设工程或者爆破、钻探、挖掘等作业的，必须保证文物保护单位的安全，并经核定公布该文物保护单位的人民政府批准，在批准前应当征得上一级人民政府文物行政部门同意；在全国重点文物保护单位的保护范围内进行其他建设工程或者爆破、钻探、挖掘等作业的，必须经省、自治区、直辖市人民政府批准，在批准前应当征得国务院文物行政部门同意。

第十八条　根据保护文物的实际需要，经省、自治区、直辖市人民政府批准，可以在文物保护单位的周围划出一定的建设控制地带，并予以公布。

在文物保护单位的建设控制地带内进行建设工程，不得破坏文物保护单位的历史风貌；工程设计方案应当根据文物保护单位的级别，经相应的文物行政部门同意后，报城乡建设规划部门批准。

第十九条　在文物保护单位的保护范围和建设控制地带内，不得建设污染文物保护单位及其环境的设施，不得进行可能影响文物保护单位安全及其环境的活动。对已有的污染文物保护单位及其环境的设施，应当限期治理。

第二十条　建设工程选址，应当尽可能避开不可移动文物；因特殊情况不能避开的，对文物保护单位应当尽可能实施原址保护。

实施原址保护的，建设单位应当事先确定保护措施，根据文物保护单位的级别报相应的文物行政部门批准，并将保护措施列入可行性研究报告或者设计任务书。

无法实施原址保护，必须迁移异地保护或者拆除的，应当报省、自治区、直辖市人民政府批准；迁移或者拆除省级文物保护单位的，批准前须征得国务院文物行政部门同意。全国重点文物保护单位不得拆除；需要迁移的，须由省、自治区、直辖市人民政府报国务院批准。

依照前款规定拆除的国有不可移动文物中具有收藏价值的壁画、雕塑、建筑构件等，由文物行政部门指定的文物收藏单位收藏。

本条规定的原址保护、迁移、拆除所需费用，由建设单位列入建设工程预算。

第二十一条　国有不可移动文物由使用人负责修缮、保养；非国有不可移动文物由所有人负责修缮、保养。非国有不可移动文物有损毁危险，所有人不具备修缮能力的，当地人民政府应当给予帮助；所有人具备修缮能力而拒不依法履行修缮义务的，县级以上人民政府可以给予抢救修缮，所需费用由所有人负担。

对文物保护单位进行修缮，应当根据文物保护单位的级别报相应的文物行政部门批准；对未核定为文物保护单位的不可移动文物进行修缮，应当报登记的县级人民政府文物行政部门批准。

文物保护单位的修缮、迁移、重建，由取得文物保护工程资质证书的单位承担。

对不可移动文物进行修缮、保养、迁移，必须遵守不改变文物原状的原则。

第二十二条　不可移动文物已经全部毁坏的，应当实施遗址保护，不得在原址重建。但是，因特殊情况需要在原址重建的，由省、自治区、直辖市人民政府文物行政部门报省、自治区、直辖市人民政府批准；全国重点文物保护单位需要在原址重建的，由省、自治区、直辖市人民政府报国务院批准。

第二十三条　核定为文物保护单位的属于国家所有的纪念建筑物或者古建筑，除可以建立博物馆、保管所或者辟为参观游览场所外，作其他用途的，市、县级文物保护单位应当经核定公布该文物保护单位的人民政府文物行政部门征得上一级文物行政部门同意后，报核定公布该文物保护单位的人民政府批准；省级文物保护单位应当经核定公布该文物保护单位的省级人民政府的文物行政部门审核同意后，报该省级人民政府批准；全国重点文物保护单位作其他用途的，应当由省、自治区、直辖市人民政府报国务院批准。国有未核定为文物保护单位的不可移动文物作其他用途的，应当报告县级人民政府文物行政部门。

第二十四条　国有不可移动文物不得转让、抵押。建立博物馆、保管所或者辟为参观游览场所的国有文物保护单位，不得作为企业资产经营。

第二十五条　非国有不可移动文物不得转让、抵押给外国人。

非国有不可移动文物转让、抵押或者改变用途的，应当根据其级别报相应的文物行政部门备案。

第二十六条　使用不可移动文物，必须遵守不改变文物原状的原则，负责保护建筑物及其附属文物的安全，不得损毁、改建、添建或者拆除不可移动文物。

对危害文物保护单位安全、破坏文物保护单位历史风貌的建筑物、构筑物，当地人民政府应当及时调查处理，必要时，对该建筑物、构筑物予以拆迁。

第三章　考古发掘

第二十七条　一切考古发掘工作，必须履行报批手续；从事考古发掘的单位，应当经国务院文物行政部门批准。

地下埋藏的文物，任何单位或者个人都不得私自发掘。

第二十八条　从事考古发掘的单位，为了科学研究进行考古发掘，应当提出发掘计划，报国务院文物行政部门批准；对全国重点文物保护单位的考古发掘计划，应当经国务院文物行政部门审核后报国务院批准。国务院文物行政部门在批准或者审核前，应当征求社会科学研究机构及其他科研机构和有关专家的意见。

第二十九条　进行大型基本建设工程，建设单位应当事先报请省、自治区、直辖市人民政府文物行政部门组织从事考古发掘的单位在工程范围内有可能埋藏文物的地方进行考古调查、勘探。

考古调查、勘探中发现文物的，由省、自治区、直辖市人民政府文物行政部门根据文物保护的要求会同建设单位共同商定保护措施；遇有重要发现的，由省、自治区、直辖市人民政府文物行政部门及时报国务院文物行政部门处理。

第三十条　需要配合建设工程进行的考古发掘工作，应当由省、自治区、直辖市文物行政部门在勘探工作的基础上提出发掘计划，报国务院文物行政部门批准。国务院文物行政部门在批准前，应当征求社会科学研究机构及其他科研机构和有关专家的意见。

确因建设工期紧迫或者有自然破坏危险，对古文化遗址、古墓葬急需进行抢救发掘的，由省、自治区、直辖市人民政府文物行政部门组织发掘，并同时补办审批手续。

第三十一条　凡因进行基本建设和生产建设需要的考古调查、勘探、发掘，所需费用由建设单位列入建设工程预算。

第三十二条　在进行建设工程或者在农业生产中，任何单位或者个人发现文物，应当保护现场，立即报告当地文物行政部门，文物行政部门接到报告后，如无特殊情况，应当在二十四小时内赶赴现场，并在七日内提出处理意见。文物行政部门可以报请当地人民政府通知公安机关协助保护现场；发现重要文物的，应当立即上报国务院文物行政部门，国务院文物行政部门应当在接到报告后十五日内提出处理意见。

依照前款规定发现的文物属于国家所有，任何单位或者个人不得哄抢、私分、藏匿。

第三十三条　非经国务院文物行政部门报国务院特别许可，任何外国人或者外国团体不得在中华人民共和国境内进行考古调查、勘探、发掘。

第三十四条　考古调查、勘探、发掘的结果，应当报告国务院文物行政部门和省、自治区、直辖市人民政府文物行政部门。

考古发掘的文物，应当登记造册，妥善保管，按照国家有关规定移交给由省、自治区、直辖市人民政府文物行政部门或者国务院文物行政部门指定的国有博物馆、图书馆或者其他国有收藏文物的单位收藏。经省、自治区、直辖市人民政府文物行政部门或者国务院文物行政部门批准，从事考古发掘的单位可以保留少量出土文物作为科研标本。

考古发掘的文物，任何单位或者个人不得侵占。

第三十五条　根据保证文物安全、进行科学研究和充分发挥文物作用的需要，省、自治区、直辖市人民政府文物行政部门经本级人民政府批准，可以调用本行政区域内的出土文物；国务院文物行政部门经国务院批准，可以调用全国的重要出土文物。

第四章　馆藏文物

第三十六条　博物馆、图书馆和其他文物收藏单位对收藏的文物，必须区分文物等级，设置藏品档案，建立严格的管理制度，并报主管的文物行政部门备案。

县级以上地方人民政府文物行政部门应当分别建立本行政区域内的馆藏文物档案；国务院文物行政部门应当建立国家一级文物藏品档案和其主管的国有文物收藏单位馆藏文物档案。

第三十七条　文物收藏单位可以通过下列方式取得文物：

（一）购买；

（二）接受捐赠；

（三）依法交换；

（四）法律、行政法规规定的其他方式。

国有文物收藏单位还可以通过文物行政部门指定保管或者调拨方式取得文物。

第三十八条　文物收藏单位应当根据馆藏文物的保护需要，按照国家有关规定建立、健全管理制度，并报主管的文物行政部门备案。未经批准，任何单位或者个人不得调取馆藏文物。

文物收藏单位的法定代表人对馆藏文物的安全负责。国有文物收藏单位的法定代表人离任时，应当按照馆藏文物档案办理馆藏文物移交手续。

第三十九条　国务院文物行政部门可以调拨全国的国有馆藏文物。省、自治区、直辖市人民政府文物行政部门可以调拨本行政区域内其主管的国有文物收藏单位馆藏文物；调拨国有馆藏一级文物，应当报国务院文物行政部门备案。

国有文物收藏单位可以申请调拨国有馆藏文物。

第四十条　文物收藏单位应当充分发挥馆藏文物的作用，通过举办展览、科学研究等活动，加强对中华民族优秀的历史文化和革命传统的宣传教育。

国有文物收藏单位之间因举办展览、科学研究等需借用馆藏文物的，应当报主管的文物行政部门备案；借用馆藏一级文物的，应当经省、自治区、直辖市人民政府文物行政部门批准，并报国务院文物行政部门备案。

非国有文物收藏单位和其他单位举办展览需借用国有馆藏文物的，应当报主管的文物行政部门批准；借用国有馆藏一级文物，应当经国务院文物行政部门批准。

文物收藏单位之间借用文物的最长期限不得超过三年。

第四十一条　已经建立馆藏文物档案的国有文物收藏单位，经省、自治区、直辖市人民政府文物行政部门批准，并报国务院文物行政部门备案，其馆藏文物可以在国有文物收藏单位之间交换；交换馆藏一级文物的，必须经国务院文物行政部门批准。

第四十二条　未建立馆藏文物档案的国有文物收藏单位，不得依照本法第四十条、第四十一条的规定处置其馆藏文物。

第四十三条　依法调拨、交换、借用国有馆藏文物，取得文物的文物收藏单位可以对提供文物的文物收藏单位给予合理补偿，具体管理办法由国务院文物行政部门制定。

国有文物收藏单位调拨、交换、出借文物所得的补偿费用，必须用于改善文物的收藏条件和收集新的文物，不得挪作他用；任何单位或者个人不得侵占。

调拨、交换、借用的文物必须严格保管，不得丢失、损毁。

第四十四条　禁止国有文物收藏单位将馆藏文物赠与、出租或者出售给其他单位、个人。

第四十五条　国有文物收藏单位不再收藏的文物的处置办法，由国务院另行制定。

第四十六条　修复馆藏文物，不得改变馆藏文物的原状；复制、拍摄、拓印馆藏文物，不得对馆藏文物造成损害。具体管理办法由国务院制定。

不可移动文物的单体文物的修复、复制、拍摄、拓印，适用前款规定。

第四十七条　博物馆、图书馆和其他收藏文物的单位应当按照国家有关规定配备防火、防盗、防自然损坏的设施，确保馆藏文物的安全。

第四十八条　馆藏一级文物损毁的，应当报国务院文物行政部门核查处理。其他馆藏文物损毁的，应当报省、自治区、直辖市人民政府文物行政部门核查处理；省、自治区、直辖市人民政府文物行政部门应当将核查处理结果报国务院文物行政部门备案。

馆藏文物被盗、被抢或者丢失的，文物收藏单位应当立即向公安机关报案，并同时向主管的文物行政部门报告。

第四十九条　文物行政部门和国有文物收藏单位的工作人员不得借用国有文物，不得非法侵占国有文物。

第五章　民间收藏文物

第五十条　文物收藏单位以外的公民、法人和其他组织可以收藏通过下列方式取得的文物：

（一）依法继承或者接受赠与；

（二）从文物商店购买；

（三）从经营文物拍卖的拍卖企业购买；

（四）公民个人合法所有的文物相互交换或者依法转让；

（五）国家规定的其他合法方式。

文物收藏单位以外的公民、法人和其他组织收藏的前款文物可以依法流通。

第五十一条　公民、法人和其他组织不得买卖下列文物：

（一）国有文物，但是国家允许的除外；

（二）非国有馆藏珍贵文物；

（三）国有不可移动文物中的壁画、雕塑、建筑构件等，但是依法拆除的国有不可移动文物中的壁画、雕塑、建筑构件等不属于本法第二十条第四款规定的应由文物收藏单位收藏的除外；

（四）来源不符合本法第五十条规定的文物。

第五十二条　国家鼓励文物收藏单位以外的公民、法人和其他组织将其收藏的文物捐赠给国有文物收藏单位或者出借给文物收藏单位展览和研究。

国有文物收藏单位应当尊重并按照捐赠人的意愿，对捐赠的文物妥善收藏、保管和展示。

国家禁止出境的文物，不得转让、出租、质押给外国人。

第五十三条　文物商店应当由国务院文物行政部门或者省、自治区、直辖市人民政府文物行政部门批准设立，依法进行管理。

文物商店不得从事文物拍卖经营活动，不得设立经营文物拍卖的拍卖企业。

第五十四条　依法设立的拍卖企业经营文物拍卖的，应当取得国务院文物行政部门颁发的文物拍卖许可证。

经营文物拍卖的拍卖企业不得从事文物购销经营活动，不得设立文物商店。

第五十五条　文物行政部门的工作人员不得举办或者参与举办文物商店或者经营文物拍卖的拍卖企业。

文物收藏单位不得举办或者参与举办文物商店或者经营文物拍卖的拍卖企业。

禁止设立中外合资、中外合作和外商独资的文物商店或者经营文物拍卖的拍卖企业。

除经批准的文物商店、经营文物拍卖的拍卖企业外，其他单位或者个人不得从事文物的商业经营活动。

第五十六条　文物商店销售的文物，在销售前应当经省、自治区、直辖市人民政府文物行政部门审核；对允许销售的，省、自治区、直辖市人民政府文物行政部门应当作出标识。

拍卖企业拍卖的文物，在拍卖前应当经省、自治区、直辖市人民政府文物行政部门审核，并报国务院文物行政部门备案。

第五十七条　文物商店购买、销售文物，拍卖企业拍卖文物，应当按照国家有关规定作出记录，并报原审核的文物行政部门备案。

拍卖文物时，委托人、买受人要求对其身份保密的，文物行政部门应当为其保密；但是，法律、行政法规另有规定的除外。

第五十八条　文物行政部门在审核拟拍卖的文物时，可以指定国有文物收藏单位优先购买其中的珍贵文物。购买价格由文物收藏单位的代表与文物的委托人协商确定。

第五十九条　银行、冶炼厂、造纸厂以及废旧物资回收单位，应当与当地文物行政部门共同负责拣选掺杂在金银器和废旧物资中的文物。拣选文物除供银行研究所必需的历史货币可以由人民银行留用外，应当移交当地文物行政部门。移交拣选文物，应当给予合理补偿。

第六章　文物出境进境

第六十条　国有文物、非国有文物中的珍贵文物和国家规定禁止出境的其他文物，不得出境；但是依照本法规定出境展览或者因特殊需要经国务院批准出境的除外。

第六十一条　文物出境，应当经国务院文物行政部门指定的文物进出境审核机构审核。经审核允许出境的文物，由国务院文物行政部门发给文物出境许可证，从国务院文物行政部门指定的口岸出境。

任何单位或者个人运送、邮寄、携带文物出境，应当向海关申报；海关凭文物出境许可证放行。

第六十二条　文物出境展览，应当报国务院文物行政部门批准；一级文物超过国务院规定数量的，应当报国务院批准。

一级文物中的孤品和易损品，禁止出境展览。

出境展览的文物出境，由文物进出境审核机构审核、登记。海关凭国务院文物行政部门或者国务院的批准文件放行。出境展览的文物复进境，由原文物进出境审核机构审核查验。

第六十三条　文物临时进境，应当向海关申报，并报文物进出境审核机构审核、登记。

临时进境的文物复出境，必须经原审核、登记的文物进出境审核机构审核查验；经审核查验无误的，由国务院文物行政部门发给文物出境许可证，海关凭文物出境许可证放行。

第七章　法律责任

第六十四条　违反本法规定，有下列行为之一，构成犯罪的，依法追究刑事责任：

（一）盗掘古文化遗址、古墓葬的；

（二）故意或者过失损毁国家保护的珍贵文物的；

（三）擅自将国有馆藏文物出售或者私自送给非国有单位或者个人的；

（四）将国家禁止出境的珍贵文物私自出售或者送给外国人的；

（五）以牟利为目的倒卖国家禁止经营的文物的；

（六）走私文物的；

（七）盗窃、哄抢、私分或者非法侵占国有文物的；

（八）应当追究刑事责任的其他妨害文物管理行为。

第六十五条　违反本法规定，造成文物灭失、损毁的，依法承担民事责任。

违反本法规定，构成违反治安管理行为的，由公安机关依法给予治安管理处罚。

违反本法规定，构成走私行为，尚不构成犯罪的，由海关依照有关法律、行政法规的规定给予处罚。

第六十六条　有下列行为之一，尚不构成犯罪的，由县级以上人民政府文物主管部门责令改正，造成严重后果的，处五万元以上五十万元以下的罚款；情节严重的，由原发证机关吊销资质证书：

（一）擅自在文物保护单位的保护范围内进行建设工程或者爆破、钻探、挖掘等作业的；

（二）在文物保护单位的建设控制地带内进行建设工程，其工程设计方案未经文物行政部门同意、报城乡建设规划部门批准，对文物保护单位的历史风貌造成破坏的；

（三）擅自迁移、拆除不可移动文物的；

（四）擅自修缮不可移动文物，明显改变文物原状的；

（五）擅自在原址重建已全部毁坏的不可移动文物，造成文物破坏的；

（六）施工单位未取得文物保护工程资质证书，擅自从事文物修缮、迁移、重建的。

刻划、涂污或者损坏文物尚不严重的，或者损毁依照本法第十五条第一款规定设立的文物保护单位标志的，由公安机关或者文物所在单位给予警告，可以并处罚款。

第六十七条　在文物保护单位的保护范围内或者建设控制地带内建设污染文物保护单位及其环境的设施的，或者对已有的污染文物保护单位及其环境的设施未在规定的期限内完成治理的，由环境保护行政部门依照有关法律、法规的规定给予处罚。

第六十八条　有下列行为之一的，由县级以上人民政府文物主管部门责令改正，没收违法所得，违法所得一万元以上的，并处违法所得二倍以上五倍以下的罚款；违法所得不足一万元的，并处五千元以上二万元以下的罚款：

（一）转让或者抵押国有不可移动文物，或者将国有不可移动文物作为企业资产经营的；

（二）将非国有不可移动文物转让或者抵押给外国人的；

（三）擅自改变国有文物保护单位的用途的。

第六十九条　历史文化名城的布局、环境、历史风貌等遭到严重破坏的，由国务院撤销其历史文化名城称号；历史文化城镇、街道、村庄的布局、环境、历史风貌等遭到严重破坏的，由省、自治区、直辖市人民政府撤销其历史文化街区、村镇称号；对负有责任的主管人员和其他直接责任人员依法给予行政处分。

第七十条　有下列行为之一，尚不构成犯罪的，由县级以上人民政府文物主管部门责令改正，可以并处二万元以下的罚款，有违法所得的，没收违法所得：

（一）文物收藏单位未按照国家有关规定配备防火、防盗、防自然损坏的设施的；

（二）国有文物收藏单位法定代表人离任时未按照馆藏文物档案移交馆藏文物，或者所移交的馆藏文物与馆藏文物档案不符的；

（三）将国有馆藏文物赠与、出租或者出售给其他单位、个人的；

（四）违反本法第四十条、第四十一条、第四十五条规定处置国有馆藏文物的；

（五）违反本法第四十三条规定挪用或者侵占依法调拨、交换、出借文物所得补偿费用的。

第七十一条　买卖国家禁止买卖的文物或者将禁止出境的文物转让、出租、质押给外国人，尚不构成犯罪的，由县级以上人民政府文物主管部门责令改正，没收违法所得，违法经营额一万元以上的，并处违法经营额二倍以上五倍以下的罚款；违法经营额不足一万元的，并处五千元以上二万元以下的罚款。

第七十二条　未经许可，擅自设立文物商店、经营文物拍卖的拍卖企业，或者擅自从事文物的商业经营活动，尚不构成犯罪的，由工商行政管理部门依法予以制止，没收违法所得、非法经营的文物，违法经营额五万元以上的，并处违法经营额二倍以上五倍以下的罚款；违法经营额不足五万元的，并处二万元以上十万元以下的罚款。

第七十三条　有下列情形之一的，由工商行政管理部门没收违法所得、非法经营的文物，违法经营额五万元以上的，并处违法经营额一倍以上三倍以下的罚款；违法经营额不足五万元的，并处五千元以上五万元以下的罚款；情节严重的，由原发证机关吊销许可证书：

（一）文物商店从事文物拍卖经营活动的；

（二）经营文物拍卖的拍卖企业从事文物购销经营活动的；

（三）文物商店销售的文物、拍卖企业拍卖的文物，未经审核的；

（四）文物收藏单位从事文物的商业经营活动的。

第七十四条 有下列行为之一，尚不构成犯罪的，由县级以上人民政府文物主管部门会同公安机关追缴文物；情节严重的，处五千元以上五万元以下的罚款：

（一）发现文物隐匿不报或者拒不上交的；

（二）未按照规定移交拣选文物的。

第七十五条 有下列行为之一的，由县级以上人民政府文物主管部门责令改正：

（一）改变国有未核定为文物保护单位的不可移动文物的用途，未依照本法规定报告的；

（二）转让、抵押非国有不可移动文物或者改变其用途，未依照本法规定备案的；

（三）国有不可移动文物的使用人拒不依法履行修缮义务的；

（四）考古发掘单位未经批准擅自进行考古发掘，或者不如实报告考古发掘结果的；

（五）文物收藏单位未按照国家有关规定建立馆藏文物档案、管理制度，或者未将馆藏文物档案、管理制度备案的；

（六）违反本法第三十八条规定，未经批准擅自调取馆藏文物的；

（七）馆藏文物损毁未报文物行政部门核查处理，或者馆藏文物被盗、被抢或者丢失，文物收藏单位未及时向公安机关或者文物行政部门报告的；

（八）文物商店销售文物或者拍卖企业拍卖文物，未按照国家有关规定作出记录或者未将所作记录报文物行政部门备案的。

第七十六条 文物行政部门、文物收藏单位、文物商店、经营文物拍卖的拍卖企业的工作人员，有下列行为之一的，依法给予行政处分，情节严重的，依法开除公职或者吊销其从业资格；构成犯罪的，依法追究刑事责任：

（一）文物行政部门的工作人员违反本法规定，滥用审批权限、不履行职责或者发现违法行为不予查处，造成严重后果的；

（二）文物行政部门和国有文物收藏单位的工作人员借用或者非法侵占国有文物的；

（三）文物行政部门的工作人员举办或者参与举办文物商店或者经营文物拍卖的拍卖企业的；

（四）因不负责任造成文物保护单位、珍贵文物损毁或者流失的；

（五）贪污、挪用文物保护经费的。

前款被开除公职或者被吊销从业资格的人员，自被开除公职或者被吊销从业资格之日起十年内不得担任文物管理人员或者从事文物经营活动。

第七十七条　有本法第六十六条、第六十八条、第七十条、第七十一条、第七十四条、第七十五条规定所列行为之一的，负有责任的主管人员和其他直接责任人员是国家工作人员的，依法给予行政处分。

第七十八条　公安机关、工商行政管理部门、海关、城乡建设规划部门和其他国家机关，违反本法规定滥用职权、玩忽职守、徇私舞弊，造成国家保护的珍贵文物损毁或者流失的，对负有责任的主管人员和其他直接责任人员依法给予行政处分；构成犯罪的，依法追究刑事责任。

第七十九条　人民法院、人民检察院、公安机关、海关和工商行政管理部门依法没收的文物应当登记造册，妥善保管，结案后无偿移交文物行政部门，由文物行政部门指定的国有文物收藏单位收藏。

第八章　附则

第八十条　本法自公布之日起施行。

附录3 《中华人民共和国非物质文化遗产保护法》

非物质文化遗产保护法

《中华人民共和国非物质文化遗产法》已由中华人民共和国第十一届全国人民代表大会常务委员会第十九次会议于 2011 年 2 月 25 日通过，现予公布，自 2011 年 6 月 1 日起施行。

第一章 总则

第一条 为了继承和弘扬中华民族优秀传统文化，促进社会主义精神文明建设，加强非物质文化遗产保护、保存工作，制定本法。

第二条 本法所称非物质文化遗产，是指各族人民世代相传并视为其文化遗产组成部分的各种传统文化表现形式，以及与传统文化表现形式相关的实物和场所。包括：

（一）传统口头文学以及作为其载体的语言；

（二）传统美术、书法、音乐、舞蹈、戏剧、曲艺和杂技；

（三）传统技艺、医药和历法；

（四）传统礼仪、节庆等民俗；

（五）传统体育和游艺；

（六）其他非物质文化遗产。

属于非物质文化遗产组成部分的实物和场所，凡属文物的，适用《中华人民共和国文物保护法》的有关规定。

第三条 国家对非物质文化遗产采取认定、记录、建档等措施予以保存，对体现中华民族优秀传统文化，具有历史、文学、艺术、科学价值的非物质文化遗产采取传承、传播等措施予以保护。

第四条　保护非物质文化遗产，应当注重其真实性、整体性和传承性，有利于增强中华民族的文化认同，有利于维护国家统一和民族团结，有利于促进社会和谐和可持续发展。

第五条　使用非物质文化遗产，应当尊重其形式和内涵。

禁止以歪曲、贬损等方式使用非物质文化遗产。

第六条　县级以上人民政府应当将非物质文化遗产保护、保存工作纳入本级国民经济和社会发展规划，并将保护、保存经费列入本级财政预算。

国家扶持民族地区、边远地区、贫困地区的非物质文化遗产保护、保存工作。

第七条　国务院文化主管部门负责全国非物质文化遗产的保护、保存工作；县级以上地方人民政府文化主管部门负责本行政区域内非物质文化遗产的保护、保存工作。

县级以上人民政府其他有关部门在各自职责范围内，负责有关非物质文化遗产的保护、保存工作。

第八条　县级以上人民政府应当加强对非物质文化遗产保护工作的宣传，提高全社会保护非物质文化遗产的意识。

第九条　国家鼓励和支持公民、法人和其他组织参与非物质文化遗产保护工作。

第十条　对在非物质文化遗产保护工作中做出显著贡献的组织和个人，按照国家有关规定予以表彰、奖励。

第二章　非物质文化遗产的调查

第十一条　县级以上人民政府根据非物质文化遗产保护、保存工作需要，组织非物质文化遗产调查。非物质文化遗产调查由文化主管部门负责进行。

县级以上人民政府其他有关部门可以对其工作领域内的非物质文化遗产进行调查。

第十二条　文化主管部门和其他有关部门进行非物质文化遗产调查，应当对非物质文化遗产予以认定、记录、建档，建立健全调查信息共享机制。

文化主管部门和其他有关部门进行非物质文化遗产调查，应当收集属于非物质文化遗产组成部分的代表性实物，整理调查工作中取得的资料，并妥善保存，防止损毁、流失。其他有关部门取得的实物图片、资料复制件，应当汇交给同级文化主管部门。

第十三条　文化主管部门应当全面了解非物质文化遗产有关情况，建立非质文化遗产档案及相关数据库。除依法应当保密的外，非物质文化遗产档案及相关数据信息应当公开，便于公众查阅。

第十四条　公民、法人和其他组织可以依法进行非物质文化遗产调查。

第十五条　境外组织或者个人在中华人民共和国境内进行非物质文化遗产调查，应当报经省、自治区、直辖市人民政府文化主管部门批准；调查在两个以上省、自治区、直辖市行政区域进行的，应当报经国务院文化主管部门批准；调查结束后，应当向批准调查的文化主管部门提交调查报告和调查中取得的实物图片、资料复制件。

境外组织在中华人民共和国境内进行非物质文化遗产调查，应当与境内非物质文化遗产学术研究机构合作进行。

第十六条　进行非物质文化遗产调查，应当征得调查对象的同意，尊重其风俗习惯，不得损害其合法权益。

第十七条　对通过调查或者其他途径发现的濒临消失的非物质文化遗产项目，县级人民政府文化主管部门应当立即予以记录并收集有关实物，或者采取其他抢救性保存措施；对需要传承的，应当采取有效措施支持传承。

第三章　非物质文化遗产代表性项目名录

第十八条　国务院建立国家级非物质文化遗产代表性项目名录，将体现中华民族优秀传统文化，具有重大历史、文学、艺术、科学价值的非物质文化遗产项目列入名录予以保护。

省、自治区、直辖市人民政府建立地方非物质文化遗产代表性项目名录，将本行政区域内体现中华民族优秀传统文化，具有历史、文学、艺术、科学价值的非物质文化遗产项目列入名录予以保护。

第十九条　省、自治区、直辖市人民政府可以从本省、自治区、直辖市非物质文化遗产代表性项目名录中向国务院文化主管部门推荐列入国家级非物质文化遗产代表性项目名录的项目。推荐时应当提交下列材料：

（一）项目介绍，包括项目的名称、历史、现状和价值；

（二）传承情况介绍，包括传承范围、传承谱系、传承人的技艺水平、传承活动的社会影响；

（三）保护要求，包括保护应当达到的目标和应当采取的措施、步骤、管理制度；

（四）有助于说明项目的视听资料等材料。

第二十条　公民、法人和其他组织认为某项非物质文化遗产体现中华民族优秀传统文化，具有重大历史、文学、艺术、科学价值的，可以向省、自治区、直辖市人民政府或者国务院文化主管部门提出列入国家级非物质文化遗产代表性项目名录的建议。

第二十一条 相同的非物质文化遗产项目，其形式和内涵在两个以上地区均保持完整的，可以同时列入国家级非物质文化遗产代表性项目名录。

第二十二条 国务院文化主管部门应当组织专家评审小组和专家评审委员会，对推荐或者建议列入国家级非物质文化遗产代表性项目名录的非物质文化遗产项目进行初评和审议。

初评意见应当经专家评审小组成员过半数通过。专家评审委员会对初评意见进行审议，提出审议意见。

评审工作应当遵循公开、公平、公正的原则。

第二十三条 国务院文化主管部门应当将拟列入国家级非物质文化遗产代表性项目名录的项目予以公示，征求公众意见。公示时间不得少于二十日。

第二十四条 国务院文化主管部门根据专家评审委员会的审议意见和公示结果，拟订国家级非物质文化遗产代表性项目名录，报国务院批准、公布。

第二十五条 国务院文化主管部门应当组织制定保护规划，对国家级非物质文化遗产代表性项目予以保护。

省、自治区、直辖市人民政府文化主管部门应当组织制定保护规划，对本级人民政府批准公布的地方非物质文化遗产代表性项目予以保护。

制定非物质文化遗产代表性项目保护规划，应当对濒临消失的非物质文化遗产代表性项目予以重点保护。

第二十六条 对非物质文化遗产代表性项目集中、特色鲜明、形式和内涵保持完整的特定区域，当地文化主管部门可以制定专项保护规划，报经本级人民政府批准后，实行区域性整体保护。确定对非物质文化遗产实行区域性整体保护，应当尊重当地居民的意愿，并保护属于非物质文化遗产组成部分的实物和场所，避免遭受破坏。

实行区域性整体保护涉及非物质文化遗产集中地村镇或者街区空间规划的，应当由当地城乡规划主管部门依据相关法规制定专项保护规划。

第二十七条 国务院文化主管部门和省、自治区、直辖市人民政府文化主管部门应当对非物质文化遗产代表性项目保护规划的实施情况进行监督检查；发现保护规划未能有效实施的，应当及时纠正、处理。

第四章 非物质文化遗产的传承与传播

第二十八条 国家鼓励和支持开展非物质文化遗产代表性项目的传承、传播。

第二十九条 国务院文化主管部门和省、自治区、直辖市人民政府文化主管部门对本级人民政府批准公布的非物质文化遗产代表性项目，可以认定代表性传承人。

非物质文化遗产代表性项目的代表性传承人应当符合下列条件：

（一）熟练掌握其传承的非物质文化遗产；

（二）在特定领域内具有代表性，并在一定区域内具有较大影响；

（三）积极开展传承活动。

认定非物质文化遗产代表性项目的代表性传承人，应当参照执行本法有关非物质文化遗产代表性项目评审的规定，并将所认定的代表性传承人名单予以公布。

第三十条　县级以上人民政府文化主管部门根据需要，采取下列措施，支持非物质文化遗产代表性项目的代表性传承人开展传承、传播活动：

（一）提供必要的传承场所；

（二）提供必要的经费资助其开展授徒、传艺、交流等活动；

（三）支持其参与社会公益性活动；

（四）支持其开展传承、传播活动的其他措施。

第三十一条　非物质文化遗产代表性项目的代表性传承人应当履行下列义务：

（一）开展传承活动，培养后继人才；

（二）妥善保存相关的实物、资料；

（三）配合文化主管部门和其他有关部门进行非物质文化遗产调查；

（四）参与非物质文化遗产公益性宣传。

非物质文化遗产代表性项目的代表性传承人无正当理由不履行前款规定义务的，文化主管部门可以取消其代表性传承人资格，重新认定该项目的代表性传承人；丧失传承能力的，文化主管部门可以重新认定该项目的代表性传承人。

第三十二条　县级以上人民政府应当结合实际情况，采取有效措施，组织文化主管部门和其他有关部门宣传、展示非物质文化遗产代表性项目。

第三十三条　国家鼓励开展与非物质文化遗产有关的科学技术研究和非物质文化遗产保护、保存方法研究，鼓励开展非物质文化遗产的记录和非物质文化遗产代表性项目的整理、出版等活动。

第三十四条　学校应当按照国务院教育主管部门的规定，开展相关的非物质文化遗产教育。

新闻媒体应当开展非物质文化遗产代表性项目的宣传，普及非物质文化遗产知识。

第三十五条　图书馆、文化馆、博物馆、科技馆等公共文化机构和非物质文化遗产学术研究机构、保护机构以及利用财政性资金举办的文艺表演团体、演出场所经营单位等，应当根据各自业务范围，开展非物质文化遗产的整理、研究、学术交流和非物质文化遗产代表性项目的宣传、展示。

第三十六条　国家鼓励和支持公民、法人和其他组织依法设立非物质文化遗产展示场所和传承场所，展示和传承非物质文化遗产代表性项目。

第三十七条　国家鼓励和支持发挥非物质文化遗产资源的特殊优势，在有效保护的基础上，合理利用非物质文化遗产代表性项目开发具有地方、民族特色和市场潜力的文化产品和文化服务。

开发利用非物质文化遗产代表性项目的，应当支持代表性传承人开展传承活动，保护属于该项目组成部分的实物和场所。

县级以上地方人民政府应当对合理利用非物质文化遗产代表性项目的单位予以扶持。单位合理利用非物质文化遗产代表性项目的，依法享受国家规定的税收优惠。

第五章　法律责任

第三十八条　文化主管部门和其他有关部门的工作人员在非物质文化遗产保护、保存工作中玩忽职守、滥用职权、徇私舞弊的，依法给予处分。

第三十九条　文化主管部门和其他有关部门的工作人员进行非物质文化遗产调查时侵犯调查对象风俗习惯，造成严重后果的，依法给予处分。

第四十条　违反本法规定，破坏属于非物质文化遗产组成部分的实物和场所的，依法承担民事责任；构成违反治安管理行为的，依法给予治安管理处罚。

第四十一条　境外组织违反本法第十五条规定的，由文化主管部门责令改正，给予警告，没收违法所得及调查中取得的实物、资料；情节严重的，并处十万元以上五十万元以下的罚款。

境外个人违反本法第十五条第一款规定的，由文化主管部门责令改正，给予警告，没收违法所得及调查中取得的实物、资料；情节严重的，并处一万元以上五万元以下的罚款。

第四十二条　违反本法规定，构成犯罪的，依法追究刑事责任。

第六章　附则

第四十三条　建立地方非物质文化遗产代表性项目名录的办法，由省、自治区、直辖市参照本法有关规定制定。

第四十四条　使用非物质文化遗产涉及知识产权的，适用有关法律、行政法规的规定。

对传统医药、传统工艺美术等的保护，其他法律、行政法规另有规定的，依照其规定。

第四十五条　本法自 2011 年 6 月 1 日起施行。